名师名校名校长

凝聚名师共识
回应名师关怀
打造名师品牌
培育名师群体

张志勇题

幼儿园自主游戏观察提升策略研究

张芸 / 著

中国文联出版社

图书在版编目（CIP）数据

幼儿园自主游戏观察提升策略研究 / 张芸著. — 北京：中国文联出版社，2022.7

ISBN 978-7-5190-4890-7

Ⅰ.①幼… Ⅱ.①张… Ⅲ.①游戏课—教学研究—学前教育 Ⅳ.①G613.7

中国版本图书馆CIP数据核字（2022）第127933号

著　　者	张　芸	
责任编辑	刘　旭	
责任校对	吉雅欣	
装帧设计	刘贝贝　李　娜	

出版发行　中国文联出版社有限公司

社　　址　北京市朝阳区农展馆南里10号　　邮编　100125

电　　话　010-85923025（发行部）　010-85923091（总编室）

经　　销　全国新华书店等

印　　刷　北京四海锦诚印刷技术有限公司

开　　本　710毫米×1000毫米　　1/16

印　　张　15.5

字　　数　269千字

版　　次　2022年7月第1版第1次印刷

定　　价　58.00元

前　言

　　幼儿时期是人心智成长的重要时期。受年龄影响，幼儿接触世界时间尚短，各方面认知能力有待提升。在这一条件下，幼儿教师积极地开展自主游戏式育儿活动，并引领幼儿主动参与到游戏当中，对幼儿身心发展至关重要。游戏期间，幼儿教师应该细致观察、分析幼儿的行为状态，并找出其中的变化规律，进而有效地优化自身游戏育儿方法。观察部分工作的开展质量对幼儿教师育儿效果具有直接影响。幼儿在自主游戏活动下，综合素质全面发展，且能够为其未来的学习、生活打下良好基础。自主游戏蕴含着丰富的教育价值，是促使幼儿经验增长，满足幼儿游戏需求，促进幼儿专注力、创造力等学习品质发展的重要途径。幼儿园户外自主游戏为幼儿提供了开放、自然的游戏环境，教师在游戏中的适时观察与适宜指导，不仅能够帮助幼儿获得更多的经验，还可以促进幼儿教育质量的提升。

　　自主游戏可以有效地促进幼儿的身心发展，是促进幼儿社会化发展的重要方式，在幼儿游戏中具有较为重要的地位。当下自主性游戏在幼儿园开展得如火如荼，然而幼儿教师在实践的过程中依然存在诸多困惑：如何平衡幼儿自主性与教师指导之间的关系？教师指导是否会破坏或干扰幼儿的自主性？教师指导应该在什么时候发起，在什么时候退出？本书作者从游戏自主性的角度，

1

对幼儿园自主性游戏进行了深刻的反思，在厘清核心概念的同时，深入探讨了游戏指导的基本策略和方法。教师只有深刻地理解幼儿的游戏，才能把握好指导的程度，做出智慧的决策。本书从幼儿园自主游戏的角度出发，来阐述幼儿游戏的内容，首先讲述了幼儿游戏的基本知识、幼儿园游戏环境的创设、幼儿园游戏指导策略，其次分析了幼儿园的不同游戏以及幼儿游戏自主性的变化机制，最后叙述了幼儿园教师对幼儿自主游戏的观察与评价策略等内容。

在撰写本书过程中，曾参阅了相关的文献资料，在此谨向作者表示衷心的感谢。由于水平有限，书中内容难免存在不妥、疏漏之处，敬请广大读者批评指正，以便进一步修订和完善。

第一章

幼儿游戏的基本概述

第一节 游戏的基础知识

一、幼儿游戏的历史发展

（一）国外幼儿游戏的历史发展

萨顿-史密斯（B. Sutton-Smith）等人对人类游戏的典型样式——规则游戏进行了文化分类学的研究，他们把规则游戏分为身体技能型游戏、运气型游戏和策略型游戏三种文化等级不同的游戏，每种类型的游戏都有其对应的文化类型。

以游戏的文化分类学研究为基础，萨顿-史密斯等人进一步提出了规则游戏的冲突—文化理论。这一理论的基本假设是：人们教养幼儿的方式与游戏的文化类型之间存在着一定的联系。人们的教养方式会造成对幼儿的压力，从而导致幼儿的紧张和焦虑。游戏可以帮助幼儿释放紧张和焦虑。通过游戏，幼儿可以学会如何应付社会生活中的生存竞争。

（二）我国幼儿游戏的历史发展

1. 我国古代游戏发展概况

有了人类开始，游戏就一直是幼儿生活的重要组成部分，也是对幼儿进行教育的主要形式。中国幼儿游戏的历史比较久远，最初幼儿的游戏往往与生产生活紧密相连。到了春秋战国时期，幼儿游戏逐渐从生产生活中分化出来，出现了如蹴鞠等丰富多样的游戏，而且这一时期的游戏已有文字记载，如《韩非子·外储说左上》中就有幼儿过家家游戏的记载。汉魏时期，放风筝、荡秋千等幼儿游戏活动十分盛行。到了盛唐时期，幼儿游戏活动更加丰富，唐人路德延的《小儿诗五十韵》中对此有着精彩的描述："嫩竹乘为马，新蒲折作鞭……抛果忙开口，藏钩乱出拳。"宋以后受理学家"存天理，灭人欲"思想的影响，幼儿游戏，尤其是能够充分舒展幼儿活泼性情的娱乐游戏遭到禁锢，游戏的发展受到一定的影响。

2. 我国近现代游戏研究的深化

清末的学前教育深受日本影响，在教学内容和方法上，清末的幼稚园的课程及实施方法基本照搬日本，如《奏定蒙养院章程及家庭教育法章程》规定保育教导条目为：游戏、歌谣、谈话、手技，与曹广权考察日本时所记录的游戏、歌唱、谈话、手技的课程如出一辙，可见此时游戏已成为清末蒙养院课程内容之一。

20世纪20年代左右至中华人民共和国成立初期，是我国幼儿游戏研究的中国化时期，在第一所幼儿园产生之时，游戏就作为保育的内容和教育的手段而存在。陈鹤琴、张宗麟等人受进步主义教育理念影响，重新审视、思考学前教育，在我国学前教育界开始了学前教育中国化、科学化的探索。陈鹤琴等人一方面研究国外游戏学说，另一方面以中国学前教育机构为依托，对幼儿游戏的理论和实践进行研究。陈鹤琴认为游戏是幼儿自我发展的需要，是符合学前期年龄特点的自然有效的教育手段。他深入了解国外游戏学说，将它们介绍到国内。这一时期的教育家不仅关注幼儿游戏的理论研究，也非常重视游戏在幼儿实际生活中的运用。陈鹤琴先生于20世纪20年代创办南京鼓楼幼稚园，这是中国历史上第一所开展教育科学研究的幼儿园。南京鼓楼幼稚园在其课程大要中明确规定游戏一项，并指出游戏要注重个人，兼及团体，并在富于游戏精神之环境中，以引起其游戏举动，加以适宜的指导。陈鹤琴先生的研究奠定了中国幼儿游戏研究的基础，推动了幼儿游戏的本土化探究与发展。

中华人民共和国成立后，大力发展学前社会教育机构，强调游戏的地位。苏联的游戏理论对中国游戏实践和游戏理论产生重要影响。改革开放后，西方游戏理论也相继被介绍到中国，给中国学前教育工作者带来重要启示，并引领了中国幼儿游戏研究的潮流和方向。中国学前教育工作者在对国外游戏理论进行宣传的同时，也致力于探寻中国幼儿游戏研究的新方向。这一时期关于游戏研究的专著出版，学者们对游戏的本质、游戏在幼儿园教育中的地位和特点、幼儿游戏与幼儿发展之间的关系、各类游戏形式的发展等诸多方面进行论述，取得了丰硕的研究成果。此外，学前教育实践工作者也积极投身幼儿游戏研究，对如何指导幼儿游戏，如何更好地发挥游戏的作用进行深入探讨，重视游戏活动环境和条件的创设研究，重视游戏评价体系的建构，及时总结发现当时幼儿游戏研究中存在的问题，不断推动幼儿游戏研究向纵深方向发展。

二、游戏理论

长期以来，许多心理学家和教育学家都在研究幼儿的游戏。由于他们研究的角度和对象不同，因此，对游戏的本质做了种种不同的解释。又由于他们所处的时代和心理学发展水平不同，因而形成了不同学派的游戏理论。

（一）经典的游戏理论

1. 剩余精力说

剩余精力说由德国思想家席勒（F. Scghiller）和英国心理学家斯宾塞（H.Spenser）提出，他们认为生物都有保护自己生存的能力（精力），身体健康的幼儿除了维持正常生活以外，还有剩余精力需要发泄。游戏活动是剩余精力的最好表现，是发散体内过剩精力的方法，剩余精力越多，游戏便越多。

2. 生活准备说

生活准备说由德国生物学家、心理学家格罗斯（K. Gross）提出。他从生物进化论出发，认为游戏不是无目的的活动，而是为将来生活做准备。游戏是人与动物都有的一种天赋的本能活动。游戏时间的长短随动物进化的程度而异，越是高级的动物，在成年后维持生存所必需的基本技能越复杂，需要练习的时间越长，幼儿期越长，游戏的时间越长。最初是实验性游戏，包括感觉运动游戏，这种感觉运动游戏逐渐发展到建造游戏和高级智能的练习。然后是社会经验游戏，包括争斗、追逐、模仿、社会和家庭游戏等。实验性游戏的目的是发展自制能力，社会经验游戏的目的是发展人际关系。所以，游戏是为了未来的生活做准备。

3. 成熟说

游戏成熟说认为游戏不是本能，而是幼儿幼稚动力的一般特点表现，是个体适应环境，寻求自由主动的欲望的表现。引起游戏的有三种欲望：排除环境障碍获得自由，发展个体主动性的欲望；适应环境与环境一致的欲望；重复练习的欲望。游戏的特点与童年的情绪性、模仿性、易变性和幼稚性相近。由于有童年，才会有游戏。

4. 复演说

美国心理学家霍尔（G. Stanley Hall）提出游戏复演说，他认为人类的文化经验是可以遗传的，幼儿游戏反映了从史前的人类祖先到现代人的进化过程。游戏是祖先最早的动作、习惯和活动遗迹的再现，幼儿的游戏无非是复演祖先的动作和活动，游戏中所有的动作和态度都是遗传而来的。

（二）精神分析学派的游戏理论

精神分析学派的代表人物是奥地利心理学家、精神分析学派的创始人弗洛伊德（Sigmund Freud）和美国的埃里克森（Erikson），他们都重视游戏问题的研究，他们根据精神分析学派的基本理论，从精神分析角度来解释游戏，他们认为游戏是满足欲望和克服创伤性事件的手段。游戏使幼儿能逃脱现实的强制和约束，给他们提供安全的环境，使他们发泄那些在现实中不被接受的、通常是攻击性的危险冲动，以满足其追求快乐的愿望。随着自我的发展，那些不被理性所接受的追求快乐的愿望就不再以直接的象征性的游戏方式表现，而被更现实的、为社会所接受的一些活动，如俏皮话、玩笑、创造性艺术活动等取代，用这些更隐蔽的方式来满足早先通过游戏得以满足的愿望。西方流行的"游戏治疗"就是这一理论的应用，用于矫治幼儿在精神上与行为中的问题。

（三）认知发展的游戏理论

认知发展的游戏理论的代表人物是瑞士幼儿心理学家皮亚杰（Jean Piaget）。皮亚杰的游戏理论，与他认知发展理论有着密切的关系，可以说是他的认知发展理论的组成部分，皮亚杰认为游戏是指不断重复的一种行为，而主要是希望从中得到一些快乐。皮亚杰认为，游戏是学习新的复杂事件的方法，是巩固和扩大概念和技能的方法，也是使思维和行动相结合的方法。他从智力发展的角度，认为游戏是幼儿接受外部世界的信息，并对它们进行加工处理，使之适应自己内部认知结构的一种方法，它在幼儿智力发展中起着积极作用。游戏，特别是假想的游戏，是创造性想象的根源。他认为游戏发展与智力发展的阶段相适应。皮亚杰认为游戏有两个主要作用：一是愉快，或纯粹的乐趣，如婴儿或幼儿经常长时间地使用一种玩具游戏，或者是带着深深的满足把石头扔到坑里或水里等；二是游戏提供的适应作用，幼儿经常游戏，更能使其行为适应真实世界的要求。

（四）社会文化历史学派游戏理论

1. 维果茨基（Lev Vygotsky）的游戏理论

苏联心理学家维果茨基认为游戏是幼儿有目的、有意识的社会性活动，是幼儿的一种特殊的实践活动。幼儿看到周围成人的活动，便模仿这些活动，把它们迁移到游戏中去。游戏的社会性实践，是在真实的实践情况以外，在行动上再造出的某种生活现象。游戏是幼儿现实生活的反映，幼儿可以通过游戏掌握基本的社会关系。游戏是学前幼儿的主导活动，心理发展的最重要变化，首先表现在游戏之中。

2. 艾里康宁的游戏理论

苏联心理学家艾里康宁认为游戏是一种社会性活动，反映人们的生活，内容是社会性的，主题来自幼儿的生活条件。角色游戏是幼儿的主要游戏，是较发达的一种游戏形式，游戏的特点是反映人们的活动和相互关系，不在于学习某种技能或知识。

三、幼儿游戏的本质观

人们对游戏本质的理解和把握不同，是导致游戏概念解释不同的根本原因之一。科学的游戏本质观是科学理解游戏概念的基础。沿着游戏理论研究的发展历程，即可勾勒出人们对游戏本质观在内涵上由生物性到社会性再到主体性的演变趋势。

（一）幼儿游戏本质观的演变

1. 游戏的生物性本质观：游戏是幼儿的本能活动

德国的福禄贝尔（Friedrich Wilhelm August Fröbel）是教育史上第一个系统研究游戏的价值并为幼儿尝试创立游戏实践体系的教育家。他认为，游戏是幼儿内部存在的自我活动的表现，是一种本能性的活动，是幼儿内心世界的反映，通过游戏可以表现和发展神的本源。福禄贝尔从唯心主义的哲学观出发，将游戏的本质归结为生物性。他虽然觉察到幼儿在游戏中表达某种内在愿望的主动性，却否认了游戏来源的客观现实性。美国心理学家霍尔则从游戏复演说的观点出发，指出游戏是种族的过去活动习惯的延续和再现。复演说的游戏本质观肯定了游戏对于个体成长的意义，以思辨的方法解释了童年期的游戏现象，但没能肯定游戏的社会性，且无视幼儿游戏的主观能动性，因此也不能把人的游戏和动物的游戏予以区别。

在20世纪初期，游戏成熟说作为游戏动力理论中的一种，是当时游戏理论发展的最高水平，它反映了人们在游戏研究中，开始逐渐摆脱把游戏单纯地看作是生理机能或机体本能活动的传统观点。当然，在早期的理论研究中所确立起来的生物性游戏本质观，一直深刻地影响着后来人们对游戏概念的理解和对游戏理论的研究。

游戏的本能论及其生物性的游戏本质观，第一次以抽象的思辨方式，充分肯定了幼儿的生理性机制及功能在游戏中的作用，关注了游戏对于个体的生物学意义和价值以及游戏活动的生理性特点。同时，它也使人们对幼儿的游戏概念的界定停留在和对动物游戏的理解相同的认识水平，不能够全面、客观地展示出幼儿游戏作为一定社会历史条件下的人的游戏的本质属性和主体性价值。它尽管强调了游戏是人在童年期的重要活动，却仍然不能够真正地改变人们对幼儿游戏不屑一顾的习惯性思维方式和态度。人们在现实中对幼儿的教育往往是以压抑幼儿天性、剥夺幼儿的游戏自由和游戏快乐为主要表现形式。

2. 游戏的社会性本质观：游戏是幼儿的社会性活动

游戏是一种社会性的活动的观点是苏联心理学家和教育家首先提出来的。心理学家维果茨基认为游戏是在真实的实践之外，在行动上再造某种生活现象，在这种活动中幼儿凭借语言，以角色为中介，了解、学习和掌握基本的人与人的社会关系。心理学家艾里康宁同样也指出游戏是在真实条件之外，借助想象，利用象征性的材料，再现人与人的关系。可见他们在对游戏进行概念式的解释中，以幼儿典型的象征性游戏或角色游戏为重点分析对象，突出强调了游戏是对现实社会关系的反映，概括出游戏的结构组成、活动特征及价值等。

游戏的社会性本质观为人们理解和讨论游戏的概念提供了新的视角，不仅使人们对游戏的概念的理解有了更加客观化和科学化的思想基础，也深刻推动了幼儿游戏在教育中的实践和运用。把游戏的本质归结为社会性，一方面强调了游戏受幼儿的社会生活状况和幼儿对前辈经验的掌握的制约，肯定了成人与教育影响在幼儿游戏的发展过程中的作用及这种作用的必要性。另一方面它主张游戏是生活的反映，关注游戏本身所蕴含的社会文化和生活规则，肯定了游戏作为幼儿掌握社会文化、生活经验的手段或途径的有效性。

揭示幼儿游戏的社会性本质属性，虽然在理论上划清了幼儿游戏与动物游戏的界限，而且也肯定了成人指导和教育影响的必要性以及游戏作为教育手段的有效性，但是仅仅将游戏的本质定位于社会性活动这一层面上，则掩蔽了游戏活动的自由自主的基本属性，否定了游戏作为一种自发的、自由的活动的意义和价值。

（二）建立科学的幼儿游戏本质观的新探索：游戏是幼儿的主体性活动

20世纪90年代以来，关于人的主体性、主体性发展与培养问题的讨论，为人们认识游戏的本质，重新审视这种自由自发的活动的价值与意义提供了新的视点与理论背景。在我国，许多研究者开始尝试把游戏活动的本质概括为主体性活动，来探索建立一种更加科学的幼儿游戏本质观。主体性活动是活动主体能动地驾驭活动对象的活动，是人的主体性得到充分表现与确证的活动，这种活动现实直观地表现为人的主动性、独立性和创造性，是人的主体性在对象性活动上的反映与投射。而游戏是游戏者能动地驾驭活动对象的主体性活动，它现实直观地表现为幼儿的主动性、独立性和创造性。

把游戏看作是幼儿的主体性活动，主要是基于对游戏的自主、自愿、愉快、自由等与动机相关的活动特征的充分理解和把握的基础上，对游戏的本质进行概括的新尝试。主体性是人作为活动主体在对象性活动中与客体相互作用而表现与发展起来的功能特征，包括主动性、独立性与创造性等。游戏主体性的本质特征具体地表现为幼儿的主动性、独立性和创造性，可以从以下几方面理解：

第一，游戏是幼儿的主动性活动。游戏是幼儿主动的而非被动的活动。游戏活动的动机来自幼儿本身，而非来自外部的命令或要求。因此，游戏着的幼儿，身心总是处于主动积极的状态，与无聊，厌烦、无所事事、呆坐等消极被动的状态有着明显的区别。

第二，游戏是幼儿的独立性活动。游戏是幼儿独立活动的基本形式。幼儿在游戏活动中，按照自己的主体地位，决定对活动材料、伙伴、内容的选择，决定对待和使用活动材料的方式方法，自己决定玩什么，和谁玩以及怎么玩。

第三，游戏是幼儿的创造性活动。游戏中，幼儿拥有考虑手段与目的联结的多种可能性的自由，幼儿可以按照自己的愿望与想法来使用玩具与游戏材料，表现与整合自己的生活经验，体现个体独特的创造性。

所以，把游戏看作是幼儿的主体性活动，比以往任何一种游戏本质观都更能充分地概括出幼儿在游戏中能动地驾驭活动对象的主体性特征，从而能够真正地说明游戏活动本身所固有的，决定其活动性质，面貌和发展的根本属性，较科学地揭示出游戏活动区别于人的其他活动的本质特征。

将游戏的本质概括为主体性的活动，是人们对游戏本质的看法和认识的再一次深化和提升，是人们在当前对游戏本质进行科学探索的新尝试。它为我们重新认识和讨论游戏的属性、价值、构成提供了科学的基础和前提，并指导着游戏在教育中的实施运用。

四、游戏的特征

（一）我国对幼儿游戏特征的认识

1. 游戏的基本特征

结合幼儿游戏的理论研究和实践经验，我国教育工作者一般把游戏的基本特征归纳为以下五个方面：

（1）游戏具有社会性

游戏是人类社会活动的一种初级模拟形式，反映了幼儿周围的社会生活：婴儿出生后，就生活在丰富多彩的现实社会中，开始产生参加社会实践活动（劳动和学习）的需要，渴望参与成人的一些活动。但是，因身心发展水平的限制，幼儿还不能真正参加成人的活动，这是幼儿阶段心理发展上的主要矛盾。游戏则是解决这一矛盾最好的活动形式，幼儿把现实生活中获得的知识、经验和印象，通过语言和行动在游戏中反映出来，在游戏中幼儿积极地构思，选择游戏内容，确定游戏主题、角色，发展游戏情节，实现自己的目的和愿望。

（2）游戏是幼儿主动参与的自愿的愉快的活动

幼儿从事游戏，是出于自己的兴趣和愿望。由于游戏形式、材料和过程符合幼儿身心发展要求，使他们对游戏产生兴趣，主动去进行游戏。在游戏中，幼儿的各种活动几乎没有什么限制，他们可以自由地充分活动，从中得到快乐并得到发展，在幼儿游戏中，自愿和自主是两个重要条件，游戏的形式、材料以及游戏的开始、结束都应由幼儿自己掌握，按照他们自己的意愿、体力、智力来进行。正因为游戏是幼儿自主的活动，所以幼儿在游戏中的态度是积极主动的。

（3）游戏具有虚构性

游戏在假想性的情景中反映周围生活，是想象与现实生活的一种独特结合。游戏的成分、角色、情节、行动以及幼儿玩具或游戏材料，往往是象征性的，比如把棍子当马骑，把树叶当菜吃，让小朋友假装成医生，骑在椅子上一动不动假装开火车等。幼儿在游戏中能利用假想情景自由地从事自己向往的各种活动，又不受真实生活中许多条件的限制，既可以充分展开想象的翅膀，又能真实再现和体验成人生活中的感受及人际关系，认识周围的各种事物。

（4）游戏具有趣味性

趣味性是游戏自身固有的特征，是游戏的必要条件。每种游戏都含有趣味性，正是游戏的这一特征，激起了幼儿良好的情绪和积极从事活动的力量，使他们喜欢游戏，并在游戏过程中获得愉快和发展。在幼儿那里，首先吸引他们的是饶有趣味的游戏过程，随着年龄的增长，幼儿逐渐对游戏的结果感兴趣。教师可根据幼儿的这种特点，正确地进行指导。

（5）游戏具有具体性

幼儿的游戏是非常具体的，表现在游戏一般都有游戏角色、游戏材料和游戏动作以及游戏内容、情节和语言。游戏角色本身就是具体的形象，如孩子当妈妈时，她头脑中的形象可能就是妈妈。离开了这些具体的角色、内容、情节、动作、语言及玩具或者材料，幼儿的游戏就无法顺利进行。

2. 游戏的结构特征

游戏作为人类行为的模式之一，是人与环境相互作用的结果。把游戏看作是幼儿的一类行为或活动现象，探讨其结构组成的模式，将涉及幼儿游戏的可观察的外部行为和这种外部行为表现的内在依据即幼儿的内部的主观心理体验，以及游戏发生的外部客观条件。

（1）游戏的外部可观察的行为因素

表情、动作、活动对象以及言语等通常是活动的外显因素。通过对幼儿在游戏活动中的表情、动作、言语、材料等外显行为因素的观察，可以认识游戏的外部特征。

表情是人们常常用来判断一种活动是不是游戏的一项外部指标。皮亚杰就曾经用微笑作为游戏发生的标志，用以区分探究和游戏。当婴儿偶然地碰到绳子而带动了挂在摇篮上方的玩具发出声响时，他最初的表情是严肃的，认真的。但是经过几次反复，他理解并掌握了这种情景之后，开始出现了轻松愉快的表情，这时，皮亚杰认为活动的性质由探究转变为游戏。但是，必须指出，幼儿在游戏时并不总是在"笑"。这取决于游戏活动的性质与类型，例如是认知性成分较强的活动还是嬉戏性成分较强的活动，是自己玩还是与伙伴一起玩等，也取决于游戏活动的阶段和材料，例如是开始还是进行中或是结束，是新的玩具还是熟悉的玩具等。不管是专注认真的表情还是微笑或扮鬼脸，幼儿在游戏中的表情特征说明其在游戏中身心总是处于一种积极主动的活动状态，而不是消极被动的状态。这一点可以帮助我们把游戏和无所事事、坐着发呆等行为区分开来。无所事事是一种消极被动的状态，其典型的表情特征是茫然发呆。无所事事表明幼儿没有在游戏。因此，我们也可以把是否无所事事作为判断幼儿是否在游戏的一个客观指标。

游戏动作是幼儿游戏活动中最外显的部分。在游戏活动中，幼儿对物体或游戏材料的使用往往不同于日常生活中对物体的使用方式，具有非常规性、重复性和个人随意性的特点。常规性动作是按社会所约定的方式来使用物体，而游戏动作具有非常规性，即在游戏中，幼儿往往不按物体的社会意义来使用它们，而是按照自己的想法与意图来使用它们，例如脸朝椅背骑在椅子上假装开汽车，这是游戏性动作而不是常规性动作或工具性动作。重复性也是游戏动作的特征之一，例如爬楼梯本身不是游戏，但是假如我们看到一个孩子在来来回回地爬楼梯，再加上表情等线索，我们可能会判断说"这个孩子在玩"。重复可以使幼儿体验掌握本领的欢乐，即所谓"机能性快乐"。游戏动作具有个人的随意性，不同的人可以用不同的方式去对待同一物体，同一个人这次玩的方式也可能与下一次的方式有所不同。游戏动作的非常规性与个人随意性使游戏动作具有丰富多样性、灵活性。

幼儿的游戏往往有言语相伴随。注意倾听幼儿的言语，也可以帮助我们判断其是否在游戏。幼儿在游戏中的言语，按照功能划分，大致分为三种不同的类型：首先是伙伴之间的交际性语言，例如，"我们来玩过家家吧！""把这个借给我用一会儿行吗？""这是我的，不给你玩！"这种交际性语言具有提议、解释、协商、表达、申辩、指责他人等功能。其次是角色之间的交际性语言，或称为游戏性语言，例如，"医生，我的孩子生病了，请您给看看"。这种语言对合作性的角色游戏起到维系与支持的作用。最后是以自我为中心的想象性独白，表现为幼儿一边玩一边自言自语："这是小兔子的家，大老虎在睡觉，小黄狗在看家，它不会咬人……"这种语言是幼儿在游戏过程中思维与想象的外化。

幼儿的游戏往往依赖于具体的游戏材料或玩具来进行。幼儿年龄越小，对游戏材料的逼真性程度要求越高。虽然任何东西都可以成为幼儿的游戏材料，但是玩具是现代社会幼儿游戏时经常使用的游戏材料。因此，有无玩具或游戏材料也经常成为人们判断幼儿是否在游戏的一个指标。

在游戏中，幼儿的表情、动作、言语以及活动材料等构成了游戏的外部行为特征。这些行为特征作为一个整体，告诉我们"这是游戏"。同时它们也在游戏者之间传递着"这是玩"的信号。

（2）游戏的内部主观心理因素——动机与体验

游戏构成的内部要素是游戏行为发生的内在依据或内部原因，它主要包括作为游戏主体的幼儿的动机与体验。

动机是推动人去活动的心理动力。在"幼儿为什么游戏"这个问题上，不同的游戏理论有不同的解释，但是有一点是共同的，即各种游戏理论都把游戏看作是在发展过程中出现的现象，是由幼儿身心发展的需要驱动的活动。从动机产生的来源来看，我们可以把活动动机分为内部动机与外部动机。内部动机是指活动本身来自活动主体自身的需要，而外部动机则相反，是指活动本身是由他人的直接要求引起的。幼儿游戏的动机是内部动机，是幼儿身心发展的客观要求。幼儿游戏是"我要玩"而不是"要我玩"，不是因为外部的命令或要求。游戏是幼儿主动、自发、自由的活动。游戏不需要任何强迫与催促。根据动机与目的之间的关系，我们还可以把活动动机分为直接动机与间接动机。游戏的动机是直接动机。"玩即目的""游戏是目的在自身的活动"，幼儿不是为了游戏以外的东西，例如为了得到老师的表扬才去游戏。游戏过程本身就能使幼儿感到满足。游戏不是无目的的活动，而是"目的在自身"的活动。幼儿在游戏中不是不追求"结果"，而是不追求游戏活动以外的结果，例如小红花或糖果奖励等。

幼儿作为游戏的主体，在游戏中总会产生对于这种活动的主观感受或内部的心理体验，它影响着幼儿对于游戏的态度，这种在游戏中产生的主观感受或心理体验就是游戏性体验。游戏性体验对于判断一种活动是不是游戏至关重要。事实上，游戏性体验是所有游戏不可或缺的重要心理成分。游戏性体验可以分为以下四种主要成分：一是兴趣性体验。这是一种为外界刺激物所捕捉和占据的体验，是一种情不自禁地被卷入、被吸引的心理状态。兴趣性体验是游戏性体验的不可缺少的成分。没有这种体验，游戏就会停止。二是自主性体验。这是由游戏活动可以自主选择、自主决定的性质所引起的主观体验，是"我想玩就玩，不想玩就不玩"或"我想怎么玩就怎么玩"的体验。自主性体验是幼儿游戏性体验的重要成分。三是胜任感体验，或称为成就感。这是一种对自己能力的体验，这种体验可以增强游戏者的自信心。这是游戏过程给幼儿的自然奖赏，也是幼儿为什么喜欢游戏的原因之一。四是驱力愉快。游戏快感中包括生理快感。游戏中的生理快感主要是由于身体活动的需要和中枢神经系统维持最佳唤醒水平的需要得到满足之后产生的。

游戏性体验是游戏活动的不可或缺的重要心理成分和构成因素。一种活动是不是游戏，关键在于幼儿能否把这种活动体验为游戏性的。在一种活动中，不一定同时出现上述几种游戏性体验，这取决于游戏活动的类型。但是在任何一种游戏活动中，兴趣性体验、自主性体验和胜任感体验都是不可缺少的最基本的成分。

（3）游戏的外部条件特征

游戏的外部条件因素包括成人为幼儿创设的游戏物质环境和通过成人的言行举止以及成人行为与幼儿行为的交互作用过程形成的游戏心理环境，它们构成幼儿游戏的背景或氛围。一般认为能够使游戏真正成为幼儿主动自愿的自主性活动的外部条件因素必须符合以下要求或特征：

第一，幼儿有自由选择的权利与可能，游戏是幼儿主动自愿的自主性活动，是自愿的而非强迫的活动。要使游戏活动的这样一个本质特征得到体现，幼儿游戏所需要的第一个外部条件就是幼儿要有自由选择的权利与可能。这里包含两层含义：首先，要允许幼儿并使幼儿知道自己可以根据自己的兴趣与愿望来决定干什么，而不是被规定必须干什么；其次，要使幼儿实际上有进行自由选择的可能性或物质条件。

第二，活动的方式方法由幼儿自行决定。游戏的特征是内部控制而非外部控制。只有当幼儿可以根据自己的愿望与想法来使用游戏材料，才有活动的方式方法的多样性和灵活性，才可能使幼儿真正产生兴趣性、自主性体验。教师要把握好对幼儿游戏的干预的"度"，尽量减少不必要的干预，不要代替幼儿去游戏。对幼儿的游戏指导以不改变游戏中的主客体关系为原则。

第三，活动的难度与幼儿的能力相匹配。研究表明，任务的难度与能力相匹配对于幼儿游戏性体验的产生具有重要性。当幼儿察觉到当前的任务或要求低于自己的能力，即当前的游戏环境对于幼儿来说没有任何新颖性时，幼儿会产生厌烦的情绪体验。只有当幼儿感觉到活动的任务或要求与自己的能力相适应——既有一定的难度但又是通过努力可以解决的，这时活动本身才能给孩子带来满足和快乐，才能产生"掌握"的胜任感。

第四，幼儿不寻求或不担忧游戏以外的奖惩。游戏性体验产生于游戏活动之内，而不在游戏活动之外。对游戏之外的奖惩的期待或担忧会改变活动的游戏性质。如果成人经常使用外部奖惩手段来刺激或"鼓励"幼儿游戏，久而久之，就会造成幼儿对外部奖惩手段的依赖，而缺乏活动的内在积极性与主动性，同时也会造成心理气氛的紧张。因此，在游戏过程中，成人要把对幼儿活动的直接的、外部的控制降低到最小程度，尽量减少对幼儿活动的内容、方式方法的直接干涉，发挥幼儿作为活动主体的内在积极性，而对常规的维持也应以不破坏气氛为前提。

（二）国外对幼儿游戏基本特征的分析

国外的游戏研究者对幼儿游戏的特征有各种论述，大都通过分析游戏行为在动机、手段、目的等行为构成要素上的倾向性来概括游戏行为的特征，比较典型的有以下几种：

1. 游戏特征"三内说"

"三内说"认为可以通过控制、真实性和动机这三种指标来判断一种活动是否是游戏，游戏的特征是内部控制，内部真实和内部动机。所谓内部控制，是说幼儿在游戏玩耍的时候，可以完全由自己来控制，自己说了算，不像是工作和学习。其实，内外控制是相对而言的，当游戏中有其他成员加入时，控制就会变成相互的，内部控制也会慢慢向外部控制转化。所谓内部真实，是说游戏的内容与真实世界的符合程度。一个幼儿拿着空杯子给娃娃喝奶，一般而言，旁观者会认为这是"假"的事情，但幼儿却会很认真，很投入地去做这些有点"假"的事情，所以称之为内部真实。还有一点，幼儿游戏的内容都来源于现实生活，所以幼儿的这些"假装"的游戏都含有真实生活的影子。所谓内部动机，是说游戏的动机来自幼儿从游戏活动那里得到的愉快，对于幼儿来讲，玩就是游戏的目的，除此之外，再没有其他要获得的，游戏是由内部动机支持的行为。

2. 游戏四因素论

游戏行为的四种特征或四种因素：

第一，灵活性。灵活性指游戏活动在形式与内容上的多变性。

第二，肯定的情感。肯定的情感指游戏者的情绪体验总是快乐的，笑容是这种肯定的情感的标志。

第三，虚构性。虚构性指游戏总带有想象的因素。

第四，内部动机。指游戏不受外部规则或社会性要求的制约，游戏者是为游戏而游戏，玩即目的。

一种活动如果具有全部四种因素，则趋向于被人们看作是"游戏"。

3. 游戏特征六因素论

（1）游戏行为的特征

第一，内部动机。幼儿游戏是因为他们想游戏，而不是依从于外部的社会要求，或因为要得到游戏之外的奖赏。

第二，对手段的注意。幼儿为游戏过程本身所吸引，而不把注意力放在活动的结果上。例如一个成人因为喜欢游泳而游泳，那么游泳是游戏性的，如果他游泳是为了保持体型，那游泳的游戏性因素要减弱些。

第三，我能拿它做什么。游戏和探究不同。游戏是"我能拿它做什么"，而探究是"这个东西有什么用"。

第四，想象或虚构。游戏是想象的或假想的行为，不同于工具性行为。游戏者在游戏中可以通过把物体假装当作其他东西从而发现它的潜在意义。

第五，规则来自游戏的需要。游戏是有规则的行为，但这种规则不是来自游戏之外，而是由于游戏的需要，由游戏者自己制定或自愿执行的。

第六，游戏者积极参与。游戏者总是积极参与活动，与材料和人相互作用。

（2）游戏情景的特征

只有在特定的环境条件下才能够导致游戏行为的发生。能够使游戏发生的背景即游戏的情景具有以下五个方面的特征：

第一，游戏者熟悉的环境（包括人与物）。一套熟悉的玩具或其他能够引起幼儿游戏兴趣的材料以及幼儿熟悉的伙伴。

第二，幼儿能够自由选择。幼儿与成人之间通过言语、姿势或惯例规则建立一种协议或默契；在有限制的范围内幼儿可以自由地选择他们希望玩的东西。

第三，成人的干预减少到最低限度。

第四，舒适、安全、友好的心理气氛。

第五，身心放松、机能状态良好。幼儿没有任何来自内部或外部的压力。

综上所述，国外研究者对游戏的特征进行的不同分析和概括，都基本倾向于把游戏看作是具有一套共同行为倾向特征，发生在一定的可描述的情景之中的，具有各种不同行为类型的活动总和。

第二节　幼儿游戏的分类

游戏是为幼儿所喜爱的活动，游戏的形式与内容也是极其丰富的，对游戏的认识和理解不同，所依据的分类标准各异，因而也就有了多种多样的游戏分类方法。

一、幼儿游戏的分类

根据幼儿在游戏中的表现及游戏的内容不同，可以从幼儿的身心发展及游戏自身的表现形式两个维度来分析考察游戏的分类。

（一）根据幼儿认识发展的分类法

从幼儿认识发展的角度对游戏进行分类，以幼儿生长发育中出现明显的重要变化为分界线，以幼儿年龄发展特征为依据，来划分幼儿游戏的类型，这是一种被广泛接受的游戏分类方法。随着幼儿年龄的增长，他们使用游戏材料的方式不同，游戏的类型也不同。

1. 认知的分类

游戏理论是皮亚杰认识理论的重要组成部分，他认为幼儿在不同的认识发展水平上，便会出现不同水平不同类型的游戏。

（1）感觉运动游戏（练习性游戏）

感觉运动游戏是幼儿最早出现的一种游戏形式，一般处于从幼儿出生到2岁这一阶段。幼儿主要是通过感知和动作来认识环境、与人交往的，幼儿的游戏最初是以自己的身体为游戏的中心，然后过渡到开始摆弄周围的物体，通过对动作不断地重复、不断地探索，形成新的动作，从而形成了游戏，即机能性游戏、练习性游戏、实践性游戏，这类游戏主要由简单的重复动作运动组成。例如，摇的动作、拍打的动作、滚动球类等。这种游戏的动因在于感觉运动器官

17

在运用过程中所获得的快感。

（2）象征性游戏（符号游戏）

象征性游戏是学前游戏最典型的形式，占的时间也最长，从2岁开始，直到入小学，高峰期在3岁。

象征性游戏是幼儿以模仿和想象扮演角色，完成以物代物，以人代人为表现形式主义的象征过程，反映周围现实生活的游戏形式。角色游戏是其主要的表现形式，通过象征性游戏，幼儿可以摆脱当时对实物的知觉，以表象代替实物作思维的支柱，进行想象，并会用语言符号进行思维。象征性游戏也可以满足幼儿在现实生活中不能实现的愿望和要求，因此一般认为它具有了解幼儿内心状态的诊断和治疗上的意义。

（3）结构性游戏

幼儿用各种不同的结构材料（积木、积塑、泥、沙、雪等）来建构、反映现实生活中的物体的活动。例如，搭积木、插积塑、泥工、折纸、堆雪人、玩沙、玩泥等，它是游戏活动向非游戏活动的过渡。

（4）规则性游戏

这是一种由两人以上参加的，按照一定的游戏规则，带有竞赛性质的游戏，包括智力性质的竞赛（如下棋）、运动技巧（如丢手绢）方面的游戏。

规则性游戏多在四五岁以后发展起来。由于规则本身具有不同复杂程度，动作技能的要求不同，这种游戏从幼儿一直延续到成人。对规则的认识理解和遵守可以为幼儿今后的人生奠定良好的基础。

2. 从游戏社会性的角度分类

社会性发展是幼儿心理发展的重要方面，美国心理学家帕登（M.B.Parten）根据幼儿在游戏中的社会交往水平，划分出下列六类行为：

（1）无所用心的行为或偶然的行为

幼儿无所事事，独自发呆，或玩弄衣服，东游西荡，偶尔会注意看看他人，或碰到什么东西会随手玩弄两下，或从椅子上爬上爬下，或是坐在一个地方东张西望。

（2）袖手旁观的行为

幼儿利用大部分的时间在近处观看同伴的活动，看他们玩，听他们谈话，向同伴们提出问题，但却不表示主动参与游戏。只是观察，心中有数。

（3）单独的游戏（独自游戏）

幼儿专心地独自玩自己的玩具，所使用的玩具与周围幼儿所玩的玩具不同，他只专注于自己的活动，不注意也不关心别人的存在。

（4）平行的游戏

幼儿相互之间可能会玩相同的玩具，相似的游戏，也会有相互模仿的现象，也会有少量的交谈，但他们仍是在独自游戏，相互间没有合作。

（5）联合游戏

幼儿相互之间一起游戏，谈论共同的活动，时常会有借还玩具的行为，但幼儿仍以自己的兴趣为中心，没有建立共同的目标，幼儿个人的兴趣还不属于集体，做自己愿意做的事情。

（6）合作游戏

以集体共同的目标为中心，有组织，有分工。例如，大家一起搭积木，搭一个家，甲搭一张小桌子，乙搭一把小椅子，丙搭一张小床……大家组合在一起就成为一个家，游戏中有明确的分工、合作及规则意识，有一到两个游戏的领导者。

3. 情绪体验的分类

美国心理学家比勒（Karl Buhler）根据幼儿在游戏中身心体验形式的不同，将游戏分为机能性游戏、想象性游戏、接受性游戏和制作性游戏四大类。

（1）机能性游戏

机能性游戏是一种在身体运动中产生快感的游戏。婴儿期的游戏多属于这种游戏，三四岁以后完全消失，如动手脚、伸舌头、上下楼梯和捉迷藏等。

（2）想象性游戏

想象性游戏也称模拟游戏，指利用玩具来模仿各种人和事物的游戏，一般从2岁左右开始，随年龄的增加而逐渐增多，如过家家、木偶戏等游戏。

（3）接受性游戏

接受性游戏又称鉴赏游戏，是幼儿作为受众（观众、听众等）通过听童话故事、看画册、听音乐等形式开展的以理解为主的游戏，是幼儿处于被动地位愉快地欣赏所见所闻的游戏。现代的幼儿往往过多地参加这种游戏。

（4）制作性游戏

幼儿用积木、黏土等主动地进行创造并欣赏结果的游戏，从2岁开始，5岁左右较多，如搭积木、折纸、玩沙、绘画和泥工等。

4. 根据游戏发展理论进行的分类

美国研究者基于实验研究、非正规观察和被试自我报告等的结果，提出了一个游戏的发展理论。他们将游戏分为以下六种：

（1）探索性活动

开始于婴儿早期并持续终身，当个体面临新的物理环境和社会环境时出现。虽然探索性活动的模式会有所改变，花费的时间会因经验的积累而下降，但这一活动贯穿一生。

（2）感觉运动游戏

是开始于婴儿出生后的4～6个月，延续至幼儿期的最初的游戏形式。以后继续发展，每当需要掌握新的技能时，幼儿就会有这种练习。

（3）象征性游戏

在将近1岁时出现，于幼儿期达到明显的高峰。虽然小学幼儿仍有明显的象征性游戏，但游戏的性质变得"小型化"——用指偶、玩具兵等小物件来替代游戏者本人；变得"抽象化"——用观念和语言来替代身体的行为；变得更"社会化"——游戏有了新的定义和寓意。

（4）规则游戏

开始于婴儿参与成人发起的嬉戏活动，以后在幼儿自发的社会性游戏中出现了规则游戏的雏形。幼儿期有一些通常由成人发起的简单的规则游戏。学龄初期规则游戏的数量和复杂性不断发展，至小学中期达到高峰，然后发生类似象征性游戏的演化：变得"小型化"——进入桌面游戏；变得"抽象化"——出现纸笔游戏或猜谜游戏；变得"社会化"——出现运动竞赛和其他一些有正规规则的游戏。

（5）结构游戏

当感觉运动游戏开始衰退，象征性游戏开始减少时，综合了操作性和象征性因素的结构游戏逐渐成为主要的游戏形式。年幼的幼儿的结构游戏较多反映具体的事物，年长些的幼儿的结构游戏则更多地反映抽象的概念。这些行为持续到青少年期和成年期，逐渐演化成艺术、手工艺、建筑创作等。

（6）象征性规则游戏

虽然许多早期的游戏带有象征的因素，许多象征性游戏又带有一定的规则，但直至小学期，象征性规则游戏才成为主要的游戏形式。这类游戏将规则的结构与象征性的内容相结合。这类游戏盛于青少年期和成年期，基本的规则结构相对稳定，而象征性内容可因年龄、性别或文化背景的不同而不同。

5. 按发展顺序对假想游戏的分类

（1）感觉运动游戏

在出生后的前12个月存在，包括运用各种有效的感觉运动策略探索和操纵物体。

（2）初期的假想游戏

在2岁的早期出现，此时幼儿开始以他们自己的意图来使用物体，并完全是假想的。这种活动的指向仍针对幼儿自己的身体。

（3）物体假想性游戏

在15～21个月时出现，幼儿的假想不再针对自己，而开始与玩具或其他人进行有关的假想游戏。

（4）代替性假想游戏

2～3岁的幼儿可以用物体来代替其他事物而不是它们自己。

（5）社会戏剧性游戏

在5岁时产生这种游戏，幼儿开始扮演一些角色，并假想其他人也如此。

（6）角色的知觉

幼儿大约从6岁开始，产生给别人安排角色的行为，并对角色的活动进行精心设计，这标志着又发展了一步。

（7）规则性的比赛

从7～8岁开始出现并一直发展下去，幼儿逐渐开始用特殊的规则的比赛来替代假想游戏。

（二）根据游戏活动的分类法

1. 以游戏的特征分类

萨拉·斯米兰斯基（Sara Smilansky）根据游戏的描述性特征，把游戏分为以下四类。

（1）功能游戏

功能游戏指一些简单的肌肉活动，包括行动的和言语的，开展游戏的目的是对表现形式加以操作。幼儿尝试新动作，模仿自己和他人。游戏使他们了解自己身体的能力，去探索，体验周围环境。

（2）建构游戏

幼儿从形式创造中获得乐趣，通过学习使用材料，他们把自己看成是事物的创造者。

（3）扮演游戏

扮演游戏是指用以展示身体技能、创造能力以及社会性技能的象征性游戏。通过现实与幻想来满足愿望和需要，把幼儿世界与成人世界连接起来。扮演角色的两个主要因素是对成人现实世界的模仿和想象、装扮非现实的游戏。

社会角色游戏鼓励言语表达，可以帮助认识一个活动、计划并逐步展开一个情节，保持合作与解决问题。

（4）规则游戏

规则游戏开始于学龄期，延续到成年期的主要活动。参与游戏者必须能根据规则控制行为，活动和反应，以有效地参加到集体活动中去。

2. 以游戏的内容分类

萨顿-史密斯在广泛吸收别人理论的基础上，结合跨文化研究形成了其独特的游戏分类法。他描述了六种主要的游戏类型：探索，自我检验，模仿，构建，竞赛游戏和社会角色游戏，而后又将此六种游戏合并为以下四大类。

（1）模仿游戏

幼儿从出生到1岁，重复做自己会做的事情；1.5岁时，幼儿会延迟模仿几小时甚至几天，直到一个比较适于重复的时间；2岁时，五官的知觉和认知技能使幼儿能模仿他人；3岁时，在角色中装扮他人；4岁时，角色游戏与想象混合，转化为想象性的社会角色游戏，在集体成员中可以交换和分担扮演一般角色和主角。

（2）探索游戏

在婴儿6个月时便出现，以舌和手当作探索的工具，在两三岁时，这类游戏增多了，且变得更加复杂。言语探索以笑话、谜语以及同音词的方式一直延续到学龄期。

（3）尝试游戏

尝试游戏包括对身体技能和社会性技能的自我评价。在2岁左右幼儿集中学习大肌肉活动技能；由于身体技能和社会活动的增长，学龄期导致了复杂的躲避游戏，如捉迷藏。通过此类游戏，幼儿不仅学习并加强了身体和社会技能，而且提高了自我意识并学会了控制记忆和冲动。

（4）造型游戏

造型游戏开始于4岁，幼儿以富于想象的建造房子等活动为游戏的目的，并常常伴随着扮演角色或社会角色游戏活动。

3. 以游戏的主题分类

心理学家比拉认为游戏的主题类型是日趋完善的，它主要经历了下列五种游戏类型。

（1）未分化型

这是一种最简单的游戏类型，几乎每隔2～3分钟就出现一种不同的动作，而且每个动作都是无规则的。如，摆弄玩具或在椅子上跳等。这是1岁左右幼儿的典型游戏。

（2）累积型

这是一种把片段性的游戏活动连接起来的游戏类型。如看几分钟画册后，又在纸上乱涂几分钟，之后又玩起布娃娃来，在1个小时内能进行4～9种游戏。这类游戏一般在2～3岁时比较多见。

（3）连续型

这是一种对同一类型的游戏能连续玩耍近1小时的游戏，在一个游戏后连续进行一种与前一个游戏内容无关的游戏，或是插入其他的游戏。这种游戏一般多见于2～4岁。

（4）分节型

这是一种把完整的游戏分成两次或三次来进行的游戏。如玩腻了画画，就换玩沙子。这种游戏在4～6岁幼儿中较为多见。

（5）统一型

延长分节型游戏的时间（1个小时左右）就是统一型游戏。与连续型游戏不同的是，整个游戏是在统一的主题、目标下进行的，游戏内容彼此有联系，游戏方式也基本一致。这种游戏同分节型游戏一样，在年龄稍大的幼儿中较为多见。

4. 以利用的替代物分类

游戏替代物的变化，体现了幼儿游戏中的抽象性、概括性的发展。表现为以下几个阶段：

（1）用与实物相似的替代物

幼小的幼儿往往用与实物相似的替代物游戏，因为他们的思维带有直觉行动性，思维的抽象性、概括性很差。他们对实物的知觉比对实物所代表的意义在思想上更占优势。所以此时的游戏依赖于与实物在外形、功用上都十分相似的专用替代物，主要是一些特制的玩具，如炊具、餐具、娃娃等。如果给他们与实物相似性低的替代物，他们往往会拒绝。

（2）用与实物相似性较低的替代物

幼儿中期（4～5岁），随着知识经验的丰富，联想能力的提高，逐渐能脱离专用替代物，选择一些离开原来实物功用的替代物。此时的孩子，思维有明显的具体形象性，虽然不能完全离开实物，但一般来说意义已比实物重要。替代物与实物的相似性减少，通用性增大，一物可以多用。如小棒可以分别代替筷子、刀、勺、炒菜铲、擀面杖、注射器、体温计等。幼儿年龄越大，使用替代物的范围也越大。有人用相同数量的游戏材料让不同年龄组的孩子来作替代物，结果3～3.5岁组代替了35种物品，3.5～4岁组代替了54种，而4～4.5岁组被替代物的数量多达76种。

（3）不依赖于实物（用语言、动作等）的替代

幼儿晚期（6～7岁）思维逐渐向抽象性、概括性过渡，对事物的关系、意义有了更深的理解，心理活动的随意机能也进一步发展，在游戏中表现出可脱离实物，完全凭借想象以语言或动作来替代物品。如用斟酒的动作和小心翼翼的端杯动作来替代酒，尽管实际上杯中空无一物，甚至根本不需要"杯"；用朝空中抓一把，撒向小锅的动作配以语言"放点盐"来替代"炒菜"中所需要的"盐"等。

5. 依据游戏教育作用的分类

苏联的学前教育注重从教育角度研究游戏，根据教育实践中如何以游戏作为促进发展的途径，依游戏的教育作用进行分类，将游戏分成两大类：

第一，创造性游戏包括角色游戏、结构游戏和表演游戏。此类游戏由幼儿自由玩。

第二，有规则游戏包括体育游戏、音乐游戏、智力游戏等。此类游戏由教师组织幼儿进行。苏联也有学者把游戏分为四类：模仿性的游戏、创造性的游

戏、有规则的游戏和民间的游戏。

二、我国幼儿园游戏的分类

我国幼教界在学习和借鉴国外游戏理论的基础上，在实践中形成了幼儿园实用的游戏分类。

（一）幼儿园游戏分类的几种形式

1. 创造性游戏和有规则游戏

此类游戏的分类受苏联的影响较大，它便于教师了解游戏的教育作用，可以根据需要选用。这是目前我国广大幼教工作者公认的分类方法，但容易给幼儿园游戏的开展带来误区。

2. 主动性游戏和被动性游戏

（1）主动性游戏

幼儿除了需要智力活动外，更需要运用肢体、肌肉的活动去进行游戏，幼儿可以自由控制游戏的速度，也可以按自己的意愿来决定游戏的形式，如绘图、手工玩积木、玩玩具、角色游戏、玩沙、玩水和唱歌等。

（2）被动性游戏

属于较静态的活动，幼儿只需观看、聆听或欣赏，而不需进行体力活动，如看图书、听故事、看录像、听音乐等。

3. 手段性游戏和目的性游戏

手段性游戏是指以游戏的方式达到教育教学的目的，即教学游戏化。目的性游戏是指为幼儿提供为玩而玩，获得游戏性体验的条件。

此两类游戏的分类各有其独特的意义。手段性游戏把游戏作为教育教学的手段，教师的控制程度较大，而幼儿却不能完全依自己的愿望自主地游戏。而目的性游戏则注重游戏活动本身，幼儿可以主动支配自己的行为，自由参加游戏，使幼儿在活动过程中体验快乐并使个性、情绪及社会性方面得到发展。但这种真正意义上的幼儿游戏在实践中由于教师缺乏操作性的指导，致使游戏流于形式。

4. 游戏的三维度分类法

这三个维度包括：个体—社会维度、生理—心理维度、认知—情绪维度；又可分为五类：满足型游戏、适应型游戏、运动型游戏、认知型游戏和情感型游戏。

上述几种分类方法，在实践中被广泛采纳的还是第一种，但这种分类也存在一定的问题。

（二）我国幼儿园游戏分类存在的问题

长期以来，人们习惯于将幼儿园游戏分为创造性游戏和有规则游戏（也称教学游戏）两大类，其中创造性游戏包括角色游戏、结构游戏、表演游戏，有规则游戏包括智力游戏、音乐游戏、体育游戏。这种分类的方法对于幼儿园教育教学管理是有利的，对于教师的具体操作也是有利的，教师可以根据需要灵活选用各种游戏。但它同时也给幼儿园游戏的开展造成许多误区。具体表现在以下几个方面：

1. 对两类游戏的本质特征认识不清

幼儿园教师对两类游戏的本质区别及功能缺乏认识，对各类游戏对幼儿身心发展的不同作用也认识模糊，把两类游戏放在一个水平上来相提并论，致使幼儿园教师在重上课、轻游戏的同时，出现重有规则游戏、轻创造性游戏的局面。要么认为幼儿园游戏就是教学游戏，以组织有规则游戏来代表幼儿园的游戏活动；要么将两类游戏在时间上、空间上截然分开，一段时间开展有规则游戏，另一段时间开展创造性游戏，教师组织的有规则游戏基本上能得到保证，而体现幼儿自主性的创造性游戏则很难得到保证。

2. 把教学游戏等同于有规则游戏

幼儿园教师在组织教学游戏时，往往利用有规则游戏的名称，将教学内容冠以游戏的形式加以传授或复习巩固，其目的是使孩子更好地掌握知识，如"科学游戏""计算游戏""分类游戏""语言游戏"等。在整个游戏过程中，教师是活动的发起者、组织者、监督者，在游戏中强调外加的规则，幼儿处于被动地位，享受不到游戏的自主与快乐，造成幼儿园上课与游戏无法区分，都以上课形式出现的局面，幼儿则认为这种游戏是上课的游戏。

3. 从字面意思来解释游戏的功能

认为创造性游戏就是具有创造性，而有规则游戏就是有规则的。这样理解势必造成除了创造性游戏以外，其他游戏都是没有创造性的游戏；除了有规则游戏，其他游戏都是没有规则的游戏。显然，这种理解是片面的，将严重影响幼儿园教师对游戏的正确理解与组织。

第三节 幼儿游戏的发展

　　游戏的发展与幼儿身心发展是相辅相成的，一方面，幼儿身心的发展要求游戏不断地深化；另一方面，游戏的深化又促进了幼儿身心发展。游戏的发展既表现为幼儿参与游戏的心理因素（如认知、社会性等）的发展和身体因素（如运动能力等）的发展，也可表现为游戏本身随幼儿年龄增长在内容上的不断扩展和形式上的不断升级。游戏是幼儿身心发展的生动写照。

一、以认知为主线的幼儿游戏的发展

　　认知是幼儿身心发展特别是心理发展的核心。皮亚杰以认知发展不同阶段来划分游戏的分类，为我们分析游戏中与幼儿认知有关的发展提供了可靠的依据。

（一）学前幼儿游戏的最初发展——感觉运动水平

　　感觉游戏：2～3个月开始，2岁前最多。

　　感觉游戏随适宜刺激的出现和消失而产生和停止，一般持续时间短。孩子从这种游戏中得到的快感是生理性的，是感觉器官对适宜刺激的机能性需要得到满足的结果。婴儿出生后的前半年，首先得到发展的是一些感觉器官的机能，如婴儿2～3个月的时候，看着挂在床头的颜色鲜艳的音乐摇铃，会表现出手舞足蹈，这就是最初的游戏，即感觉游戏。下面是一个游戏的案例：

　　婴儿出生半年后，随着手眼协调动作的形成、发展，孩子逐渐能够较准确地抓握物体，出现了初步的有意识的动作，婴儿就可以主动地使自己感兴趣的事情或现象发生或持续。婴儿的感觉运动游戏在感知觉器官和运动系统的发展、成熟过程中不断发展，同时也不断地促进着感知和运动机能的成熟和完善，促进着以感知觉和实际动作为基础的感知行动性思维即婴儿认识的发展，继而促进身心的整体的发展。在感觉运动游戏中，婴儿通过直接感知和动作操作，了解物体的特点和不同事物之间的关系，不断增长和积累着对各种事物的直接经验，表象活动和想象活动得到了发展，动作和技能得到了发展，至婴儿后期活动因此也开始达到一个新的发展阶段，象征性游戏以及结构性游戏成为幼儿游戏的主要形式，也就是进入了学前幼儿游戏的象征性阶段。

（二）幼儿游戏的典型发展——象征性水平

到2岁以后，游戏开始达到一个新的发展阶段，象征性游戏以及结构性游戏成为幼儿游戏的主要形式，也就是进入幼儿游戏的象征性阶段，象征性游戏是婴儿典型的游戏形式。2～4岁是象征性游戏的多发期即发展高峰期。

1. 象征性游戏的发展

情景转变，以物代物，以人代人是象征性游戏的基本构成要素。

情景转变是使行为脱离它原有的真实生活情景即动作脱离真实背景，如把眼前的情景假想为邮局、医院、汽车、商店，以及战争场面等。

一般地讲，情景转变可作为象征性游戏发生的标志，实际上情景转变也是以物代物、以人代人得以进行的前提，1～1.5岁的婴儿最早出现。在幼儿期，随着动作和语言能力以及形象思维能力和社会性能力的发展，象征性游戏逐渐丰富起来，情况转变的发生更加频繁，时间的持续更长，以家庭延伸到社会。能够把眼前的情景转变为假想，反映了幼儿较以前更为丰富的经验知识和较高的认知水平，以物代物、以人代人的典型特征得以凸显。

以物代物是用一种东西代替另一种不在眼前的事物，并且能够用被代替物的名称命名当前的物体。1.5～2岁婴儿开始出现以动作为中心的似是而非的以物代物阶段。动作是婴儿认识世界的主要手段。随着掌握的动作越来越多，婴儿不管拿到什么物体，都习惯于用他习得的动作来摆弄它，在动作中认识事物的性质、特点。所以人们往往看到这一阶段的孩子对不同的物体做同样的动作，或对同一物体做不同的动作。这一阶段的所谓以物代物，实际上只有动作上的象征，而没有真正的物的象征。幼儿只是对动作感兴趣，只要物体适合于做出某种动作，他就用它做出某种动作。第二阶段才是真正的以物代物开始出现的阶段，主要是2～3岁。3～4岁以后，一方面，用模拟实物的玩具代替他物的现象较少出现，孩子一般都按照这些玩具所模拟的原型物体的社会意义来使用它们；另一方面，孩子以物代物的水平越来越高，一种材料可代替的东西越来越多，被代物的范围显著地扩大。

以人代人是指幼儿在游戏中通过自己的形体动作、表情、言语等来模仿或假装成他人或某一非属自己真实身份的角色的行为及其特征，即角色扮演。角色扮演的心理结构较复杂，它主要包括角色行为、扮演意识、角色认识等。从角色扮演的发生、发展过程来看，它是循着角色行为—角色意识—角色认识的途径发展的。但到幼儿中期以后，行为与意识的关系就发生了逆转，然后根据角色去选择玩具材料，围绕角色组织动作，实现一系列的角色行为和角色关系。

象征性游戏在4岁后呈衰减趋势，这表明孩子越使自己适应自然和社会世界，就越少迷恋于象征的歪曲和转换，因为幼儿逐渐使自我服从于现实，而不是使外部世界服从于自我。这样，伴随着幼儿认知范围的扩大和认知水平的提高，以及社会性的发展，接受游戏中角色数量的增加的影响，规则的产生成为可能，象征性游戏就开始变成规则性游戏。

2. 结构性游戏的发展

结构性游戏是具有明显教育意义的活动，可用于幼儿的知识技能的训练，因此成人大都鼓励幼儿玩这种游戏。结构游戏是我国幼儿园最常见的一种形式。这种游戏占3.5岁幼儿全部活动的40%，4~6岁幼儿全部活动的51%。

3岁左右幼儿往往是同积木嬉戏，这个年龄的幼儿的结构性游戏，其乐趣更在于对材料的动作过程，这是感觉运动性的延伸。其建构的目的不明确，随时会改变主意。在4~5岁幼儿身上，开始出现模拟物体的努力。目的性也越来越明确。5~6岁的幼儿逐渐能选择恰当的建构材料，建构形式逼真的物体，而且表现出较高的创造性。幼儿后期，可以联合起来开展游戏。

象征性游戏与结构性游戏在学前幼儿个体身心实际发展过程中，既交叉又融合，游戏发展由感觉运动水平向象征性水平的转化和升华，使象征性成为在幼儿阶段游戏的典型特征。

（三）幼儿期的游戏新发展——规则性水平

象征性这一幼儿游戏最典型的发展，在幼儿末期出现了新的趋势。规则性游戏反映了幼儿在幼儿末期开始摆脱自我化的象征，而趋于顺从现实原则，服从客观规律的认识发展特点。在规则游戏中，幼儿比以往参与的游戏更加关注行为的结果。如果说在象征性游戏中，幼儿关注的是角色的扮演过程，而不在意自己是否真的就是该角色或像这一角色，在规则性游戏中，孩子在遵守规则的基础上，克服困难，为取得行为的结果而积极参与到游戏中。

规则游戏的大量出现发生在学前末期，当然，带有感知运动特点的简单的规则性游戏在幼儿初期就出现了，如捉迷藏、丢手绢、老鹰捉小鸡等。幼儿在规则性游戏的发展中，在对规则理解的认知水平和规则遵守的行为水平上随幼儿年龄的增长表现出由低到高的增长趋势。

二、以社会性为主线的幼儿游戏的发展

根据幼儿社会性行为表现的不同，幼儿游戏的分类即游戏的社会性分类，呈现了以社会性为主线的游戏发展的不同阶段或水平。

（一）独自游戏阶段

独自游戏是指幼儿在游戏中自己玩自己的，单独地玩。学步期及其前后的婴幼儿通常是以这种方式进行游戏。该阶段幼儿的游戏还没有表现出明显的社会性特征。幼儿以自我为中心，不大察觉别人的存在。在该阶段中的游戏发展还没有表现出明显的社会性特征。

（二）平行游戏阶段

3岁左右的幼儿会在一起玩，各玩各的，彼此之间没有交流，他们会察觉到其他幼儿的存在，幼儿之间会相互模仿，形成了初步的玩伴关系。儿童8岁时游戏的社会性发展达到了平行游戏的阶段。

（三）联合游戏阶段

4岁以后，幼儿会留心别人的游戏，会互借玩具，有时会加入对方的游戏中，并且相互交谈，交谈会涉及他们共同进行的活动，但没有建立大家一致的共同目标，没有真正的组织者或领导者。达到这一阶段的幼儿对于与其他幼儿一起玩开始表现出较大的兴趣。但相互的交流时间不会太长，所玩的游戏也不会持久。

幼儿在联合游戏中开始表现出明显的社交行为，但每个幼儿在游戏中仍以自己的兴趣为中心。

（四）合作游戏阶段

5岁以后开始出现较多的是合作游戏，合作游戏是社会性程度最高的游戏。

5岁以后的幼儿已有较丰富的社会交往经验，较好的语言表达能力，他们可

以一起商讨，确定游戏的主题、角色的分配、材料的选择等，有了集体活动的共同目标。

三、幼儿游戏发展的一般趋势

（一）游戏内容的发展

游戏内容是指幼儿在游戏中所反映的现实生活中事物或现象的范围规定。它是构成游戏的核心，表现为游戏主题的发展和游戏情节的发展。

1. 游戏主题的发展

游戏主题是指反映游戏内容范围的中心议题，常表现为游戏的题目。

幼儿3岁前游戏的主题不明确、不明显，而到了3岁以后，游戏主题意识增强，主题不断增加，游戏反映的社会现象的范围逐步扩大。到了幼儿4岁以后，幼儿可以根据自己的兴趣和主观愿望来构思游戏主题。5～6岁有更多具有社会意义的主题游戏，而在幼儿后期，游戏主题被寓于智力活动之中。幼儿游戏的主题可以来自自己的家庭生活，也可以来自幼儿园的生活，也有一些主题来自社会现实生活之中，总之，大多数的主题都来自幼儿的身边，为幼儿所亲身经历。幼儿游戏主题总是由笼统、单一逐渐分化、复杂化，由表浅、贫乏逐渐变得深刻、丰富。主题的意识性、灵活性、社会性和深刻性日渐增强。

2. 游戏情节的发展

游戏情节指贯穿于游戏过程中富有故事性或艺术性的具体细节，是构成游戏内容的基本要素，幼儿最初的游戏情节都是简单、片面、不连贯的，主要以模仿游戏为主，随着幼儿年龄的增长，认知能力的不断发展和进步，幼儿游戏的情节逐渐复杂、全面、连贯而且富有创造性。幼儿游戏的情节逐步从特定关系的自由联想发展到具有一定的抽象性的整体活动。

（二）游戏形式的发展

游戏的形式是幼儿在游戏中展现于外的一切行为表现的方式，它构成游戏的外壳。幼儿游戏形式的发展主要表现在：

1. 幼儿游戏的动作的渐进

幼儿由最初的游戏过程中，动作简单、不连续，慢慢过渡到连续的动作，如3～4岁的幼儿在进行医生和病人的游戏时，只会拿药片放到嘴里即完成了看病的游戏。而到了5～6岁，相同的游戏，扮演病人的幼儿则会表现出不舒服，扮演医生的小朋友则会认真地听诊，然后给病人开药，给病人倒水，帮助病人服药，这一系列连贯的动作生动地表现了游戏过程。

2. 游戏语言的发展

游戏语言由最早的有意识的咿咿呀呀的重复发声到简单的只言片语，最后发展到连贯、准确的语言表述。

3. 持续时间的拖延

由于幼儿的注意力集中时间较短，而且幼儿好模仿的特点，所以在幼儿最初的游戏中，即表现出来对游戏过程坚持的时间很短。如一个小朋友正在看书，看到旁边的小朋友正在搭积木，于是他也会放弃图书而去建构区里活动。而到了中班后期，幼儿则会对游戏过程表现出较好的坚持性。

4. 游戏的规则明朗化

游戏是有一定规则的，幼儿在游戏中对规则的理解是循序渐进的，其游戏的行为对规则的遵守程度也是不断提高的。一名2岁左右叫毛豆的小朋友，在小区里和其他的小朋友一起玩赛跑的游戏，他总是用脚踩着起跑线，而玩丢手绢的游戏的时候，只要有小朋友在跑，他就会跟着一起跑，无论其他人是否把手绢放到了他的身后，这表明，他对游戏的规则的认识是非常模糊不清的。而当毛豆3岁后，他对于游戏规则的概念渐渐清晰，就可以和其他小朋友一起做游戏了。

5. 游戏活动的社会化程度不断提高

随着学龄前幼儿生活范围的不断扩大，人际交往技能以及言语能力的不断发展，越来越不满足于一个人游戏，他开始寻求玩的伙伴，喜爱群体游戏，家长们也可以在家庭生活中发现，孩子开始时可以拿着一个玩具玩好久，可是慢慢地，孩子开始缠着大人和他一起玩了，这是因为幼儿在游戏中的活动社会化程度在不断提高。

6. 空间的延伸

幼儿在游戏过程中，对玩具的选择范围在不断扩大，而在玩具的选择上也表现出了随意化的特点。幼儿的游戏也表现出了由侧重身体的动作到侧重心智活动的倾向。

第四节　幼儿游戏的价值

一、游戏的发展

从教育史上看，人们对游戏的教育价值经历了肯定、否定、再肯定的认识过程，社会上不同阶层和持不同教育观的人对游戏有着不同的评价。人们的游戏价值观随着社会生产力水平的变化而变化，同时也受到不同教育观、哲学观、幼儿观的影响。

（一）早期人类的游戏共享

在原始社会，原始人在生产劳动的同时，也开展各种游戏活动。他们的游戏往往和实际生活联系在一起，游戏内容取自生产生活方面，具有直接为生产服务的性质。在原始社会，成人与幼儿同享游戏的乐趣，甚至在同一游戏形式中可以容纳幼儿，也可以容纳成人，幼儿的游戏和成人的游戏没有完全分化开。直到成人的劳动获得可以维持自身和幼儿的生活需求时，才形成了纯粹的幼儿游戏。

（二）游戏成为幼儿的权利

随着生产力的发展，到奴隶社会时期，劳动和游戏出现了分离，游戏远离了劳动。成人游戏和幼儿游戏也逐步分化。到了中世纪，宣扬禁欲主义，对于学龄儿童，一入学便失去了游戏的欢乐。但幼儿因不需要学习仍可以进行游戏，所以此时自发地自由游戏成为幼儿的特权。进入到封建社会后，视工作为非常神圣的事情，把游戏看作是浪费时间，导致长期以来人们对游戏一直采取否定的、消极的态度。但没有学习和生活负担的幼儿仍享受着游戏的欢乐，他们在户外玩耍，自然材料是他们的玩具，在此过程中他们也创造了种类繁多的游戏形式。

（三）游戏成为幼儿教育的手段

文艺复兴时期，一些教育家提出热爱幼儿，尊重幼儿的口号，产生了幼儿中心主义的教育，游戏作为幼儿本性的要求得到了肯定。教育家福禄贝尔提出了"幼儿—游戏"的教育主张，并创办幼儿园。20世纪前半期，这种以游戏为主的教育思想逐步被人们接受。到了20世纪60年代，由于掀起了幼儿早期智能教育的浪潮，在幼儿教育中出现了轻游戏重智能的教育倾向。而到了20世纪80年代，人们经过实证研究发现，幼儿期所蕴藏的丰富的发展潜力是在游戏中获得的，这样，"幼儿—游戏"的教育观念再次被强调，通过游戏促进幼儿成长，使游戏的教育价值得到充分肯定。

（四）游戏日益成为现代生活的重要内容

在现代生活中，游戏不再受到鄙视，而是被看成人的正当权利和要求。隐藏着教育契机的幼儿游戏同样受到重视。人们发现自学能力、判断能力、创造能力、合作能力以及健康的情感和个性是适应未来社会的人才的必备素质，而游戏则是这些素质培养的重要途径。游戏已成为幼儿现代生活的重要内容。

二、游戏对幼儿发展的价值

游戏是最适合幼儿的一种活动形式，是幼儿生活中的快乐源泉，不仅对幼儿有娱乐作用，而且对幼儿的身心发展有重要的价值。

（一）游戏在幼儿生理发展中的价值

游戏可以满足幼儿生理发展的需要，能促进幼儿身体生长发育及运动能力的发展。由于受骨骼肌肉和神经系统发育特点的影响，幼儿需要不断地变换活动。在游戏中，幼儿可以自由地变换动作、姿势，可以多次重复他们所感兴趣的动作而不受限制。因此，游戏可以使幼儿的中枢神经系统的机能状态调整到最佳水平，使机体感到舒适和愉快。几乎所有的游戏都有身体运动的参与，幼儿身体的各项器官可以得到充分的活动，促进机体的新陈代谢、骨骼和肌肉的发育。同时，幼儿的基本动作在游戏中也可以得到发展。进行户外游戏时，大多数幼儿会喜欢追逐奔跑，也喜欢攀爬、跳跃，这些嬉戏性活动，可以为其提供机会锻炼大肌肉动作，发展肢体动作的协调性、灵活性和平衡性；进行室内游戏时，多是操作类、交往类、语言类、表演类、益智类游戏，幼儿有机会锻炼其小肌肉的协调性和灵活性，发展其精细动作。

（二）游戏在幼儿认知发展中的价值

游戏在认知发展中的作用早已引起世界各国教育学、心理学乃至其他相关学科的关注。皮亚杰的认知发展的游戏理论，更是开辟了从幼儿认知发展的角度来考察幼儿游戏的新途径。在游戏中，幼儿按照自己的兴趣和愿望去接受外部环境的信息，并进行加工，使之适应自己的内部图式，来认识世界，促进认知发展。同时游戏给幼儿提供了各种机会：使幼儿获得和巩固知识，锻炼和发展智力，如在游戏中幼儿需要观察、感知、比较、分类、回忆、想象，在遇到新情景时，要解决新问题，进行各种智力活动。

1. 游戏可以促进幼儿感官发展

感知觉是幼儿认识外界事物、增长知识的主要途径。对幼儿来说，不能指望其通过阅读图书或成人讲述就可以对事物有深刻的认识，处于直觉动作思维阶段的幼儿是用形象、声音、色彩以及动作来进行思考的，因为需要用各种感官去接触事物，对它们进行直接的感知，才能对事物留下一定的印象。游戏就是一种通过操作物体来感知事物的过程，在游戏中，幼儿接触到各种性质的物体，并动用了各种感官参与其中，通过眼看、耳听、口尝、手摸，了解各种事物的特性，大大加强了感官的感受性和观察力，促进了感官能力的提高。

游戏为幼儿提供大量的感知觉的练习，例如平衡感的练习，缺乏平衡感的协调，会使幼儿大小肌肉和其他身体感官互动不佳，造成孩子出现笨手笨脚、好动不安、注意力不集中等问题，并影响其语言能力、运动协调和左右脑均衡发展的进度，形成学习缓慢的现象，即所谓的感觉统合失调。

2. 游戏可以促进幼儿智力发展

（1）游戏发展幼儿的思维能力

思维能力是智力的核心，是获得新知识的必经途径。但是，思维活动不是凭空产生的，它是通过实践，在积累大量感性经验的基础上加工而成的。游戏可以为幼儿提供充分的实践操作的机会，为其思维的发展储备足够的感性经验材料，从而促进其从直觉行动思维向具体形象思维过渡，并引发幼儿抽象逻辑思维萌芽。

在强调幼儿主动性和创造性的游戏中，幼儿在不断地思考，不断地解决一个又一个问题。例如，玩角色游戏"在医院"，幼儿要分配角色，谁当医生，谁当护士，谁当病人。当医生的幼儿要决定用什么当听诊器；当护士的幼儿要有针和消毒棉棒；当病人的小朋友要想好自己哪里不舒服。总之，随着游戏的内容和情节逐渐丰富，幼儿的思维也越发活跃起来。在特别强调需要幼儿动脑筋的智力游戏中，幼儿思维的积极性更加突出，计算、猜谜语、下棋等游戏明显地有利于幼儿思维的发展。

游戏有助于幼儿解决问题能力的提升。首先，游戏的不确定性经常给幼儿带来问题，促使幼儿自发地进行探索，去寻找解决问题的办法。在游戏中，幼儿不断地运用着对应、均等、分类、顺序、多种组合等概念，以推进一般的游戏进程，并在各种问题的情境中，运用这些概念对事物做出反应，这是解决问题的基本实践。其次，由于是游戏，便降低了幼儿对成功的期望和对失败的担忧的压力，因此在游戏背景中更能促使幼儿在具有更强挫折承受力的基础上机智地理解问题的条件和情景，从而更灵活地解决问题。最后，游戏使幼儿获得大量尝试在各种条件下使用各种物体的机会，使幼儿的思维处于积极的活跃状态。他们常常创造性地使用物体，变换各种方式对待物体，尝试自己的动作与物体，手段与目的之间连接的多种可能性，扩大了物体之间相互作用的范围，甚至可以找出物品之间的替代关系，而这正是一种创造性解决问题的实践的表现。

（2）游戏促进幼儿想象力的发展

虚拟性或象征性是游戏的普遍特征，并以"假装"或"好像"为标志或条件，给幼儿提供了想象的充分自由和空间。这样幼儿在游戏中不仅以物代物，而且可以一物代多物或多物代一物，不仅能自己假装成他人，而且可以"串演"多个变换角色或多人共同扮演一个角色。这有利于幼儿想象力的发展特别是促进了创造性想象的发展，如幼儿在游戏中，枕巾可以当棉被，也可以当衣服；棍子可以当马骑，椅子也可以当马骑；她可以扮演妈妈，也可以扮演老师等。这些游戏中的想象从物到人，从动作到背景都极富有创造性。幼儿的创造性想象是幼儿创造性能力的一个重要方面。幼儿游戏中的创造性想象力的发展，为其思维的创造性以及流畅性、灵活性的发展打下了基础。

（3）游戏扩展和加深了幼儿对周围事物的认识

游戏是幼儿认识事物的途径。游戏使幼儿接触到各种游戏材料，通过具体的活动，认识各种物体的性质和用途，获得有关事物之间的关系，以及动作和物体之间的相互作用和因果关系。例如幼儿在玩水时，不仅认识了水的流动等特性，还获得了水的浮力的科学经验，同时，幼儿在玩水时也认识了水桶、水壶等工具。无论是游戏中的物体操作，还是角色扮演，都是对现实生活的反映，幼儿在游戏中把自己对生活的印象和感受充分表达出来，并时常进行重复，使自己对周围事物的认识得以加深和巩固。幼儿在此过程中发展着自身感觉器官的感受性和感知能力，同时获得两类知识——皮亚杰称之为物理知识和数理逻辑知识。而这两类知识的获得也可以更好地帮助幼儿解决问题，此外，幼儿在游戏中与他人所结成的集体，也是幼儿获得日常生活的、文化的、政治的等各种社会知识的源泉。这是幼儿智力发展所必需的知识前提和经验基础。

3. 游戏可以促进幼儿语言发展

游戏能够有力地促进幼儿的语言和智力的发展。在游戏的全过程中，幼儿都要用语言来交流思想，商讨各种办法，这就促进了幼儿语言的发展。在游戏中，幼儿还要根据游戏的情节，不断地考虑用什么玩具，怎样把简陋的材料想象成为某种工具和用具等，这样也就发展了幼儿的思维能力和想象力。以游戏作为手段，向幼儿传授知识，发展幼儿的语言和智力，具有生动活泼的特点，十分有效。布鲁纳认为在游戏活动中，幼儿可以最迅速地掌握本国语言，语言中最复杂的语法和实用形式都是首先在游戏活动中出现的，例如，一个幼儿第一次使用条件句："如果你把你的娃娃给我玩，我就给你一个我的草莓。"这样的句式恐怕通过"教"是难以实现的，如果一味地教幼儿一些复杂的词汇和语法，那只能使幼儿掌握一些消极词汇，只有在游戏情景中这些词汇才可能有机会转化为积极词汇。

幼儿语言发展的关键就在于使幼儿有机会以各种方式练习说话，游戏为幼儿语言的实践提供了机会。米勒等人研究了幼儿的游戏，发现即使只有12个月的幼儿在游戏中也有语言交往，幼儿的平行游戏能自然地促进他们之间的相互作用。游戏活动激发了幼儿使用和练习自我中心言语，这种言语是思维的外在表现形式，它反映了幼儿认知发展的水平和对认知活动情景功能上的要求。罗宾等人认为自我中心言语的功能，在于使幼儿对自己的行为有更清楚的意识，并为社会性语言交流提供了练习的机会。

（三）游戏在幼儿社会性发展中的价值

幼儿发展与成熟的过程，是从一个自然人成长为一个社会人的过程，也是其社会化发展的过程。幼儿期是社会性发展的关键阶段。游戏作为幼儿的基本活动，是早期社会性发展的重要途径，它使幼儿获得了更多的适应社会环境的知识和处理人际关系的态度和技能。而良好的社会性发展有助于幼儿适应集体生活，建立良好的同伴关系，更好地生存和发展。

1. 游戏促成了幼儿社会交往关系的产生，有助于幼儿学习交往规则

社会交往活动与社会性的发展有着密切的关系，离开了交往，社会性就无从谈起。对幼儿来说，交往活动是在游戏中开始的，可以说游戏是他们进行社会交往的起点。通过游戏活动，特别是合作性游戏活动，幼儿实现与同伴的交往活动，并形成他们的社会性行为。进行游戏就必须进行同伴间的相互交流，幼儿要学习表达自己的主张和意愿，也要学习理解他人的主张和意愿，还要学习怎样与同伴相处，怎样处理和协调同伴之间的关系，共同完成游戏活动。例如，在角色游戏"娃娃家"中，幼儿商量分配角色，每个角色各尽其责，在这个过程中，幼儿学习相互配合，相互谦让，发展同伴之间的友好关系。游戏中的这种幼儿之间的交往活动，构成幼儿实际的社会关系网络，使幼儿逐渐熟悉、认识周围的人和事，理解他人的思想、行为和情感，逐渐掌握人与人之间的交往规则，学习与同伴分享、互相谦让、合作等人际交往技能。

在游戏中，幼儿有时也会碰到一些因玩具或角色分工而引起的纠纷，比如两个人同时想玩同一个玩具，自己想去玩别人手里的玩具等情况，因为年龄小，自我中心倾向比较突出，自控能力差，幼儿之间经常会出现争抢玩具，甚至打人、推人等攻击性行为，这些行为都会导致游戏无法进行或者致使某些幼儿被排除在游戏之外，这就要求孩子要学会分享、协商、谦让、轮流、等待、合作等良好的交往技能和品质，学会解决纠纷等人际交往的基本技能，使幼儿的社会交往能力不断提高。

2. 游戏为幼儿提供了社会实践的机会，有助于幼儿社会角色的学习

幼儿一出生，就不可避免地处在一定的人际关系和社会地位中，他们不可避免地被赋予某种角色。有些角色是一出生就决定的，如男人或女人；有些角色是随着社会生活范围的扩大而出现的，如在家里是儿子，在幼儿园是小朋友，进入学校后是学生，长大后会成为丈夫、爸爸、教师、经理等。社会角色的承担者（或扮演者）的行为要符合社会规定或认同的标准，就需要有一个学习和掌握的过程。如果社会角色的学习不良，就会导致个体与其角色不相符合的非角色行为，就难以适应社会生活。游戏是幼儿学习和掌握社会角色的一个途径。例如，婴儿出生后加入的第一个社会团体便是家庭，家庭成员即与婴儿展开了游戏活动，在此过程中，婴儿学习着、实践着各种规则，不仅按自身发展的需要，也循着成人要求的方向行动着、实践着社会行为。进入托幼机构后，幼儿又开始了同伴之间的游戏活动，在合作游戏中用游戏规则协调着人际关系，体验着规则的意义。

我们从以下两方面来具体理解：首先，游戏中的角色扮演，是幼儿学习社会角色、掌握社会行为规范的最好实践机会。幼儿在游戏过程中通过扮演不同的角色，理解角色关系，学习和模仿角色行为，从而学习角色的义务，责任和权利。例如，性别角色的获得首先就是在游戏中发生的。有研究表明，女孩子对于娃娃和家务玩具形成的爱好发生于21个月，男孩对于卡车和其他运输玩具形成的爱好发生于30个月。在幼儿的游戏中，我们看到通常总是女孩子当"妈妈"，很少有男孩子当"妈妈"。幼儿园小班的孩子就知道："因为我是男孩，所以我当爸爸。妈妈是女的。"当孩子扮演同性别的成人角色时，他（她）就在思想上对自己和同性别的成人角色之间的关系进行了概括，实现了认同。其次，游戏是缩小的成人社会，在游戏中，幼儿通过模仿再现了家庭、商场、公共汽车等，凡是幼儿能接触到的社会领域，都能在游戏中得到反映，幼儿便有机会将在现实生活中所获得的知识经验，在游戏中用于实践，去进一步感受、体验及理解，从而大大加深了幼儿对社会的了解。

3. 游戏有助于幼儿克服自我中心化

自我中心化与去自我中心化是皮亚杰在他的早期研究中提出的重要概念，幼儿往往只是从自己的角度出发看问题，以自己的想法、体验、情感来理解周围现实的人和事，这即为幼儿的自我中心化特点。而幼儿不会停留在自我中心状态，他逐渐会区分主体与客体，能够在自我与他人之间建立联系，这就是去自我中心化的过程。在游戏中，由于担当了角色，出于角色的需要，他必须以别人的身份出现，把自己当作别人来意识，这时，他既是"别人"，又是自己。在这种自我与角色的同一与守恒中，他吸取了"别人"的经验，把自己摆在别人的位置上，从以自己为中心，转变到以他人的角度来看待问题，发现自己与别人的不同，学会发现自我，使自我意识得到发展，只有知道了自己与别人的不同，才能够去理解别人，逐渐学会改变自己看问题的角度，克服"自我中心"。

4.游戏有助于幼儿亲社会行为的发展

亲社会行为是指有益于他人或社会的行为，如帮助、安慰、捐赠、分享和合作等。幼儿的亲社会行为很早就会产生，在成人的鼓励强化下，伴随年龄增长会不断增多。幼儿在内容健康的社会性表演游戏中，通过扮演角色，模仿社会生活中人们的文明行为，可以缩短幼儿掌握道德行为规范的过程，让幼儿理解并遵循社会的行为规范，培养幼儿良好的品德和行为。例如幼儿在进行"娃娃家"游戏时当"爸爸""妈妈"，体验对小宝宝的爱抚、关爱、照顾；在《拔萝卜》故事表演游戏中，体会团结的力量……幼儿在往后的日常生活中，当碰到与游戏相似的情景时，就会按照游戏中的做法来支配自己的行为。可见，幼儿在游戏中通过模仿学习的社会行为规范，会迁移到幼儿的实际生活中，从而有助于其在现实生活中对道德行为规范的理解和遵守。斯陶布（E.Staub）设计了一个实验，运用表演游戏和"诱导"的方法，将研究被试幼儿分为三组：一组幼儿运用表演游戏，一组幼儿运用诱导方法，还有一组幼儿同时运用这两种方法。研究结果表明，表演游戏对培养幼儿的亲社会行为，其效果至少能保持一星期。表演游戏可以提高幼儿发展亲社会行为的可能性。

（四）游戏在幼儿情感发展中的作用

幼儿在游戏中，摆脱了外界的压力，享受到充分的自由，用他们对现实世界的理解和自己拥有的能力来操作实物、处理关系，从而体验行为所带来的各种情绪情感体验。这有助于促进幼儿情感的发展，陶冶孩子的性情。

1.游戏可以丰富幼儿的情感体验，促进幼儿情感的发展

游戏是一种积极的情感交往方式，它有利于各种情绪情感类型的产生。幼儿在丰富多彩的游戏情景中，通过扮演不同的角色，获得不同的情绪情感体验，例如，在"娃娃家"游戏中，扮演父母的幼儿体验着父母对孩子的关爱等。随着游戏主题和构思的发展和复杂化，幼儿的情绪情感体验会更丰富，更深刻。在"医院"游戏中，幼儿会像医生一样给"病人"听诊、开药，嘱咐"病人"按时吃药。当"护士"的幼儿不仅给"病人"试体温、打针，还主动搀扶"病人"，让"病人"好好休息。游戏使幼儿体验各种情绪情感，学习表达和控制情感的不同方式。

游戏中的情感体验有利于幼儿的情感发展。幼儿在游戏中迅速地发展着自身的高级情感。首先，幼儿在游戏中，主动地选择和接触各种色彩鲜艳、造型

生动的玩具，主动反映现实生活中美好的东西，在游戏中感知美、体验美、创造美，可以说游戏发展了幼儿的美感。其次，幼儿在游戏中积累经验，发现知识，从而又体验到理智感。再次，游戏同样通过人物关系的处理、角色情感的体验，发展幼儿的同情心和道德感。此外，游戏作为幼儿自我表达的通道，在此过程中孩子可以摆脱惩罚的威胁来表达一般社会情景禁止的情绪。例如，当冲动的行为或实现愿望受阻而产生挫折时，幼儿首先感受到了什么是挫折，进而可以学会控制这种挫折。在此过程中幼儿学会了自我控制，而又没有伤害自尊心，保障了幼儿心理健康发展。

2. 游戏可以激发幼儿更多积极的情绪情感体验

积极的情绪情感是指愉快、高兴、满足、平和、感动和放松等。正如弗洛伊德的观点，游戏是由快乐原则支配的，所以游戏往往给人一种积极的情感体验。因为游戏是自由自主的活动，幼儿可以自由掌控环境，选择玩伴和玩具材料，进入自己的假想世界，所以游戏可以给幼儿带来极大的满足感，让幼儿完全放松自己，平和而专注地投入到自己感兴趣的游戏活动中去。而在这样的过程中，幼儿获得了成就感，从而可以增强他的自信心和自尊心。

在游戏中，幼儿把成人世界复杂的事物压缩至他们自己可以控制的范围，缩小了周围世界与其已有经验的不协调和不一致。幼儿在运用玩具探索的过程中，可以体验到由环境的中等程度的新异性所带来的趣味性和兴奋感，并在多次重复中使他们逐渐熟悉并掌握周围事物，由此而产生了快乐感。经常玩假装游戏或者有假想伙伴的幼儿在游戏中有较多的微笑和欢笑，坚持性和合作性较好，较少出现攻击行为，也较少出现愤怒和悲伤。对年龄稍大幼儿的研究也发现，富于想象的幼儿较少莫名其妙地发火、攻击他人，较少冒失、冲动，更容易分清想象与现实的区别。而有研究表明：有情绪障碍的幼儿在游戏中表现出混乱和刻板的特征，他们在游戏中表现出不合群、焦虑，且容易受到心理压力的影响，出现攻击性和冲动性，不能担任帮助他人的角色，他们在幻想游戏中要从"我"转移到自我以外，转移到假想的其他人的角色也很困难，由此人们认为：幼儿不能发展想象型游戏标志着严重的病理症状。游戏可以给幼儿提供体验积极情绪情感的机会。

3. 游戏可以帮助幼儿转移、宣泄消极情绪

长期处于紧张或焦虑等不良情绪状态，会造成幼儿食欲减退、消化不良、心跳加速、血压和呼吸不正常或其他疾病。幼儿在生活中会受到不同程度的客观条件的限制和束缚，这难免会使幼儿的心理产生紧张或受到压抑，而游戏则是缓解幼儿紧张情绪的良好方式。平时，我们发现男孩特别爱玩黏土，他们玩黏土时那一系列用劲的"挤""压""捏""摔"等动作，都有宣泄功能。在游戏中，幼儿还可以通过角色扮演和假想，克服紧张和焦虑的情绪。如幼儿会模仿爸爸妈妈的样子训斥小宝宝，以此转移来自父母严加管教带来的不良情绪；幼儿喜欢在医院游戏中扮演医生的角色，通过给别人打针，发泄自己对于医生和打针的恐惧心理。只要我们注意观察，就可以发现，幼儿通过游戏把精力和情绪发泄之后，他们的脸上总会露出一种满足和痛快的表情。

在游戏过程中，幼儿可以运用适宜的方式发现自己的情绪情感而不被否认，还可以在角色中学会控制自己的情绪，提高自控力。游戏为幼儿提供了表现自己各种情绪情感的机会。在幼儿受到挫折和困扰时，游戏可以宣泄幼儿的焦虑、害怕、气愤和紧张等情绪，从而减轻或克服不良心理，游戏还能以幼儿能接受的情景，再现不愉快的体验，在假扮角色的情况下，幼儿消除了紧张、减轻了恐惧，从而使心理保持平衡。许多心理学家都认识到游戏的这种价值。例如，想象游戏的主要优点在于它能提供一个新的刺激场，这种刺激场不是物理环境，而是由幼儿凭想象和回忆创造出来的心理场，它能够使幼儿逃避不愉快的现实环境和气氛，使他们产生愉快、肯定的情绪体验，改变受挫的情绪状态，从而间接实现对行为的控制。正是由于幼儿在游戏中宣泄消极情绪，有助于消除或缓解不愉快的体验，游戏被认为具有心理诊断和治疗上的应用价值。游戏作为调节和治疗情绪障碍幼儿的手段，目前在我国已开始进行尝试，并取得了一定的效果。

游戏是幼儿园生活不可或缺的一部分，丰富多彩的游戏促进了幼儿的身心发展。因此，学前教育工作者应尽可能地让游戏渗透到幼儿生活的各个方面，充分发挥游戏的价值和作用。

第二章

幼儿园游戏环境的创设

第一节 幼儿园游戏环境的特征

幼儿园游戏环境的创设具有许多普遍的原则，比如安全性、教育性、艺术性、经济性等。但是，在这些原则下创设出来的环境却未必全部是有意义的。如果没有站在幼儿的视角去创设，或拒绝幼儿的参与，环境就会沦落为成人技能的一种炫耀性展示，幼儿身处其中却没有去了解的意图和想法。

我们认为，有意义的游戏环境应具有如下特征。

一、富有吸引力

积极的情绪情感是幼儿主动学习的驱动力。有意义游戏的环境创设首先要充满魅力，能够吸引幼儿，使其产生兴趣并进入其中去探究。这种魅力，一是来自感官上的刺激，如明亮宽敞的空间、漂亮柔和的颜色等；二是来自对幼儿学习需要的满足。多样的、适宜的材料支持幼儿的选择，有助于游戏中问题的解决和任务的完成，因此对他们充满了个人意义。两者相比较，后者产生的吸引力更为持久。

二、可接近、可获得

幼儿的知识和经验是在与环境相互作用的过程中获得的，因此可接近、可获得是有意义游戏环境的重要特征。当幼儿对某种物品产生兴趣，他就应该能接触到物品，拿在手中看、摸、闻，甚至打开看看内部的结构；当幼儿开始进行深入的游戏，他至少应该获得30分钟以及更长的时间沉浸在游戏中而不是常常被无情地打断；当幼儿进入幼儿园，他应该可以到每一处公共空间游戏和活动，熟知在什么地方有什么样的玩具和材料，可以进行什么样的游戏，那些不能靠近的空间、不能获得的材料，即使再美观、再多样，对幼儿来说也毫无意义。

三、幼儿充分参与

"儿童参与和贡献"和"儿童视角"的概念自20世纪90年代以来，在儿童研究、政策计划和教育实践活动中得到了高度重视。"参与"被定义为：在所有影响儿童的事务中，儿童都应该能够得到相关信息，并自由地表达、选择和改变事关他们事务的决策。它既是儿童的一项基本权利，也是使游戏与儿童发生深层次联系的必要途径。

在有意义游戏的环境创设中，一些关系到时间、空间和材料的事情，只要合目的、现实条件允许，都应鼓励幼儿参与进来。我们今天玩什么？我们能玩多长的时间？我们去哪里玩？能不能开个汽车修理站？修理站需要什么样的材料？……每个幼儿都可以自由地提出这些牵涉环境的重要问题，经由和老师、同伴的"集体协商"，确定适宜的解决办法去实行。这种深度的参与和改变会赋予孩子一种"小主人"感，能促使幼儿关注环境、充分与环境互动，投入到有意义游戏的过程中。

四、提示、记录学习过程

如前所述，游戏是幼儿学习的过程。有意义游戏不仅要关注最终游戏的结果，也要关注其中的学习过程，如学习的进度、面临的问题以及获得的发现，从而更好地培养幼儿的核心素养。通过直观易见、师幼整日身处其中的环境来记录这个过程，是非常有效的途径。对于教师来说，由于记录可以被保留、再现和重温，教师就有可能利用已有的教学经验，在记录的基础上参与建构关于儿童学习和教师教学的"新理论"中属于他个人的，最能体现教师专业特征的实践知识，会对教师个人的日常教学行为起到决定性的作用。对于幼儿来说，不断在环境中看见自己的学习过程和结果的表征，原本内隐的东西变为可见，更有助于他们学习成就感的获得，以及对学习计划的调整和对同伴学习经验的借鉴。

第二节 幼儿园游戏环境创设策略

创设有意义的游戏环境，需要灵活地突破三个难点：①如何整合目前被切割得七零八碎的在园时间，为幼儿深入游戏提供大段的时间保证；②如何有效地利用空间，改变目前过多依赖于室内空间，以及各班级互不开放的状况；③如何选择和提供材料，支持幼儿的游戏和学习。

一、有机融合各活动环节，提供大段深入游戏的时间

时间是组成生命的无形要素，与生命密不可分。哲学家海德格尔认为，对时间的领会是和许多事件相联系的，这些事件赋予相关的时间特殊的意义。也就是说，时间是人在生活中具体地度过的时间。游戏作为幼儿的一种生活、一种存在形式，要在时间的流淌中彰显自己的意义。

与中小学较为单纯的学科教学相比，保育教育合一的幼儿园生活可称得上是"快节奏生活"。从早上七八点入园到下午四五点离开，在8～9个小时的时间段内，要依次进行晨检、早餐、区域游戏、早操、集体教学、加餐、户外、午餐、午睡、区域游戏、加餐、户外活动、离园等众多活动。如果再考虑到午睡占用了2小时，其他活动分配到6～7个小时的时间里，且一些活动还包含了穿脱衣服、盥洗、喝水等内容，就不难理解幼儿的在园时间被切割得多么零碎。另外，由于幼儿的自理能力尚处在发展过程中，各个生活环节之间的衔接不够及时，教师为了完成预定的活动安排，难免会减少正式教育教学的时间。游戏由于没有硬性的目标要求，常常沦为时间压缩的首要对象。

游戏时间的长短会影响儿童游戏的质量。在较短的游戏时段，幼儿往往只从事一些社会和认知层次较低的游戏形式（包括平行游戏、旁观无所事事、转换行为等）。在较长（30分钟以上）的游戏时段，幼儿才会逐渐发展出社会

和认知层次较高的游戏形式（包括完整的游戏活动、团体游戏、建构游戏、团体—戏剧游戏）。因此，要想培养幼儿的核心素养，使其游戏更有意义，必须改变"鸡脖子"式的时间安排，尽可能地提供30分钟以上的大段游戏时间。

或许会有教育者提出不同意见：根据教育部的要求，幼儿园每天的户外时间不得少于2小时，这么长的时间段肯定能保证幼儿游戏的深入开展吧？但是，这2小时中进行的大都是体育游戏以及与身体素质发展相关的活动，表演游戏、角色游戏、建构游戏在户外开展得并不多。为了全面发挥不同类型游戏的价值，必须要尽量延长区域游戏的时间。

如果对幼儿园一日作息时间进行分析，不难发现大量的时间被各个生活环节占用。统一的时间安排，不必要的轮流等待是造成时间浪费的主要原因。

区域游戏时间结束了，教师提醒幼儿去喝水、上厕所，为接下来的集体教学活动做准备。天天手里拿着一块积木，看了看老师，继续搭建将要完成的大楼。教师很快注意到天天没有去喝水，于是便大声地喊着天天的名字。天天只好放下积木加入排队接水的队伍中。尽管老师已经要求一部分小朋友先喝水再上厕所，另一部分小朋友先上厕所再喝水，但盥洗室和温水桶前仍然挤满了小朋友。由于去得晚，天天等了几分钟才接上水。最后他也没有上厕所，一直慢慢地一边喝水一边看他那还没有完成的大楼。

把这些浪费在集体等待的时间转移到区域游戏时间段，是创设有意义游戏环境的一个立足点。这首先需要改变时间安排观念，将原来每件事情单独安排变成几件事情一起安排，打通各个事情之间的间隔，让幼儿根据兴趣和自身需求自主确定事情的先后顺序或投入时间。幼儿不再在同一时间段集中排队，大大节约了有关生活环节占用的时间，相应增加了区域游戏的时间。

经过调整后，幼儿上午、下午的区域游戏时间长度都达到1小时之多，户外活动中也可以提供较长的游戏时间。在融合后的生活环节，只要幼儿完成了相应的任务，都可以随时投入到游戏中去。那么，幼儿会不会过于渴望游戏而忽略了喝水、盥洗等生活任务？答案是，只要教师能做出及时的提醒，并经过持续不断的自理能力培养，幼儿都会独立地进行合理的规划。

将生活环节直接纳入游戏情节中，作为游戏的一部分存在，对延长游戏时间也是一种有效的途径。这是一种更高层次的融合，需要教师仔细研究纳入的可能性、结合点以及具体的操作策略。

二、开放室内、室外以及各班级的所有空间

空间是人所能感受到的具体空间，人类实际生活在其中的空间。我们承认游戏是儿童的生活，是儿童的工作，那么，游戏的空间就是儿童成长的空间，是儿童生存的家园。研究证明，空间的大小、结构、地点等因素对幼儿的游戏都会产生影响。比如，减少每个儿童所拥有的空间大小会减少游戏中的大动作活动，当每个儿童的平均空间从25平方英尺降到15平方英尺（1英尺=0.3048米）时，攻击性行为明显增加，团体游戏则明显减少。又如，人们发现，当设备放置在中央位置时，其使用率较高，且能引导儿童产生更多的相互作用的游戏。这些研究有力地说明了空间在游戏中的重要性。

空间既是绝对的，又是相对的。绝对空间是客观的、不可变的；而相对空间是可变化的，它反映了人对绝对空间的利用程度。受城市规划、社区大小等因素的限制，幼儿园的绝对空间是幼儿园教师不可控制的，但教师可以通过安排和使用已有空间对幼儿的游戏产生互动影响。这就涉及如何有效地利用每一寸空间的问题。两个面积相同的幼儿园，如果持有不同的利用意识和方法，对幼儿游戏的支持效果也会有所不同。另外，目前许多城市幼儿园的面积本来就不大，如果再不能充分利用已有空间，那么幼儿游戏的空间会更为狭小、游戏质量会更低。

幼儿园游戏空间的空置或浪费常常源于教育者在长期的教育实践中形成的一些比较固执的观念，心理学将其称为"刻板印象"。具体来说，教育者常常下意识地认为某些事情就应该这样或那样去做，不去考虑更多的选择，做灵活的变动。就游戏空间而言，这些固执观念主要表现在以下几方面：①教室中心要留有一块大的公共空间备集体活动用，各个活动区域要安排在教室四周。受这个观念的影响，区域游戏的时候孩子就只能分散在四周，教室中心的空间闲置着。②区域游戏在教室内进行，体育游戏在户外进行。奔跑范围大、激烈的体育游戏在室内开展当然不行，但是区域游戏为什么不能在户外进行？当全班幼儿在教室里因人数限制不能进入自己感兴趣的区域时，户外大片的空间却静无一人。如果是因为安全、材料摆放费事等管理上的原因，那这种浪费就是不合理的。③小班是小班，大班是大班；小一班是小一班，小二班是小二班。以木门为界，各个班级形成了独立的世界，由此导致空间和优势资源缺乏共享，

无法最大限度地发挥其价值——让园里的每个幼儿都能在其中开展游戏。

在创设有意义的游戏环境时，我们解放思想，从打破这些固执观念入手，尝试着为每一个幼儿开放了每一寸空间。

（一）在功能较为明确的各区域外设置"自由区"

每个班级里大都设有图书区、表演区、美工区、科学区、建构区、角色区等区域。这些区域都拥有特定的材料，以促进幼儿特定能力和情感的发展，基本满足了幼儿多元智能发展的需要。比如，角色区可以帮助幼儿去自我中心，学习社会交往的方式；美工区可以借助多种材料感受美、欣赏美、表现美，提高审美意识和能力；建构区则有助于发展幼儿的空间想象能力和动手操作能力；等等。"自由区"的提出与这些区域创设的出发点不同，它是为了充分地将室内闲置的空间利用起来，因此地点大都在走廊、寝室、过道等平日利用率不高的地方。简单的几个箱子与盒子，装满幼儿感兴趣的材料（这些材料每天由选择自由区的幼儿去各特定区域选择），几个"志同道合"的幼儿，便可以进行游戏。游戏内容可以是某个特定区域内容的延伸（从这个角度讲，自由区是有限特定区域空间的补充），更多的时候则是综合了各区域特点的游戏（从这个角度讲，自由区也具有特定的功能，即为孩子提供了深入练习、全面体验的机会）。

（二）室内区域游戏延伸到室外

幼儿园教室的区域面积都十分有限，大点的区域也就5～7平方米，与幼儿充分游戏的需求之间形成了一定的矛盾。除了将教室里的角落、班级门外的空间以"自由区"的形式利用起来之外，较为广阔的室外空间也需要有计划、有组织地加以利用。

要强调的是，并不是所有的区域游戏都适宜到户外进行。户外是一个自然的空间，各种因素的干扰容易分散幼儿的注意力，因此安静的，偏重认知、欣赏的区域如科学区、益智区、阅读区、美工区，最好还是在室内安排。而那些需要较大空间的、幼儿群体在热烈的讨论中集体做决定的、表现性的区域——主要是角色区、建构区、表演区，都可以根据具体情况安排在户外。每个班级可以根据就近原则，自己选择相对稳定的户外区域空间。幼儿园则要整体进行规划，加强管理和调控，保证每个班级都享有户外区域游戏的条件和机会。

（三）开展混龄游戏，开放每一个班级

每个班级都是一个独特的空间，里面蕴含着不同的期望、语言、规则、环境布置方式、材料和大家共同建构的身份认同。这既是促进幼儿开展有意义游戏的一种宝贵资源，同时又是幼儿有意义游戏的重要内容。当幼儿进入到一个陌生的班级进行游戏，他会开始验证之前获悉的资料是否和眼前的一切吻合，开始在新的环境里使用熟悉的或不熟悉的材料、工具游戏，开始和本班以外的老师和幼儿进行碰撞和交流，开始需要借助他们的帮助来完成事先计划好的游戏任务。认知上的挑战，情感上的调适，材料上的补充，这就是开放所有班级给幼儿游戏和发展带来的价值。

然而，就组织和管理而言，混龄游戏的开展并不容易，需要付出更大的精力和智慧。从对象上讲，可以先从同一级部班级的混龄游戏开始，慢慢过渡到不同级部班级的混龄游戏。从时间和内容上讲，可以根据需要在主题活动的相应阶段安排混龄游戏。我们的经验是，由于节日是幼儿园开展主题活动的主要时机之一，其中蕴藏着大量的混龄游戏机会，加之幼儿都对其有着强烈浓厚的兴趣，因此可以将"节日"作为混龄游戏时间和内容的首要选择。

借助混龄游戏，幼儿园为幼儿开放了所有的空间，他们可以进入每个自己感兴趣的区域，接触那里的材料、同伴和老师，进行深入的学习。可以说，在这些可接触、可获得的空间中，幼儿才是真正的"小主人"，其中进行的游戏才是真正有意义、有价值的。

三、选择、投放适宜的游戏材料

所谓游戏材料，指的是被用于幼儿游戏的一切物品，包括专门为幼儿游戏而制作的玩具，以及任何日常物品或自然材料。游戏材料是游戏的物质基础，游戏的各种发展功能主要是通过幼儿操作游戏材料来实现的。首先，游戏材料可以激发幼儿的游戏动机、游戏构思，引起幼儿的联想和行动。幼儿在操作材料中获得物理知识和数理逻辑知识，实现认知的发展。其次，玩具和材料也为幼儿之间的社会性交往和情感交流提供媒介。因为对共同的材料产生兴趣而在一起游戏是一种十分常见的现象，这在小班、中班里尤为突出。基于上述游戏材料的独特作用，"有意义游戏"也一直把游戏材料的投放作为研究的重点。

在有意义游戏中，游戏材料的投放分为教师投放和幼儿投放两种类型。

教师投放的材料是教育目标和教育内容的物化体现，它是教师基于理论基础和教学经验所选择的适宜的游戏材料。不过，这种投放只提供了班级游戏材料的大致种类和范围，能否真正被幼儿有效地利用，还要依赖于幼儿在一段时间内的特定学习需求。因此，幼儿也和老师一样，是游戏材料投放的重要决定者。需要指出的是，尽管有时候是教师投放有时候是幼儿投放，但材料本身都是教师、幼儿和家庭共同搜集和制作的。在这里首先要讲述的是教师投放游戏材料的策略，在接下来的内容中会呈现幼儿参与投放游戏材料的情景。

（一）根据幼儿的年龄特征投放材料

幼儿正处在身心快速发展的时期，小、中、大班的幼儿各自具有不同的身心特点。这在儿童心理发展学上已有明确的论述，在此不再展开。有意义游戏关注的是，如何基于这些特点为不同年龄的幼儿投放材料。下面是三个年龄班区域的基本材料。

1. 小班各区域基本材料

（1）美工区

工具类：印染模具，大刷子，剪刀，水粉，较大的调色盒，胶水，水彩笔，油画棒，泥工板，压花器。

制作材料：各类纸（彩纸、皱纹纸、绘画纸等），橡皮泥，扭扭棒。

废旧材料：各种纸芯，纸盘，瓶子，酸奶杯，各种盒子。

自然材料：鹅卵石，松果，果壳，树枝，树叶等。

（2）益智区

福禄贝尔玩具、串珠玩具、拧螺丝玩具、数字卡片、点数卡片、记忆力小玩具。

（3）科学区

空气类：小火箭飞啊飞，章鱼翻跟头。

光类：光飞机，转一转，看一看，找影子，镜子里的花园。

落体运动类：叶子飘飘，你追我赶。

震动类：小牛赛跑，动物合唱团。

（4）角色区

锅，碗，盘子，勺子，铲子，自制各类食物，娃娃，小推车，梳妆台，餐桌，小家具。

（5）建构区

各类木制积木，拼插玩具，塑形玩具，乐高，毛球插塑玩具，辅助材料。

（6）表演区

头饰，手偶，服装，乐器，表演背景。

2. 中班各区域基本材料

（1）美工区

工具类：剪刀，胶水，水彩笔，油画棒，线描笔，泥工板，水粉，水粉笔，调色盘。

制作材料：各类纸（彩纸、卡纸、皱纹纸、绘画纸等），橡皮泥，扭扭棒。

废旧材料：各种纸芯，纸盘，瓶子，酸奶杯，各种盒子。

自然材料：鹅卵石，松果，各种粮食，树枝，树叶等。

（2）益智区

福禄贝尔玩具，数字卡片，点数卡片，棋类玩具，记忆力小玩具，扑克牌，拼摆小豆豆。

（3）科学区

空气类：吹不散的乒乓球，降落伞，会跳舞的小球，气垫小汽车。

光类：转身踢球的小人，小青蛙不见了，魔幻书镜。

磁铁类：曲别针游戏，连接小火车，自制指南针，滑冰的小人，营救小动物。

颜色类：制作彩虹瓶，颜色变变变。

纸类：水彩爬高，神奇的胶水画，让纸站起来，有趣的纸桥，纸飞碟。

（4）角色区

锅，碗，盘子，勺子，铲子，自制各类食物，娃娃，小推车，梳妆台，餐桌，小家具。

（5）建构区

各类木制积木，拼插玩具，塑形玩具，乐高，辅助材料。

（6）表演区

头饰，手偶，服装，乐器，表演背景。

3. 大班各区域基本材料

（1）美工区

工具类：剪刀，胶水，水彩笔，油画棒，线描笔，泥工板，水粉，水粉笔，调色盘，花边剪刀，刮画纸，毛笔，宣纸。

制作材料：各类纸（彩纸、卡纸、皱纹纸、绘画纸等），橡皮泥，扭扭棒。

废旧材料：各种纸芯，纸盘，瓶子，酸奶杯，各种盒子。

自然材料：鹅卵石，松果，各种粮食，树枝，树叶，海鲜壳等。

（2）益智区

福禄贝尔玩具，数字卡片，点数卡片，棋类玩具，记忆力小玩具，扑克牌，拼摆小豆豆，拼图，迷宫，多米诺骨牌。

（3）科学区

空气类：吹不散的乒乓球，降落伞，会跳舞的小球，气垫小汽车，纸风车，飞奔的气球，风力小汽车，彩旗飘扬。

光类：转身踢球的小人，小青蛙不见了，魔幻书镜，彩色转盘，水做凸透镜，神奇的万花筒，潜望镜。

磁铁类：曲别针游戏，连接小火车，自制指南针，滑冰的小人，营救小动物。

机械类：奔跑的飞盘，小熊天平，灵巧的小手。

空间类：贪吃的小熊瓶。

物性变化类：不听话的白糊糊，纸条会变色，酵母的力量，多变的液体。

颜色：制作彩虹瓶，颜色变变变。

纸类：水彩爬高，神奇的胶水画，让纸站起来，有趣的纸桥，纸飞碟。

（4）角色区

锅，碗，盘子，勺子，铲子，自制各类食物，娃娃，小推车，梳妆台，餐桌，小家具，理发器具，围兜，假发，各种发型提示图，百宝箱等。

（5）建构区

各类木制积木，拼插玩具，塑形玩具，乐高，沙，各类辅助材料。

（6）表演区

头饰，手偶，服装，乐器，表演背景。

可以看出，尽管不同年龄班的游戏区域名称相同，区域里的材料投放思路也大致相似，但在一些具体区域投放材料的种类、复杂性、发展指向性上却存在着明显的差异。尤其在需要较高层次的认知加工和手眼协调的益智区、科学区和美工区，这些表现得尤为明显。角色区、建构区、表演区这些偏于发展情感和社会性的区域，各年龄班提供的材料差别不大，原因在于这些区域游戏的开展更依赖于幼儿对这些材料的创造性使用。

（二）从学习发展目标出发，选择、投放不同功能的材料

在有意义游戏材料的投放中，除了遵循一般的安全、美观、操作性、层次性等基本要求之外，教师更注重去关注学习发展目标，幼儿的学习兴趣和学习需求，以及两者之间的一种动态匹配。

学习发展目标既指普遍性的全面发展的目标，也指各区域、各年龄阶段、各种游戏类型特定的目标。在有意义游戏中，教师"胸怀大目标，关注小目标"，统筹无结构材料、低结构材料和高结构材料、常规材料和主题材料的种类，进行有目的的投放，以促进幼儿的不同维度的学习和发展。如在某个班级的科学区里，教师投放了如下四类材料。

目标宽泛的无结构材料：一堆杏核、石子或废旧纸盒，旨在鼓励幼儿的自由探索和操作，获得多种发现。

目标隐蔽的低结构化材料：一堆石子，色彩大小各异，每块都有数字或者数点，旨在潜移默化地使幼儿获得大小、数量、数字等方面的学习。

目标明确但结果不确定的高结构化规则材料：各式滑道、小车、木块和珠子，旨在让幼儿发现不同物体的滑动速度，以及影响物体滑动的各种因素。

目标明确而且结果固定的高结构化作业材料：滑道铺设图、记录表、笔、幼儿操作图片等，旨在让幼儿记录、总结、发现滑动的规律，掌握表征探究发现的方法。

结构程度不同的材料，给孩子的有意义游戏提供着不同的学习支持。在操作无结构和低结构材料时，幼儿可以创造性地开展自由探索，以发现学习为主；操作高结构材料时，幼儿基本上是一种接受学习，以获得正式的、具有内在逻辑的知识为主。人们常常会在两者之间进行比较，认为无结构和低结构的材料对幼儿的学习更有价值，这实际上是一种误解。发现学习和接受学习只是一种学习方式，各自具有适用的学习对象和范围。发现学习强调了学习者的主动性，却忽视了社会因素。它与接受学习结合在一起，才能较好地在幼儿的个人兴趣与社会要求、当下成长与未来发展之间搭建起桥梁。所以，不同结构的材料之间并无价值高低上的区分，关键是看它们是否满足了本班幼儿在某段时间、某个主题下的学习需求。

常规材料与主题材料的区分则在于是否跟随着主题的变化而变化。许多常规材料存在于幼儿的所有学习时段，而主题材料则随着不同主题的变更出现，支持着幼儿对特定问题的深入探究。例如，节日和季节是幼儿园主题活动内容的两条主要线索。每逢季节变化和节日来临，图书区的书就会相应地有所更新。当然，常规材料和主题材料的区分不是绝对的，有些主题材料只不过是常规材料在主题下做了相应的调整而已。比如，"小商店"在春天是春天的商店，在夏天是夏天的商店，尽管一些具体的商品区别较大，但商店的结构、柜台布置包括收款机的位置都是基本不动的。

（三）为增加游戏的趣味性投放材料

关于材料投放数量的研究指出，判断一个活动区材料是丰富还是缺乏，依据的应是幼儿积极行为和消极行为的增减，而非材料数量的多少。对游戏材料感兴趣，被游戏材料所吸引，是增加幼儿游戏积极行为的起点。在"有意义游戏"的研究中，教师在通过材料投放增加游戏的趣味性方面做了大量的探索。

四、幼儿参与游戏材料的规划和制作

幼儿是游戏材料的操作主体，他们理所当然地应享有游戏材料的规划权和选择权。虽然教师凭借自身的专业理论基础和教学经验一直思考"游戏材料的适宜性"，但这种思考毕竟是站在成人的立场进行的，有时会和幼儿真正喜欢的材料之间存在着一定的差距。如果在游戏中过分偏重教师投放的材料，会带来许多弊端：①占据了教师本来应该更多用于观察幼儿、与幼儿互动的时间；②剥夺了幼儿动手参与的权利和空间，限制了他们的发展；③更为重要的是，教师投放的游戏材料带有"预设"性质，而幼儿的游戏兴趣和探究进程是"动态生成"的，在这种情况下要求使用某些游戏材料对幼儿来说是"被动接受"的，缺乏个人理解，难以激发幼儿主动操作获取直接经验的内在动机。因此，紧密跟随幼儿的游戏兴趣和探究进程，让他们主动规划、选择、制作游戏材料，可以和教师基于教育目标投放材料形成有益的补充，更好地支持幼儿的有意义游戏。

五、观察游戏材料使用情况并及时调整

材料投放之后，教师要对幼儿利用的情况进行观察、分析，以确定其促进学习的有效性，并动态地进行调整。许多教师常常把主要精力放在投放材料上，忽略后期对使用情况的观察和调整。理论上很有价值的材料，如果不能契合幼儿的学习需要，幼儿不去操作，就会变成无用的摆设。

（一）有目的地观察

对游戏材料实际使用状况的观察，可以重点从材料的使用次数、使用契机、使用数量等方面进行，最终做出适宜程度的判断，旨在确定其是否符合幼儿的探究兴趣、能否引发幼儿的深入探究。

借助对具体活动中材料利用状况的观察和分析，教师会清楚地了解不同材料对幼儿学习的支持力度，以及幼儿在游戏中学习的基本状况。值得注意的是，游戏材料的适宜性取决于材料与幼儿学习需求、学习能力之间的吻合度，因此在A活动中被冷落的材料有可能在B活动中备受欢迎，在A班不受欢迎的材料可能在B班颇为抢手。

（二）及时调整，赋予材料新的意义

对于适宜性、有效性不高的材料，教师要及时地进行调整。可以直接撤换，更具有现实性的是对现有的材料进行适当的改变，使其与幼儿的学习兴趣和水平之间产生更加紧密的联系。

例如，某幼儿园中二班的教师和幼儿一起搜集了冰糕棍投放在区域里，刚开始时幼儿的操作热情较高，但过了一段时间孩子就失去了兴趣。教师发现这个情况后进行了集体讨论，感觉冰糕棍还具有很多的游戏价值，最好不要扔掉。于是，教师做了如下的改变。

首先，改变外观，将纯色冰糕棍变成彩色冰糕棍，从感官上吸引幼儿的注意力。

其次，改变形式，提供全新的操作机会。

先在冰糕棍的正反两面四个圆头上粘上圆形魔术贴。

这种改变果然激发了幼儿新的探究热情。他们喜欢利用魔术贴把冰糕棍连成一条线，当作鱼竿来"钓鱼"；也有的孩子喜欢把有魔术贴的冰糕棍拼接成一些简单的基本图形，如三角形、正方形。后来，有的孩子喜欢把这些形状摞

起来进行简单垒高。随着孩子们经验的不断拓展与丰富，他可以拼贴出更复杂的图形，会把连成线的冰糕棍又伸又缩，进行形状的变化。

玩过一段时间后，在部分冰糕棍的中部增加魔术贴。

两种冰糕棍结合在一起，在孩子的游戏里变成了各种各样的物体，如小飞机、小陀螺、小飞镖、小钢琴……

后期又鼓励孩子将冰糕棍与区域内的其他材料广泛结合，激发出更多的思维火花。有的孩子进行垒高平铺；有的孩子进行架空垒高；还有的孩子自己创设情境利用纸标积木块搭建小桥，或者围封属于自己的家园；甚至有的孩子与科学实验结合，探究起平衡原理……

再次，改变形状。把冰糕棍浸泡在水里，变软后拿出，放进一个带有弧形的容器里1～2天，让形状发生改变。

变形后的冰糕棍可以用来干什么呢？"我们可以做手镯呀！"孩子们利用弯曲的冰糕棍，还有水粉、毛线等材料，踏上了艺术制作和表征的旅程。

冰糕棍属于低结构游戏材料，简单，玩法多变，具有较大的探索空间，因此调整起来相对简单。高结构材料由于有明确的使用目标和规则，调整起来显然不能运用同样的思路。一个有效的方式就是将其与各种区域的学习内容结合起来，拓展使用的范围。如将福禄贝尔教具与美工区结合，让幼儿利用各种形状进行印画和喷画。但是，这种调整会大幅度地改变高结构材料的性质，使其失去原有的特定功能，因此还需要进行更深层次的探索。

六、让"教"和"学"看得见

在认知主义看来，学习就是面对当前的问题情境，在内心经过积极的组织，从而形成和发展认知结构的过程。他们注重解释学习行为的中间过程，即目的、意义等，认为这些过程才是控制学习的可变因素。这对我们的启发是，要想在有意义游戏中促进幼儿的学习，就要高度关注幼儿游戏的目的、计划、选择、意义赋予这些认知和情感变化过程，而要科学地、合理地解读这些内隐的过程，首先就要借助各种中介将其外化、明朗化。

意大利瑞吉欧教育体系提出一个响亮的口号，即"儿童有一百种语言"，借指儿童多种多样的认识、交流的表现手法和学习形式，如绘画、雕塑、音乐、建造、戏剧表演等。鉴于意大利在艺术表现方面的传统优势，我们看到了孩子们在学习方面的巨大潜力和多种表现。美国高宽课程中，幼儿的学习要经过一个"计划—做—回顾"的历程，其中"计划"的时候也会采用多种表征方式，动作、表格、语言、数字等都可以成为幼儿假设和预测的工具。这两种课程模式表明，幼儿可以利用任何一种形式来记录、理解和表现自己在活动过程中所经历的记忆、思考、预测、假设、观察和情感，并运用多种方式多角度地进行最后的问题解决。将这些表征保存下来并加以展示，让幼儿的学习看得见，就成为创设有意义游戏环境的重要任务之一。

让幼儿的学习看得见，可以提示幼儿自己的发现、感受学习的成就；可以提示教师学习的进程，寻求接下来的支持策略。它与下列因素密切相关：首先，幼儿必须能够自主、充分地借用各种符号展现自己在不同学习阶段的思考过程。其次，教师要有课程意识和发展意识，知道幼儿现阶段应该学习什么、是怎样学习和发展的。再次，对表征作品要做有意义的陈列和摆放，引起幼儿的关注和兴趣。前两者融入教育过程中，产生具体化的作品，随后展现在墙壁、走廊、窗台、地板等幼儿园的各个角落，组成立体的有意义游戏环境。它最大的特点在于紧紧跟随幼儿的学习过程潜移默化地"教"，让幼儿吸收性地"学"，教师有针对性地提供学习支持。

（一）墙面布置的学习指导功能

理解一个班级里幼儿的学习情况，最简单、直观的方法莫过于去仔细解读教室的四壁。由于区域大都靠墙而设，所以从墙面布置上可以看出幼儿的学习内容、探究过程和探究结果。以前人们习惯于将其称为"墙饰"，这是一种重装饰轻学习观念的反映。在有意义游戏中，墙面已不再是一种装饰，其功能更趋于多元。

1. 示范

在幼儿学习一些基本的技能、了解比较复杂的操作方法时，示范图是非常有效的。它可以使幼儿更直观地进行学习，并根据自己的学习步伐确定模仿的重点和难点。有时，为了给幼儿一个整体的印象，教师也会提供一些成品图，让幼儿去感受。

提供示范图时，要尽可能地多一些类型，多一些选择，避免单一模仿。另外，示范得不能太过细致，特别不应该要求孩子们完全按照示范来表征。应该让孩子们明白，这些示范图都是参考的，要在借鉴的基础上有所发展。

2. 规则提示

规则是游戏的重要组成部分，也是保证学习有序进行的条件。由于幼儿记忆时间较短，单纯的口头提示作用并不长久，但如果换成各种符号、示意图、照片、说明书等贴置于墙面上，具体形象，则会很好地起到提示规则、引导行为的作用。

墙面上的规则提示图一般由幼儿群体讨论制作而成。他们有自己的符号体系，明白各种符号代表的意义是什么。教师也可以参与进来，用文字表示规则的具体内容。对具有识字兴趣的幼儿来说，这构成了一种十分生活化的学习途径。

3. 丰富经验

幼儿在主题刚开始时进行的一些调查结果的展示属于此类。比如，在"快乐中秋节"主题活动中，调查中秋节的来历、中秋节的习俗、中秋节的月亮传说等，都丰富了幼儿的知识和经验。另外，在表演区和角色区的墙面上，经常会贴有一些故事和角色常见行为图，也是出于同样的目的。

4. 分享交流

这种墙面布置在于展示幼儿的学习收获和成果，一方面使幼儿获得成功的积极情感，增强学习动机和热情；另一方面也使幼儿看到彼此的想法、思考和能力，进行分享和交流。这种展示在幼儿园是非常受欢迎的。幼儿不仅会主动地向同伴介绍，而且会向父母和外来的参观人员讲述其中包含的意思。讲述是一个反思、整理、明晰思想的过程，对幼儿的思维能力发展有很大的促进作用。这种墙面布置是全纳性的，即所有幼儿的成果都要有被展示的机会。如果是搭建类、拼摆类、泥塑类作品，也可将实物放置在桌面上、矮柜上、展示架上，与墙面展示形成密切的配合。

（二）建立学习档案，记录每个幼儿的个性化学习轨迹

在有意义游戏的环境中，有一样东西是必不可少的，那就是幼儿学习档案。如果说班级的整体环境反映了幼儿整体的探究历程，那学习档案就是对每个幼儿独特学习经验的深入挖掘。它经常被放在教室最引人注目的角落，吸引家长和孩子们主动去翻阅。

在许多幼儿园里，学习档案被视作一个物体，而不是学习环境的一部分。这使得学习档案的支持作用大大减弱，蜕化成纯粹的美好回忆。但在有意义游戏中，它被视作重要的环境，必须要发挥学习支持作用。教师每天都会安排时间和孩子们一起翻阅学习档案，让孩子们围绕某个画面或作品进行讲述，谈谈自己当时在做什么、为什么要这样做、作品的内容是什么。通过讲述，教师可以更清晰地看到幼儿在学习中的进步和面对的问题，能更有针对性地调整下一步的教学内容和方式。这个工作也是家长经常要做的，一是因为教师时间上的不足，二是因为它提供了亲子交流的重要契机。家长借助这个过程可以深入地和孩子对话，在学习档案提供的专业框架内了解孩子的游戏和学习，加强对有意义游戏的认同，从而自觉自愿地提供思想和行动上的支持。

第三章

幼儿园游戏指导策略

第一节　幼儿园游戏时空媒介的指导

游戏时间的充分保障和游戏空间的合理设置，是幼儿园游戏正常运行与优化提升的基础和保障。游戏空间的设置和游戏时间的规划，是接下来将要探讨的焦点。

一、游戏空间的设置

幼儿游戏的方式、游戏情节的发展与游戏空间密度、空间安排、结构等有着密切关系。在实践中，如何实现空间利用的最大化已然成为许多教师面临的一个问题。这里将从以下五个方面对游戏空间的设置问题进行探讨。

（一）空间的合理布局

第一，如果希望降低跑及粗野嬉戏的游戏，可以用分隔物或家具将广大的开放空间分隔开来。

第二，将有冲突的角落（如吵闹的音乐角和安静的图书角）分开，将互补的角落（如娃娃家和积木角）放在一起。

第三，画出教室内清楚的动线。

第四，运用分隔物及家具为不同的游戏角落清楚地划分范围。

第五，使用物理提示（如家具、画架、水族箱等）和表征提示（如海报、相片等），清楚地定义或描绘不同的游戏角落。

第六，将需要用水的角落（如美劳角等）靠近水源。

第七，将可能脏乱的角落（如点心角等）放在有瓷砖的地板上，在需要温暖或会造成吵闹的积木角铺地毯。

总之，一个游戏空间中存在着许多内容不同、复杂性各异的游戏区域，如何实现复杂程度、动静程度、内容以及需求等方面各异的游戏区域和谐共生？

这是摆在教师面前的一个无法回避的挑战。

1. 动静分开

一个班级中的游戏区域会呈现多种复杂程度及性质，产生的游戏氛围、喧哗程度各不相同，且每个游戏区域都有自身对动静的要求。此时，为了避免各游戏活动之间相互干扰，应尽量动静分开。较为喧哗的"小舞台"不能与安静的"小小图书馆"邻近，在具体设置时，"小舞台"可设置在走廊或午睡室，而"小小图书馆"则可设置在安静不吵闹且采光较好的靠窗角落等。

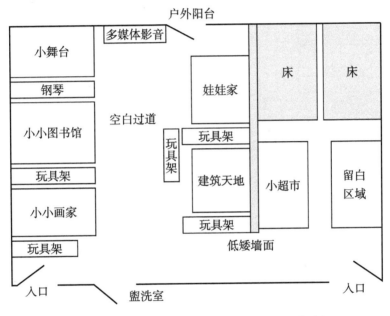

图3-1 某小班室内游戏区域空间布局图（调整前）

以图3-1为例，此室内空间总体为长方形布局，其中包含活动室及午睡室，中间有低矮墙面作为隔断。教师沿着墙面设计了若干游戏区域，因此呈现较为整齐、明显的划分。但在具体的区域空间设置时，由于对多媒体影音设备与舞台表演结合运用的思考，教师将小舞台设置在活动室的角落，并且以钢琴为隔断，在邻近区域设置了小小图书馆。这显然违背了动静分开的基本要求，气氛热烈的小舞台常常会打扰在小小图书馆看书、讲故事的小朋友们。经过观察与思考，教师将游戏区域空间布局进行了调整（见图3-2）。

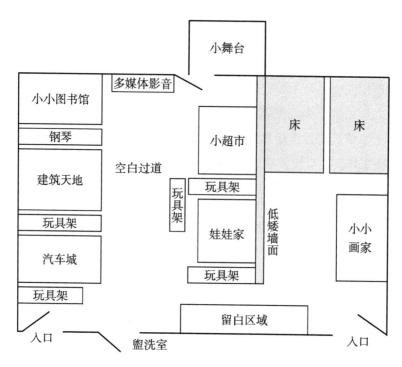

图3-2 某小班室内游戏区域空间布局图（调整后）

如图3-2所示，相较于图3-1中的游戏区域空间布局，教师将小小图书馆迁至靠窗角落，即原来小舞台的位置；同时将小舞台迁至户外阳台处，既与多媒体影音设备邻近，又能与安静的图书馆分离。

2. 相关邻近

不同游戏活动之间的相关程度存在差异。为了引发与支持不同游戏活动之间产生有意义的互动，教师应将相关程度较高且容易引发互动进而形成新游戏组合的游戏区域邻近设置。如图3-2中所示的"汽车城"与"建筑天地"因具有较高相关性而邻近设置，由此便易于引发有意义的互动。例如：

小二班的"汽车城"与"建筑天地"是"隔壁邻居"。东东在汽车城摆弄一个轮胎掉落但还没"维修"好的小汽车，这辆小汽车放在维修台上无法开动；东东望着不能开动的小汽车想了想，没一会儿就去隔壁"建筑天地"借来了长方形木板当作斜坡，架在维修台上，把三个轮胎的小汽车放在长方形木板上，只有三个轮胎的小汽车从木板上滑了下来。东东高兴地说："没轮胎，我也能让小汽车滚动起来！"

案例中，邻近区域"建筑天地"中的长方形木板激发与帮助"汽车城"中的幼儿找到了游戏中解决问题的方法，进而通过组合材料最终解决了问题，支持与助推了幼儿游戏水平的提升。

对于"相关"的判定经常存在视角的差异，尤其是教师与幼儿视角的差异。在游戏空间设置之初，教师经常根据以往经验，判断不同游戏区域之间是否存在相关以及相关的程度，进而根据这种判断使自己认为相关程度高的不同游戏区域在空间方面邻近，这主要体现了教师视角中的"相关"。但在游戏开展的过程中，教师所判断或预期的"相关"可能并没有出现。此时，教师需要从幼儿的视角判断，哪些游戏区域之间相关以及相关的程度如何，进而将幼儿在游戏过程中内在需要"相关"或自然而然"相关"的游戏区域进行"邻近"设置。此时的"相关"便体现了幼儿的视角，是幼儿游戏中真正需要且顺其自然的"相关"。

在此过程中需要注意的是，教师视角中的"相关"有时也会引导或转化为幼儿视角中的"相关"。换言之，教师将自己认为存在较大相关的、不同游戏区域在空间方面邻近设置，有时也会引发和支持这些空间邻近区域中的幼儿之间产生有意义的互动。当然，不同游戏区域之间是否会相关以及相关的程度如何，最终是由幼儿在游戏中决定的。

"相关"除了存在视角的差异之外，还具有动态性。具体地说，游戏的主题、情节、材料等因素均可能影响"相关性"，或者说不同游戏区域之间的"相关性"会随着多种因素的变化而动态变化。因此，原本没有相关或相关程度较低的游戏区域之间可能会变得相关程度很高，反之亦然。这就要求教师不断观察与判断（尤其是幼儿视角）不同游戏区域之间的相关性，进而根据"相关邻近"原则，对游戏区域的空间设置进行必要的调整。

3. 避免死角

在游戏空间的布局过程中，一定不能为了盲目追求空间大小而忽略了安全因素。实践中，有些教师在设置游戏空间时常常陷入空间过小的困境，为了解决此问题，教师通常会采用利用午睡室或户外空间的方法。这虽能有效扩大游戏空间，但出于安全考虑，所有游戏区域均应处在教师的视线范围内，避免盲区或死角的出现。这样既能较为有效地保障幼儿游戏时的安全，同时也能保证教师观察到幼儿的游戏行为，从而做出进一步的指导。

值得注意的是，"私密空间"的设置和"避免死角"的要求之间在根本上是不矛盾的。在幼儿园，设置相对独立、自由、隐秘的私密空间能满足幼儿的心理需求。这样的空间从幼儿的视线高度看是"私密空间"，但从教师的视线高度看是"一览无余"的，因此并不矛盾。

（二）封闭与开放相结合

每个游戏区域首先是一个相对独立的空间，便于幼儿在其中不受外界干扰，开展游戏活动，这就决定了不同游戏空间具有相对的独立性与封闭性。但不同游戏区域空间应是开放的，便于幼儿自由出入不同游戏空间，这就决定了不同游戏空间具有内在联系和开放性：正是基于区域的开放性，生态式幼儿园区域活动中虽然各个区域之间也可能会以矮柜、隔离栏或桌子等相隔，但这只是为了让各个区域形成一个相对独立的空间与"舞台"，便于区域中的幼儿开展活动。但是，各区域之间是相对独立的，在需要的时候随时可以拆除这些"隔离物"，随时可以对这些区域进行"加减乘除运算"，随时可以拆分与合并区域，随时可以在各个区域之间进行交流。总之，各个区域的门永远是随时"敞开"的。

游戏区域空间封闭性与开放性的程度和幼儿年龄有一定关系。一般的规律是，幼儿年龄越小，封闭性相对越强；随着年龄增长，开放性逐渐增强。除此之外，游戏的结构化程度往往也会对游戏空间封闭性与开放性的程度产生一定影响。如户外游戏是低结构游戏的典型表现，它主要由幼儿主导与控制，彼此之间的流动性也相对更强。与此适应的是，户外不同游戏区域空间的开放性相对更强，而封闭性相对更弱。

如何才能更好地遵循与实现游戏空间设置的封闭与开放相结合呢？第一，将游戏空间划分成界限清晰、标志明确的区域空间是非常必要的。第二，不同游戏区域空间分隔物的选择和运用也是非常重要的。教师可以使用低矮的分界物来将各个区域分隔开来。这些分界物可以是矮架子、地毯、地板上画的过道或粘的胶带等。值得一提的是，不同分隔物或分界物的通透性不同，所营造的空间的封闭性与开放性也不同。这就需要教师综合考虑游戏区域空间的封闭性与开放性程度，以及分隔物自身的通透性等因素，选择和运用适宜的分隔物。

（三）空间的共享使用

一般来说，游戏空间（即户内外游戏总空间）的大小很难改变，换言之，空间密度及人均占有面积都较难改变，此时，共享区域的利用便成了挖掘与拓展游戏空间潜力的一个突破点。教师应挖掘和利用幼儿园中一切现有的与潜在的空间资源，如室外的走廊、过道、大厅等共享区域。这些共享区域凝结了全园教师的智慧，投放了各式各样幼儿乐于探索的游戏材料；同时，这些共享区域的利用使幼儿走出教室，打破了班级的固有模式，让班与班之间有了联动与沟通，互相传递经验，在丰富幼儿活动内容的基础上有更为深远的发展意义。

幼儿园大厅等共享区域不仅有助于空间资源的充分利用，更为重要的是，这些空间具有公共性、开放性与共享性，为幼儿带来了一些新的机遇和挑战，如参与幼儿的年龄、经验等更加复杂多样，这也给游戏的多样化和复杂化提供了可能。除了室外走廊、过道、大厅以及户外游戏空间等共享游戏区域的创设与运用之外，空间的共享使用还体现在室内游戏区域空间的共享使用。具体地说，游戏区域空间的开放性决定了幼儿原则上可以自由出入任一游戏区域。换言之，任一游戏区域空间原则上不属于某一幼儿独享，而是可以被所有幼儿（一般是本班幼儿）共享的。当然，目前也有幼儿园尝试开展年级联动游戏和全园联动游戏：此时，某班的游戏区域除了可以被本班幼儿共享外，还可以被本年级或本园幼儿共享。

如何才能有效实现空间的共享使用呢？

第一，不同游戏区域空间对于幼儿应是显而易见的，这是基础和前提。对于室内游戏区域空间，儿童要能够从房间的不同位置看到各个区域，并且通往各个游戏区域的路径是清晰可见的；对于室外游戏区域空间，幼儿要知道（最好能熟悉）不同游戏区域的空间位置以及通往不同游戏区域空间的道路。这也是不同游戏区域空间之间选择和运用低矮、通透的分隔物的一个重要原因所在，便于幼儿"一览无余"地看到与发现不同游戏区域空间。同时，清晰可见和富有标志性的区域标签也便于幼儿发现不同游戏区域。每一区域都有一个大的标签，标签上展现的可能是一个真实的物品（这个物品可以在该区域找到）、材料或者在该区域进行的典型活动的图片（可以是画的图片或照片），或者手写的该区域的名称。

第二，游戏材料的存储方式要便于幼儿发现、使用与归还，共享使用空间的核心即是材料的共享使用。高宽课程中学习环境最重要的原则是，"儿童要能够自己发现、利用和归还个人所需的材料"。为此，教师可以使用三个策略或指导方针，对材料进行管理与标志，即"将相似的材料放在一起""使用透明的、可以抓握的容器""用儿童能够理解的标志来标记容器"。此外，教师在为材料（以及区域）做标识（或标记）时可以遵循以下指南：使用儿童能理解的名称和标志；让儿童参与新材料的命名；字要写得大而清楚；儿童能理解的标志包括材料本身、材料的轮廓图、图片、图片目录、照片和影印图片；用透明胶带将标签的两侧黏住，注意要让标签很容易粘贴到架子或容器上。

（四）空间的动态变化

游戏空间并不是一成不变的，而是会随着幼儿需要、兴趣、游戏情节以及环境等多种因素的变化而动态变化，主要体现在游戏空间的位置与大小两方面。

首先，游戏空间位置的动态性体现在教师对游戏区域设置位置的选择，不再局限于教室中某个固定角落，而是拓展到了幼儿园所有可利用的现实与潜在的空间，能够根据需要，有效挖掘与利用幼儿园的空间资源。其次，游戏空间位置的动态性还体现为调整的可能性，即教师可根据实际情况，对某游戏区域的具体位置随时进行动态调整。如相较于图3-1中游戏区域空间布局，图3-2中的"小超市"的空间位置就发生了调整变化。这种调整缘于幼儿游戏的需要，目的为了支持与推动幼儿游戏的发展。

实践中，许多教师经常会遇到某个（些）游戏区域"人满为患"，同时也有某个（些）游戏区域"门庭冷落"，甚至"无人问津"的现象。对于那些"人满为患"的游戏区域，教师应尽可能扩大其空间；而对于那些"门庭冷落"，甚至"无人问津"的游戏空间，教师则可以适当缩小甚至暂时撤销，以便将"省"下的空间资源让给那些"人满为患"的游戏区域。这样就在总的游戏空间资源不变的情况下，满足了不同游戏区域对空间的差异化需求，这便是游戏空间在大小方面动态性的体现，具体地说，游戏空间的大小需要根据幼儿的需要、主题的需要、游戏自身发展的需要等多种因素灵活调整。

总之，游戏空间应是动态变化的，教师需要仔细观察幼儿游戏的具体情况，及时根据幼儿的兴趣和需要等多种因素，对游戏空间的位置与大小适时进行动态调整，以顺应、支持和助推幼儿游戏。

（五）空间的巧妙留白

结合游戏指导的"留白"策略，教师在游戏空间的设置过程中应为幼儿巧妙留白。空间留白的核心是教师不要将活动室内外可以利用的游戏空间全部事先安排与设置好，而应保留一些空间，使其处于未被"开发"与"利用"的"空白"状态，以吸引、鼓励与支持幼儿参与未被利用空间的开发，即由幼儿主导与决定这些"空白"空间的开发与利用。总之，空间留白的核心与实质是，游戏空间的设置权由教师独霸转向教师与幼儿共享，甚至幼儿主导。空间留白为幼儿发起新游戏提供了空间支持，且操作相对简便：教师只要有意识地为幼儿保留一些未被占用的"空白"空间，幼儿就可以根据自己的兴趣和想法，开发这些"空白"空间，从材料百宝箱中选取所需的游戏材料，对该区域空间进行布置，进而开展游戏。

因幼儿参与空间设置的程度不同，空间留白相应地存在层次差异（见图3-3）：

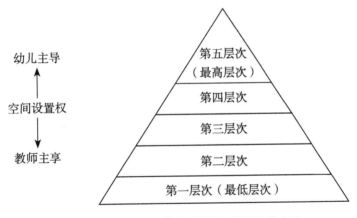

图3-3　幼儿园游戏空间留白层次图

第一，如果教师将所有游戏空间都设置好，幼儿主要参与使用，那此时就几乎没有留白，或者说属于留白的最低层次，即第一层次。

第二，如果教师已将活动室的游戏区域空间进行了具体清晰的划分与界定，幼儿主要在现有的游戏区域空间中开展活动，在活动过程中可以对空间设置进行微调，那此时的留白程度有所增加，属于留白的第二层次。

第三，如果教师只是划分、搭建活动室，确定了初步的、大的、粗线条的游戏区域空间框架,而具体的游戏区域空间划分并不清晰与固定,幼儿可以在现有的空间框架内自由划分与创设小的、具体的游戏区域空间,那此时的留白程度就有所增加,属于留白的第三层次。

第四,如果教师虽已事先划分了活动室,确定了游戏区域空间框架,但幼儿可以突破这个空间框架的限制,对活动室的游戏区域空间进行重新划分,那此时的留白程度则更大,属于留白的第四层次。

第五,如果教师事先并没有划分活动室与确定游戏区域空间框架,幼儿完全可以从"零"开始,自由地划分与确定游戏区域空间,那此时的留白程度达到最大化,属于留白的最高层次,即第五层次。

如图3-3所示,"留白"的五个层次在空间设置权方面,儿童主导的成分自下而上呈依次递增的关系,在此过程中,伴随着教师的逐渐退出和幼儿的逐渐主导。需要说明的是,在任一层次的留白中,原则上不排斥幼儿的参与,同时需要教师的帮助和支持。"留白"的实质是幼儿能不同程度地参与游戏空间的设置,由在教师设置好的游戏空间框架体系中开展游戏,到主动参与甚至主导游戏空间框架的设置。由此也可以发现,"留白"往往不是有与无的问题,而是程度的差异问题。由此可以推测,实践中许多教师会自觉或自发地让幼儿不同程度地参与游戏空间的设置,关键在于度的把握以及从自发到自觉的转变。

此外,图3-3的金字塔形还暗含着在过去、目前甚至未来相当长一段时期的实践中,留白的五个层次的比例自下而上是依次递减的关系。一般情况下,自下而上,即从最低层次到最高层次,在实践中的比例依次递减。

游戏空间留白的过程实质是一个赋权、增能的过程。赋权的实质是空间设置权由教师向幼儿不同程度的转移,增能的实质是幼儿在参与游戏空间创设的过程中,各方面能力得以不断提升。值得注意的是,空间留白内在需要教师的帮助与支持,无论是在幼儿创设游戏区域空间的过程中,还是在后期不断对所创设的游戏区域空间进行完善的过程中。当然,教师帮助与支持的时机、程度等要根据多种因素综合判断,并且总体来看是一个教师逐渐退出和幼儿不断主导的过程。

二、游戏时间的规划

作为教师对幼儿园游戏指导的一部分，游戏时间同样对幼儿游戏的进行与发展有着重要影响。充足的自由活动时间是幼儿能够深入展开游戏的先决条件。在幼儿在园的有限时间内，如何合理规划游戏这一基本活动的时间是教师需要不断思考的问题。这里主要从作息的合理调整、时间的弹性变化以及时间的灵活留白三方面，对游戏时间的规划进行探讨。

（一）作息的合理调整

一直以来，科学合理安排幼儿一日活动，提高幼儿一日生活的有效性是许多幼儿园教师关注的一个重要议题。在游戏时间规划中，幼儿一日生活中的游戏总时长并不是越长越好，合理、有效的游戏时间安排才是我们追求的目标。合理、有效的游戏时间安排经常具有游戏时间安排总量相对合理、突出年龄特点、模块化、稳定性与灵活性兼备、动静交替等特征，其中游戏时间安排总量、突出年龄特点、模块化、动静交替等特点在作息安排表上就能体现出来。

在游戏时间安排总量与模块化的问题上，需要正确处理整体与部分的关系，即一日生活中的游戏总时间与一次游戏的单位时间（以下简称单位游戏时间）的关系。在整体上，教师应在每天上午、下午分别为幼儿安排充足的自由活动时间，便于幼儿开展游戏。一般情况下，开展游戏所需时间较长，幼儿需要足够的时间才能完成准备、分配游戏材料以及制订游戏计划等。总之，在一日生活中，游戏时间的总量必须充分，只有这样，才能为幼儿的游戏提供时间保障。在部分上，单位游戏时间的安排尽量避免碎片化与零散化，应尽可能做到模块化，便于幼儿能在单位游戏时间内专注和持续地开展复杂的高水平游戏。

（二）时间的弹性变化

游戏时间往往是反映游戏水平的一个指标，如果没有足够的时间，幼儿还没有进入游戏的想象情节和互助合作阶段，游戏就被宣布结束，那幼儿就不能尽兴，游戏的水平也会受到很大限制。幼儿在游戏过程中难免会出现进度不一的问题，同时也会出现幼儿游戏兴趣正浓时却因时间等原因被打断的情况。这不仅会影响幼儿当次游戏的效果，同时也会影响幼儿的心情。因此，教师应思考如何在不对一日生活中其他环节造成太大消极影响的前提下，实现时间的弹性变化，为幼儿游戏的发生、发展、交流、提升提供灵活的时间基础与保障。

针对主体的不同，时间的弹性变化具有两层含义：一是实践中教师可以根据具体情况，灵活调整作息安排，即相对于作息安排而言，实践中游戏时间的弹性化，这是针对教育者而言的；二是不同幼儿或游戏群体游戏时间的弹性化，这是针对游戏者而言的。

实践中经常出现正当许多幼儿专注于自己的游戏时，却因"时间到了"等原因，游戏被人为地打断或终止的现象。"时间到了"中的"时间"主要是"制度的时间"，而非"幼儿的时间"。此时，一日生活安排中规定的"制度的时间"压制与限制（而非支持与促进）了"幼儿的时间"。面对类似现象，是"幼儿的时间"服从"制度的时间"呢？还是"制度的时间"根据"幼儿的时间"进行灵活调整呢？这里所说的时间的弹性变化主张采取后一种做法。

具体地说，针对教育者而言，游戏时间的弹性变化意味着教师将事先制定的作息安排作为一种参考，实践中根据实际情况，对包括游戏时间在内的时间安排进行必要的、灵活的调整。换言之，"制度的时间"是为"幼儿的时间"服务的，因而需要根据"幼儿的时间"来灵活调整：在此过程中，教师需要观察幼儿的游戏情况，从游戏情节的发展、幼儿的专注程度等方面，综合思考与判断是否需要调整游戏时间。

针对游戏者而言，不同年龄段的幼儿、游戏群体或不同幼儿的游戏时间存在一定弹性。一般来说，小班幼儿的游戏可以陆续开始，单位游戏时间稍短；大班幼儿的游戏则可以同时开始，单位游戏时间稍长。教师应根据不同年龄幼儿游戏合作水平的特点等多种因素，合理安排游戏的开始时间及单位游戏时间。因此，小班幼儿游戏前可以安排自助生活活动，如吃点心等，根据幼儿的速度弹性地进入游戏；而中大班幼儿由于平行游戏、合作游戏的发展，应鼓励他们和同伴合作进行喜欢的游戏，则可安排他们同时进入游戏。

实践中除了自助生活活动能帮助幼儿灵活地把握游戏开始时间之外，灵活的过渡环节同样可以做到。教师可投放一些对自由游戏的开展有益的书籍、图片、玩具等，给已准备好进入游戏的幼儿。这些资源一般来源于前期游戏交流分享或是前期生成的内容，可以在短暂的过渡环节帮助幼儿回顾以往的经验或者产生新的启发，然后根据需要可选择同一时间或不同时间进入游戏。前面所谈主要是不同幼儿或游戏群体游戏开始时间的弹性变化。除此之外，不同幼儿或游戏群体游戏结束时间也可以根据需要弹性变化。

（三）时间的灵活留白

类似于前面"空间的巧妙留白"，教师也可以尝试在游戏时间方面进行灵活留白。时间的灵活留白的核心是，游戏时间的安排权从教师独霸到师幼共享，再到幼儿主导的转变，即幼儿不同程度地参与游戏时间的安排。

和空间的留白具有不同层次类似，时间的留白同样也会因幼儿参与或主导游戏时间安排程度的不同而具有不同层次，并且同样也可以区分出类似图3-3所显示的五个不同层次实践中，许多教师自觉或自发地遵循和运用了时间的灵活留白策略，但关键在于需要因人、因园、因时而异，灵活把握留白的"度"以及逐渐实现从自发运用到自觉运用的转变。

第二节 幼儿园游戏材料媒介的指导

　　主动学习或主动参与式学习应满足五个要素，即材料、操作、选择、儿童语言和思维（即儿童描述他们所做与所理解的）、成人的支持。其中，具有充足、多样和适宜的操作材料是主动学习的基础和前提。游戏在本质上属于主动学习，也必须以丰富适宜的游戏材料为基础。总之，材料是幼儿开展游戏的重要物质基础，既是幼儿的隐性教师，也是教师指导的重要媒介。这里将主要从游戏材料投放的原则和游戏材料调整的技巧两方面，具体探讨教师如何以游戏材料为媒介，实现对游戏的指导。

一、游戏材料投放的原则

　　为了更好地发挥游戏材料的价值，教师在材料投放过程中应注意遵循安全性、就地取材、废物利用、富于探索性、一物多用、多层次性等六个原则。

（一）安全性

　　3～6岁幼儿处于身心发育的基础期，生长发育迅速，但还未完善，安全意识薄弱，自我防护能力较差，极易受到环境中危险因素的影响与伤害。游戏材料是幼儿在幼儿园中直接接触且摆弄较多的物品，可以为其带来快乐，帮助其获得发展，但劣质、危险的游戏材料也可能成为"杀手"。因此，安全性原则理应成为幼儿园游戏材料投放的首要原则。《3—6岁儿童学习与发展指南》（以下简称《指南》）也强调安全性，在多处专门谈到安全问题。

　　引导幼儿注意活动安全。如：

　　·为幼儿提供的塑料粒、珠子等活动材料要足够大，材质要安全，以免造成异物进入气管、铅中毒等伤害。提供幼儿用安全剪刀。

·为幼儿示范拿筷子、握笔的正确姿势以及使用剪刀、锤子等工具的方法。提醒幼儿不要拿剪刀等锋利工具玩耍，用完后要放回原处。

——《指南》

《指南》中的这两段内容主要涉及安全问题，可以细分为两个层面，分别涉及安全的两层内涵，即"消极安全"与"积极安全"。

第一段内容对材料的材质、外形、所含有害物质（如重金属等）、儿童适宜性等方面提出了要求，主要涉及"消极安全"。

第一，从消除安全隐患的角度看，投放的材料应符合国家安全卫生标准（如甲醛、铅等有害物质含量必须符合国家相关标准），不妨害幼儿身心健康或威胁幼儿生命安全，并且不会造成幼儿畸形发展。为此教师投放游戏材料时，对游戏材料要严格把关与筛选，尤其是在目前倡导游戏材料废物利用的背景下，要对废旧材料进行严格消毒后方可投入使用。

第二，从降低安全隐患的角度看，投放的材料还需考虑和遵循幼儿的身心发展特点，符合幼儿人体工程学的要求，例如，适宜于幼儿高度的桌、椅及用作百宝箱的储物柜，以及虽然存在安全隐患，但在幼儿能力应对范围之内的幼儿用安全剪刀。

第二段内容对幼儿正确使用材料的规则与方法技能等方面提出了要求，主要涉及"积极安全"。"消极安全"中虽消除或降低了游戏材料的某些安全隐患，但在使用过程中仍存在一些处于幼儿能力应对范围之外的安全隐患。这就要求教师注意引导幼儿学习正确使用材料的规则与方法，以提高幼儿应对安全隐患的意识与能力。这即是"积极安全"的核心内涵。

"消极安全"是从降低甚至消除材料中潜在危险的角度而言的，是保障幼儿安全的基础，但不能无限夸大和强调"消极安全"，否则容易造成"因噎废食"的现象，如使用剪刀对幼儿具有潜在的危险，因此就不允许幼儿接触剪刀等。长此以往，当幼儿处于有潜在危险的环境中而不知如何应对时，更增加了其受到伤害的可能性。因此应适度强调"消极安全"，重点关注"积极安全"，即帮助幼儿培养与提升应对材料中潜在危险的意识与能力。

家长的理解与支持是教师实践与实现"积极安全"的重要外部支持条件，幼儿园要注意通过多种途径与方法引导家长树立正确的安全观，而不要一味抱怨。事实上，只要方法得当，态度诚恳，家长的观念是可以转变的。一位园长曾讲过这样一件事情：一名幼儿在活动过渡环节摔倒骨折。事情发生后，家长找到幼儿园讨要说法。幸好幼儿园安装了监控录像，通过回放录像发现，该幼儿是在没有任何外界干扰（如同伴推、拥挤等）的情况下，自己从椅子上站起来时不小心摔倒而骨折的。事实摆在面前，但家长依然要求园方赔偿。后来园长告诉家长："赔偿可以，但有两个选择：一是我们幼儿园不适合您的孩子，请转园；二是为了您孩子的安全，以后我们不会让您的孩子参与任何活动，而是让他只坐在座位上。"家长听后，自动放弃了索赔的要求。家长之所以放弃索赔，一个很重要的原因就是意识到园长给出的第二种选择虽短时间内可以保证自己孩子的安全，但从长远看最终不利于自己孩子的成长。园长给出的第二种选择即是对"消极安全"的极端强调而导致的"因噎废食"。从这个故事中可以看出，家长能意识到"消极安全"走向极端时的弊端以及"积极安全"的必要性。

总之，"消极安全"与"积极安全"并不矛盾，二者相辅相成，缺一不可。其中，"消极安全"是基础和前提，"积极安全"是根本和旨归。教师应适度强调"消极安全"的重要性，但涉及卫生等问题时应严格强调，如将医院所用废旧针管投放到游戏前一定要严格消毒。此外，要积极为教师营造一种敢于强调与尝试"积极安全"的宽松、理解与支持的氛围。具体地说，从幼儿园管理的角度，注意制定出台一些支持性规章制度；从家长的角度，注意引导家长树立正确的安全观，为幼儿园教师提供一种理解的宽松环境。

（二）就地取材

游戏材料是社会文化历史经验传承的一个重要载体。幼儿园游戏材料投放的就地取材，首先遵循与体现了幼儿园教育的生活化原则。因地制宜、就地取材得来的材料是幼儿在日常生活中所熟悉的，有利于幼儿将生活中的经验与游戏相结合，助推游戏走向更高水平。此外，就地取材有利于幼儿了解富有地域特色的材料，从而萌发与培养幼儿对当地文化的认同感。因此，材料的就地取材便于幼儿游戏时置身于地方文化的浸润中，自然而然地受到地方文化的熏陶，进而逐渐萌发与培养对地方文化的熟悉感与亲切感，为日后产生对地方文化的认同感奠定坚实的基础。此外，就地取材也便于家长、社区的参与。

首先，游戏材料的就地取材强调选择当地富有地域特色的材料，如浙江省湖州市某幼儿园将当地特色的竹制品和竹材料等融入幼儿园游戏中，体现了浓厚的地方竹文化；云南省昆明市某幼儿园结合当地民族特色，运用民族布艺、石头、飞盘、木跷、弹弓、陀螺等材料开展游戏，从游戏入手渗透彝族特色与文化，丰富传承形式和内容。其次，游戏材料的就地取材还强调便利性，即当时当地现有的材料（包括富有当地特色的材料、购买的成品材料等），便于获取并投放到游戏中，如布料、吸管、纸盘、可乐瓶、易拉罐、纸箱等废旧材料。

总之，就地取材主要是从材料的来源角度说的。就地取材不等于自然材料，也不仅仅局限于当地特色材料，材料的就地取材一方面强调从当时、当地幼儿常见的、熟悉的现有材料中选取游戏材料；另一方面强调富有地域特色，增强文化熟悉感和亲切感。

（三）废物利用

《指南》中明确指出，要"多为幼儿选择一些能操作、多变化、多功能的玩具材料或废旧材料"。废旧材料的选择和运用即是游戏材料投放的废物利用原则的要求和体现。无论是从经济角度，还是从培养环保意识的角度，抑或从游戏中幼儿替代物的使用、动手操作能力和创新思维的发展等角度，废物利用都极富意义。例如，某幼儿园巧妙地收集食堂为幼儿准备的小饼干包装盒，经过消毒处理后投放到班级游戏中。幼儿把纸盒当作"砖头"垒高、由饼干纸盒引发了开超市的游戏行为、改装饼干盒等。这些材料激发了幼儿的创意，同时也培养了幼儿的环保意识。除了这里提到的小饼干包装盒外，收集的牛奶罐、饮料瓶、吸管等都可以作为游戏材料投放到游戏中，给予幼儿机会，充分挖掘、利用废旧材料的价值。

必须注意的是，废物利用时教师一定要严格遵循"安全原则"，一定要进行严格的消毒、打磨等安全处理，如将废旧材料（如带有小刺的竹筒）的功能性锐利边缘打磨平滑等。

（四）富于探索性

幼儿园游戏材料应富于探索性，其意义在于引发幼儿与材料间的互动，一方面能让幼儿在玩的过程中提高动手操作能力，另一方面给幼儿留下大量参与、创造的空间与可能，有利于创新思维的发展。

材料的结构性很大程度上会影响幼儿探索使用材料的空间。一般情况下，高结构材料（亦称高结构性材料、高结构化材料、强结构性材料等）的用途或玩法相对固定或具有特异性，本身包含一定的玩法和规则，往往比较单一；而低结构材料（亦称低结构性材料、低结构化材料、弱结构性材料等）的用途或玩法则是非特异性和多样化的，游戏者可以根据自己的想法和需求，以多种方式创造性使用。国内已有研究结果显示，强结构性物质材料不利于幼儿角色行为的持续发生，非专门化玩具或游戏材料可以促进幼儿在游戏中的想象和发散性思维。应当注意为中、大班的幼儿提供非专门化的材料。

材料的结构性为什么对幼儿探索使用材料的空间具有如此大的影响呢？儿童在使用高结构材料时经历了从"这是什么"直接到"它可以用来干什么"的过程，而使用低结构材料时多了一个"它像什么"的中介环节。正是这一中介环节的存在，赋予了儿童在象征游戏（包括角色游戏）中使用低结构材料的多种可能。但象征游戏中"以物代物"的象征功能"不是一种孤立的心理机能，它与人的心理活动的随意机能、抽象概括机能有着密切的关系与联系"。受这些心理机能的发展水平的影响，象征性功能也有一个从具体到逐渐抽象，从不随意或随意性较差到具有较强的随意性的个体发展过程。也就是说，个体在象征游戏中实现"以物代物"的心理过程，对两个"物"之间相似度的要求和个体的心理发展水平成反比，具体地说，个体年龄越小，心理发展越不成熟，两个"物"之间的相似度要求越高；个体年龄越大，心理发展越成熟，两个"物"之间的相似度要求越低。

从"留白"思想的角度看，低结构材料之所以富于探索性，主要在于其契合与体现了"留白"思想。换言之，低结构材料其功能、用途与玩法的非特异性，为幼儿以多种方式探索和使用留下了空间。

总之，幼儿园游戏材料应富于探索性，以自然材料、半成品材料及其组合而成的低结构材料为主，以成品材料等高结构材料为辅，便于幼儿与材料之间充分互动，以多种方式进行探索与使用。但值得注意的是，在象征游戏中，小班与托班幼儿的材料应以高结构材料为主，而中、大班幼儿应以低结构材料为主。此外，即使在中、大班幼儿象征游戏中，在以低结构材料为主的同时，也往往会为幼儿提供少量高结构材料。此时的高结构材料主要是象征游戏中某一职业场所或角色的标志性材料，如医院游戏中的红十字、厨师的帽子等。

（五）一物多用

幼儿园游戏材料的数量一定程度上会影响幼儿的游戏行为：当游戏材料增

多时，幼儿争抢游戏材料的行为会减少，但与此同时，社会性交往行为也会减少，过多的材料也会让幼儿陷入选择的困境；当游戏材料减少时，幼儿社会性交往行为往往会增多，同时攻击性行为也可能会增多，但在投放游戏材料时，除了关注材料的数量之外，还要关注材料的质量，和前面所说的"富于探索性"密切相关的另一个原则是"一物多用"。"一物多用"和"富于探索性"实质是相通的，核心都是关注与强调材料的功能、用途、玩法的非特异性和多元化。

（六）多层次性

在《指南》倡导的背景下，"尊重幼儿的个体差异，促进每个幼儿富有个性的发展"已然成为一种教育共识和趋势，为满足幼儿的个体化差异和需求，幼儿园游戏材料投放时应注意多层次性：这里所说的层次性是指教师投放材料时要注意体现由浅入深、由易到难，以满足不同水平幼儿的需要。

首先，材料投放的多层次性体现在不同年龄段材料的层次性。以角色游戏为例，小班初期一般会提供易于幼儿链接生活经验的高结构材料，如小床、被子、碗等逼真材料；小班后期可适当增加可操作、可切割的木制玩具、半成品饭菜等供幼儿随着游戏情节的发展进行操作。此外，小班游戏材料避免种类过多，而相同种类的材料数量要充足。中班则需教师在幼儿已熟悉的环境中投放新的材料，如"娃娃家"中的电话等能引发新游戏情节的材料，当然可供幼儿进行再改造的半成品材料、自然材料等也必不可少。为大班幼儿提供游戏材料时要注意以自然材料、半成品材料及其组合而成的低结构材料为主，并且在数量、品种方面均需增加。

其次，材料投放的多层次性还体现在同一区域中材料的层次性。每个游戏区域都会有不同发展水平的幼儿参与其中，尤其是具有公共性、开放性的室外共享区域。教师应充分考虑每个区域材料投放的层次性，以尽量满足不同水平幼儿的需要。以"建筑天地"为例，形状简单、体积大的清水积木尤为适合搭建技能较弱的幼儿，完成简单垒高、围合的搭建作品，但搭建目的强且搭建技能较高的幼儿不仅需要教师添加现成的人物、动物玩具等辅助材料，各种社会标志、专用桌面材料，废旧材料及纸、笔等，还需要有一些适合组合搭建的材料，如纸杯、垫板等能够引发幼儿进行架空、间隔、对称、辐射等搭建技能的材料。

总之，幼儿园游戏材料投放时应关注幼儿的个性化需求与发展，从而思考材料投放的多层次性。教师应通过观察、评估每一个幼儿的发展状况，为不同发展水平的幼儿提供不同层次的材料，使材料与幼儿发展水平相适宜。

二、游戏材料调整的技巧

实践中，频繁更换游戏材料的现象并不鲜见，这既加重了教师的负担，又强化了幼儿对外部动机的依赖。许多教师频繁更换材料的一个重要原因是，担心旧的材料因新奇感的弱化而对幼儿的吸引力衰退甚至消失，因而通过经常更换游戏材料吸引和维持幼儿的兴趣。此时，教师主要依赖强化幼儿的感官兴趣。感官兴趣属于外部动机，在根本上不利于游戏的发展，会削弱甚至破坏游戏，这是因为游戏的动机主要是内部动机，而非外部动机，因此，这种频繁更换游戏材料的做法既无助于幼儿游戏的发展，也可能增加教师的负担。

影响材料价值的因素至少有三个方面，即材料、材料使用者以及二者关系。这三个要素中的任何一个或多个发生了变化，材料的价值也将发生变化。因此，同一材料对不同幼儿或处于不同时空中的同一幼儿的价值不同，而且同一材料对同一幼儿的意义，也会因材料和幼儿关系（如材料使用方式）的变化而变化，总之，游戏材料是一个系统，"牵一发而动全身"，任何局部要素或要素关系的改变、材料使用者的变化，都会使处于和材料使用者关系中的材料系统的价值发生变化。因此，教师可以采用添加材料、删减材料、组合材料、回归策略等对游戏材料进行调整。

（一）添加材料

添加材料，指教师在原有材料的基础上增加一部分新材料，使游戏出现新的转机，产生新的含义，引发幼儿新的探索活动的方法。幼儿园游戏材料的添加并不是简单增加材料数量、种类，而是要根据幼儿游戏的需要、主题的变化以及游戏情节的不断推进适时增加。

添加策略除了可以改善与优化游戏材料系统外，还意味着游戏材料的投放是一个循序渐进的过程。实践中，有些教师在学期初便将购买或收集的所有材料全都投放到游戏区域中。这有时会适得其反：过多的材料反而会产生干扰作用。总之，教师要在仔细观察与准确洞察幼儿游戏状态的基础上，通过适时添加相关材料，来支持与助推幼儿游戏的不断发展与提升。

（二）删减材料

删减材料，指教师在原有材料的基础上减掉一些材料，使游戏出现新的问题情境，从而产生新的游戏的方法。同样，删减并不等于简单撤除，也需要在仔细观察的基础上，敏锐地洞察与捕捉幼儿在游戏中遭遇的平淡期或瓶颈期，进而适时删减某些材料，为幼儿营造新的问题情境，支持与推动新的游戏情节的产生。

（三）组合材料

组合材料，指的是教师将原有的两组或两组以上的游戏材料组合在一起，形成一个新的游戏，引起幼儿新的活动的方法。组合的形式可以是两种关联性较强的游戏材料，如纸杯和纸盘、交通标志和小汽车等；也可以是关联性较弱的两组或两组以上的游戏材料，如光盘和小汽车等。无论关联性是强还是弱，组合均打破了原有材料系统要素之间的关系，有助于引发新的联想与创造。

组合的核心是将原本分属于不同游戏中的材料，根据游戏的需要，创造性地组合在一起。在组合材料的过程中，教师的介入程度不同，相应地幼儿参与材料组合的程度也不同，由此便出现了组合的不同层次。

1. 教师参与的组合

教师参与的组合是第一层次的组合，指教师根据自己对幼儿游戏需要的理解与判断，将原本分属于不同位置（尤其是不同游戏区域）的、具有潜在关联性的游戏材料放在一起（尤其是同一游戏区域），以引发幼儿新的游戏行为和情节。这种层次的组合完全由教师参与和主宰，而幼儿只是与教师组合产生的新的游戏材料系统产生互动，以引发、支持与助推幼儿游戏。

2. 师幼参与的组合

师幼参与的组合是第二层次的组合，指教师和幼儿共同参与材料的组合，根据游戏需要将原本分属于不同位置的游戏材料放在一起。在这种层次的组合中，教师和幼儿各自参与的程度与发挥的作用有所不同，因而出现了几种亚类型，即教师主导幼儿配合的组合、教师与幼儿合作的组合、幼儿主导教师支持的组合。

3. 幼儿参与的组合

幼儿参与的组合是第三层次的组合，是完全由幼儿参与和主宰的组合，指在没有教师帮助的情况下，幼儿根据游戏的需要，主动将原本分属于不同位置的游戏材料放在一起，尤其是主动到其他游戏区，甚至幼儿园、家庭中寻找所需材料。

（四）回归策略

回归策略，指的是教师有意识、有目的地将之前投放过的材料，"重新"投放到游戏区域中。材料不是独立于材料使用者的客观存在，而是一种处于和材料使用者关系中的意向性存在，材料的质量、意义和价值是一个关系范畴，是相对于具体的材料使用者而言的。因此，当幼儿的知识经验和活动需求等发生变化时，虽然教师有意识地"重复"投放幼儿之前玩过的游戏材料，但此时的材料使用者（即幼儿）却发生了变化。这些"旧"的材料和"新"的使用者之间也将产生新的互动意义。换言之，当这些"旧"的材料和"新"的使用者发生关系时，将呈现出新的价值。

幼儿园游戏材料调整的四种技巧，即添加、删减、组合与回归，在实践中既可以单独使用，也可以综合使用。教师需要在仔细观察与理解幼儿游戏的基础上，综合采用一种或多种调整技巧，让材料"活"起来，并不断焕发出新的活力，以引发、支持与助推幼儿游戏的不断发展。

第三节　幼儿园教师自身媒介的指导

教师除了借助游戏时空、游戏材料实现对游戏的指导外，还可以以自身为媒介实现对游戏的指导。约翰逊等人区分与探讨了六种不同介入强度的角色，即未参与者、旁观者、游戏管理者、共同游戏者、游戏指导者以及指挥者（教导者）。其中，两端的两种角色[即未参与者和指挥者（教导者）]属于问题介入的角色，而中间四种角色则属于支持性角色或辅助者角色。这里将主要探讨教师如何以四种支持性角色指导幼儿游戏。

一、旁观者

旁观者，指教师站在幼儿游戏之外，以教师身份观察幼儿游戏，对游戏的主题、材料、规则等很少干预，甚至没有干预。具体地说，"成人当作旁观者并不融入儿童游戏之中，而是在儿童游戏空间的一旁观赏（看）儿童进行游戏，给予一些非语言互动的表情，如点头、微笑表示对儿童游戏的支持，并且在口语上给予儿童支持。成人有时也会询问儿童在做什么。不管如何，旁观者之成人角色不参与儿童游戏，也不干扰儿童进行游戏"，那么，作为旁观者，教师主要"观"什么呢？

作为一名旁观者，首先要观安全。幼儿在游戏过程中会出现许多安全问题，如剪刀的使用、玩具的争抢、奔跑时的冲撞等。此时，教师应时刻警惕，眼观六路，耳听八方，注意关注这些安全问题，进而判断是否介入以及如何介入。

作为一名旁观者，其次要观需求。在游戏中，幼儿最喜欢哪些游戏材料？该游戏材料导致了怎样的游戏行为？教师为幼儿提供的游戏时间和空间是否合适？材料的投放存在什么问题？幼儿需要补充哪方面的经验？幼儿近来游戏的兴趣是什么？等等。这些都是教师观察幼儿游戏时应关注的问题。

作为一名旁观者，再次要观亮点。目前实践中广受关注的新西兰"学习故事"，特别注重关注幼儿的"哇"时刻，发现幼儿身上优秀的学习品质与闪光点，并通过注意、识别、回应的系统分析与思考，为幼儿提供进一步的支持。实际上，幼儿游戏中存在许多的"哇"时刻，教师需要细心关注幼儿在游戏中的闪光点。

作为一名旁观者，最后还需观困难。幼儿在游戏中既有大量闪光点，也会存在瓶颈或困难。此时，教师需要关注幼儿遇到的难处、解决的方法或未解决的原因。

总之，旁观者不参与游戏，而是细心观察，这种观察既可以让教师知道幼儿在做什么以及他们是如何做的，还可以传递给幼儿一个信息，即教师关注、重视他们的游戏。当然，作为旁观者，教师除了观看之外，有时也会通过点头、微笑等方式给予一些非言语互动。

二、游戏管理者

游戏管理者介入幼儿游戏的程度略高于旁观者，即教师帮助幼儿布置情境，并主要在游戏材料、环境创设等方面协助幼儿。从"游戏管理者"的英文"stagemanager"来看，其实质是舞台（这里即游戏场景）管理者，不介入舞台的表演（儿童的游戏活动）。但是，游戏管理者比旁观者扮演更主动、积极的角色来做情境布置并提供协助。游戏管理者要回应儿童对玩物的要求，帮助他们建构道具、准备扮演服装及协助组织整个游戏情节。同时游戏管理者也会提供儿童相关主题游戏脚本的建议来延伸孩子正在进行的游戏。在此过程中，主要由幼儿主导，教师协助，并且幼儿可以自由地接受或拒绝教师的建议或帮助。与旁观者相同的是，游戏管理者不直接参与幼儿游戏，处于游戏的边缘；但不同的是，游戏管理者要协助或帮助幼儿为游戏做准备，并时刻准备为幼儿游戏提供帮助。

三、共同游戏者

共同游戏者，是指教师加入儿童游戏的行列并成为游戏的一员。共同游戏者的功能如同儿童之玩伴般，通常在儿童扮演游戏中扮演较不重要的角色，如顾客、乘客，与儿童（扮演主要之角色如店员或司机）之角色较不相同。当成人扮演共同游戏者之角色参与儿童的游戏时，主要让儿童扮演主角，成人只是依循其游戏进展与儿童一起游戏。在此过程中，儿童是主角，教师是配角。

总之，如果受到幼儿邀请以共同游戏者的身份进入游戏，教师的指导和互动会十分自然；如果没有受到幼儿邀请，教师则可做出与情境有关的游戏行为加入游戏。当然，这并不表示教师要频频介入幼儿游戏，教师的过度介入或不适当介入会干扰幼儿游戏的正常开展。

四、游戏指导者

在四种支持性角色中，介入程度最高的就是游戏指导者。从英文"playleader"来看，实质是游戏领导者。作为游戏领导者的教师，会通过调整游戏材料、提问、角色扮演等方式，引入新的游戏主题或拓展原有游戏情节。总之，游戏指导者运用更多的影响及采取更精细化的步骤来扩充及延伸儿童的游戏情节，老师可以建议玩新的游戏主题或介绍新的道具或玩物来延伸现有的游戏主题。与共同游戏者不同的是，游戏指导者的目的性与有效性更强，通常是游戏难以进行下去时，教师作为游戏指导者加入幼儿游戏，有意识地采取措施，拓展与丰富游戏情节。

在旁观者、游戏管理者、共同游戏者以及游戏指导者等四种支持性角色中，教师对游戏的介入程度呈现依次增加的态势。四种角色各有特色与要求，同时也各有其独特价值。因此，关键不是哪种角色更好，而是在某一特定情境中或某一时刻哪种角色更适宜。这就需要教师在仔细观察幼儿游戏状态的基础上，选择适宜的角色进行指导，以更好地引发、支持和助推幼儿游戏。

第四章

幼儿园规则游戏

第一节　幼儿园智力游戏

一、幼儿园智力游戏概述

（一）幼儿园智力游戏概念

幼儿园智力游戏又称益智游戏，是指以生动有趣的游戏形式，使幼儿在自愿和愉快的情绪中，增进知识、发展智力的游戏。

在幼儿园中常用的智力游戏有猜谜语、编故事、图片配对、拼几何图形、走迷宫、找不同、按规律画图形、搭火柴棒、接龙、听声音、尝味道、猜一猜、摸奇妙的口袋、打数学牌及各种棋类游戏。

（二）幼儿园智力游戏的特点

1. 智力游戏目标明确

幼儿园智力游戏是幼儿园游戏重要组成部分，以促进幼儿观察力、注意力、思维力、记忆力、言语能力等作为主要目标，从而使幼儿的智力得到全面的发展。幼儿园智力游戏目标的指向性很强，如小班智力游戏"找一找"，教师当着幼儿的面把8种不同的小物品分别藏好后，再让幼儿将这些物品一一找出来。该游戏是以增强幼儿记忆力为主要目标。

2. 智力游戏规则鲜明

幼儿园智力游戏有明确的游戏规则，通常是显性的，明确规定了游戏中幼儿应遵守的要求。智力游戏一般要求幼儿善于和同伴合作，共同遵守游戏规则，完成游戏任务，这有助于幼儿形成控制自己行为的习惯，有利于他们良好品德的形成。如大班智力游戏"你说我猜"的游戏规则为：请一位幼儿猜，其他幼儿描述所见物体的外形特征，但不能说出名字。该游戏的规则不仅明确规定幼儿在游戏中可以做的事，也明确规定了幼儿在游戏中不可以做的事。

3. 智力游戏内容包含范围较广

幼儿园智力游戏在幼儿园中占有重要的地位，涉及的范围广，内容包括感官、语言、数学、科学、美术、创造性等方面，综合性较强，游戏任务明确，对促进幼儿某方面智力的发展更具有针对性。例如，"摸瞎子"游戏，是以发展幼儿的感知能力为目标；"打败魔咒"游戏，是以发展幼儿的语言能力为主要目标；"小熊来做客"游戏，是以促进幼儿按数取物能力的发展为目标。

（三）幼儿园智力游戏的教育作用

智力游戏以生动、新颖、有趣的游戏形式，使幼儿在轻松愉快的活动中完成增进知识、发展智力的任务，在帮助幼儿认识事物、巩固知识、发展智力、掌握解决问题的策略等过程中起到良好的作用。

1. 智力游戏促进幼儿认知发展

智力、解决问题的能力、创造力是与游戏相关的三个主要认知因素。智力游戏的价值之一就是能很好地促进幼儿的智力、解决问题的能力和创造力的发展。首先，是发展幼儿智力。智力游戏由于带有明显的益智性特征，可以锻炼大脑思维能力，从而提高智力。其次，培养幼儿解决问题的能力。这在拼摆类游戏上显得尤为明显。如幼儿解九连环、摆七巧板等，都是在解决谜题，成功解开谜题即是解决问题能力的一次提升。最后，促进幼儿的创造力。智力游戏的魅力所在便是其玩法的丰富多变性。虽然智力游戏的游戏规则是统一的，但玩法却是多变的。一个谜题这种方法可以解，另一种方法也可以解开，正所谓"殊途同归"。因而，智力游戏也是促进幼儿创造力发展的途径之一。

2. 智力游戏促进幼儿情绪情感的发展

"享乐功能"是游戏的显性功能，因而智力游戏对于幼儿情感方面的影响首要的便应是娱乐性，即精神上的愉悦体验。沉浸于智力游戏中乃至所有其他游戏中的幼儿总是表现出欢快、满足、享受。智力游戏带有明显的"结果性"，无论是拼摆类游戏还是棋牌类游戏，当完成一件作品或取得一场胜利的时候，由此产生的成就感更能令幼儿享受到智力游戏的趣味。"发泄"是游戏的隐性功能，因而作为游戏之一的智力游戏对于幼儿情感宣泄也是一个重要的渠道。幼儿通过游戏发泄出负面情绪，也可以发泄剩余精力。

3. 智力游戏促进幼儿社会性的发展

智力游戏能增进幼儿的社会能力，帮助幼儿摆脱自我中心。在进行智力游戏的过程中，还能促进幼儿语言能力的发展。以棋牌类游戏为例：对弈的过程是一个社会性交往的过程，幼儿在对弈时无论是语言表达能力还是情绪智力都得到了练习，同时由对弈的情境习得了新的词句，丰富了原有的词汇量。对弈时需要对对方的下一步走棋进行预测，需要幼儿学会换位思考，有利于去自我中心。

二、智力游戏的种类

根据划分的不同标准，可将智力游戏分为多种类型。

（一）根据游戏任务不同分类

根据游戏任务不同，可分为训练感官的游戏，练习记忆的游戏，发挥想象、锻炼思维的游戏，发展语言的游戏，训练计算能力的游戏等。

1. 训练感官的游戏

训练感官的游戏是指通过感知觉（视觉、听觉、嗅觉、味觉、触摸觉）寻找、发现、认识事物特征的游戏。如游戏"奇妙的口袋""盲人摸象""猜猜这是谁？"等，是以发展幼儿的触摸觉、听觉为主要目的的游戏。幼儿在游戏中通过感觉器官认识外部世界，是幼儿学习的开始。

2. 练习记忆的游戏

记忆是幼儿心理发展中非常重要的部分，有了记忆，智力才会不断地发展，知识才能不断地积累。幼儿记忆类的游戏是指着重发展幼儿的记忆能力，使幼儿记得快、准、牢。例如，发展形象记忆的"记住物品和位置"；发展逻辑记忆的"按规律填空"；发展运动记忆的"请你照我这样做"等。

3. 发挥想象、锻炼思维的游戏

想象是对头脑中已有的表象进行加工改造形成新形象的过程。幼儿的年龄特点决定了幼儿更擅长想象。想象是创造的基础，没有想象就没有创造。发展幼儿想象力的智力游戏，包括再造想象游戏和创造想象游戏。再造想象游戏如拼图游戏、七巧板等。创造想象游戏如猜谜语、走迷宫、一物多玩等。

锻炼思维的智力游戏，主要是培养幼儿的概念理解能力，发展幼儿比较，分类，排序以及一定的逻辑判断和推理能力，如分类和归类游戏、比较游戏、排列游戏等。

发挥想象、锻炼思维的游戏既发展了幼儿的聚合思维，也发展了幼儿的发

散思维，有利于幼儿智力的发展。

4. 发展语言的游戏

幼儿期是口头语言发展关键期，在游戏中幼儿语言发展最快。幼儿语言游戏为幼儿提供了语言和情感表达的环境和条件，如猜谜语、词语接龙、听说游戏、绕口令、讲故事等。

5. 训练计算能力的游戏

计算类游戏即我们所谓的与数有关的、锻炼幼儿对数字敏感性的游戏。计算类游戏也带有明显的锻炼思维、开发大脑智力的特征，如"扑克牌游戏""按数取物游戏""时钟游戏"等。

（二）根据游戏目标的不同分类

根据游戏目标的不同可分为发展思维能力的游戏、发展竞争能力的游戏和发展手指动作的游戏等。

1. 发展思维能力的游戏

发展思维能力的游戏是指以发展幼儿认知、评价、记忆、聚合思维、发散思维能力为核心的游戏，包括：认知游戏（通过感知觉寻找、发现认识事物特征的游戏，如"奇妙的口袋"）；评价游戏（按一定标准进行比较、判断的游戏，如"比高矮"）；记忆游戏（以发展幼儿记忆能力为主要目标，如"什么东西不见了"）；聚合思维游戏（从给定信息中，产生最佳解决问题方案，如"走迷宫"）；发散思维游戏（从给定目标出发，探索多种可能，如"一物多玩"）。

2. 发展竞争能力的游戏

发展竞争能力的游戏是指以公平竞争、遵守规则、掌握技能技巧为特点，通常会有胜负为最终的游戏结果，包括棋类游戏（如"飞行棋""五子棋"等）、纸牌游戏（如"拖板车"），还有手机、电脑等网络游戏（如"找茬""切水果"等）。

3. 发展手指动作的游戏

发展手指动作的游戏是指训练手指动作灵活性进行的造型游戏活动，包括：手指游戏（配合儿歌，边说或边唱、边用手指做动作开展的游戏）；手影游戏（用双手做出各种动作，投影而成影像来开展的游戏）；翻绳游戏（通过双手各种动作翻动绳子，使之呈现各种形状）。

（三）根据游戏使用材料的不同分类

根据游戏使用材料的不同可分为操作类游戏、图片游戏、棋类游戏等。

第一，操作类游戏是指通过手的操作进行的游戏，利用专门的玩具、教具、自然物质材料、日用品进行的智力游戏，如拼图、镶嵌板、六面画等。

第二，图片游戏是指利用图片进行的智力游戏，如配对、接龙、纸牌游戏等。

第三，棋类游戏是指以若干棋子或一个棋盘为工具，游戏者按一定的规则摆上或移动棋子来比输赢的游戏，如五子棋、登山棋等。

三、幼儿园智力游戏材料的选择和利用

幼儿园智力游戏材料旨在启迪幼儿智慧，帮助幼儿学习和掌握某种概念或技能。评判一个游戏活动对幼儿是否有益、是否能够促进幼儿发展，游戏材料的选择是很重要的考核指标之一。有效地选择幼儿园智力游戏材料，是充分发挥智力游戏教育作用的保障。智力游戏材料的选择可从适宜性、层次性、可探究性来考虑材料的有效性。

（一）适宜性

智力游戏活动材料的适宜性主要体现在数量、种类、外在特征和呈现搭配等方面。游戏活动材料数量要做到丰富，能满足幼儿的使用需要；材料种类要做到小班相对较少，一至两种就可以，中、大班种类可以相对较丰富；游戏材料外观形象生动，色彩鲜艳，能很好地吸引幼儿的注意力。游戏材料的呈现方式多样，有开放式呈现、作品展示方式的呈现以及主题式和任务式呈现，这些呈现方式突出了材料的特征，有效地引发材料与幼儿的相互作用，满足幼儿学习的需要。

（二）层次性

智力游戏材料的层次性包括纵向和横向两个维度。

在纵向层次上主要是要求材料适应不同年龄段幼儿身心特点：小班幼儿思维的特点以直觉行动思维为主，注意持续的时间较短，因此小班的益智区游戏材料多是一些生动形象、操作性强的活动材料，如布娃娃、仿真食品等。中班幼儿具体形象思维开始初步发展，从独立游戏向平行游戏过渡。因此，益智区的游戏材料也多以既可独立完成又可合作一起完成的拼插玩具为主，游戏材

料与小班相比操作性更强、结构更低，如穿线板、拼图板等。到了大班，幼儿的思维具体形象，空间知觉、数形等逻辑思维逐步发展起来，益智区提供的游戏材料结构造型也更为复杂，对智力和逻辑思维性要求的活动材料偏多，如拼棒、皮筋构图等。

在横向层次上主要是要求材料适应不同能力水平幼儿的需要。游戏材料的层次性要求教师考虑到大部分幼儿的兴趣，在以多数幼儿兴趣为基础的前提下，照顾到少数幼儿的兴趣与需求，并且要考虑到游戏材料的教育意义，同时还需要为少部分幼儿提供单独的、符合他们兴趣的游戏材料。

（三）可探究性

幼儿园智力游戏材料的探究性是能引发幼儿动手、动脑，支持幼儿与活动环境的积极互动，引导幼儿根据自己的兴趣爱好对材料进行动手操作和动脑思考。探究是幼儿在动脑思考基础上的动手操作，是幼儿动脑思考和动手操作交织进行的活动。简单的动手操作和机械训练，并不具有探究性，而要使游戏材料具有操作的多种可能性。例如，为幼儿准备的飞机模型，带给幼儿的只是单纯的操作，如果能为幼儿准备飞机的各个部件，那么幼儿在操作过程中既达到动手也达到了动脑的效果。

四、幼儿园智力游戏的设计

智力游戏的设计是每个幼儿教师必须具备的教学技能，在设计智力游戏时，教师要根据一定的智育任务，结合幼儿心理和生理方面的特点来设计。所设计的智力游戏既能要求幼儿在智力上付出一定的努力，又能以生动有趣的游戏形式开展，从而在愉快的活动中发展幼儿各种能力，促进幼儿身心全面发展。

（一）幼儿园智力游戏的呈现形式

1. 集体游戏活动

集体游戏活动是就某一智力因素单项发展而设置的集体教学活动，如数学、科学领域中的相关课程。

2. 区域游戏活动

区域游戏活动是关注幼儿智力发展的自主活动区，幼儿可在自主探索和实践中得到智力发展。

3. 过渡环节游戏活动

在幼儿每项活动之间会有一个过渡环节，特别是餐间的过渡环节，用手指游戏或其他简短的智力游戏作为下一集体活动的过渡，幼儿能从前面的自由环节顺利地过渡到下一环节。

（二）幼儿园智力游戏设计的原则

一个好的智力游戏应该智力训练的目的任务明确，玩法新颖，内容多变并逐步复杂化，规则简单易行，能够激起幼儿积极的心理活动。在设计智力游戏时，我们应把握以下三个原则。

1. 全面性原则

幼儿园智力游戏主要由游戏的目的、玩法、规则、结果四部分构成，每一部分在游戏设计中都起着重要的作用，在设计中必须明确每部分的任务。智力游戏的目的是根据一定的智力训练的任务提出来的。智力游戏的玩法是根据游戏的目的和特点设计的，是对幼儿在游戏中的动作和活动的要求。智力游戏的规则是对玩法的要求和约束，从属于游戏的任务，在游戏中起着指导、调节、组织幼儿行为的作用，以保证游戏的顺利进行，恰当的游戏规则可以提高游戏的趣味性与刺激性。智力游戏的结果是游戏目的实现程度，良好的游戏结果，能使游戏获得满足和愉悦，并能激发幼儿继续进行游戏。所以，智力游戏的设计不能缺少这四项里面的任何一项，一旦缺失，将不能达到智力游戏的教育目的。

2. 科学性原则

智力游戏的种类繁多，在设计时，一定要根据游戏训练的目的按类择取或设计。同时，智力游戏的针对性很强而适应面较窄，因而在设计智力游戏时，应充分考虑幼儿的年龄特点、生活经验与接受能力，既要符合幼儿智力发展的水平，又要照顾到幼儿智力发展的个体差异，使尽可能多的幼儿都能适应游戏，或有适合的游戏。

另外，在设计智力游戏时，要控制好游戏的难易程度，难度太小幼儿会失去兴趣，难度太大幼儿会望而却步，难度适中的游戏才对幼儿具有挑战性，"跳一跳能够得着的"高度，是对幼儿信心的极大鼓舞。小班幼儿主要以认知游戏、简单记忆游戏、归类游戏、实物拼图等游戏为主。中班幼儿适合开展除棋类以外的所有智力游戏。大班幼儿能够开展各种类型的智力游戏。

3. 趣味性原则

在设计智力游戏时，尽可能提高游戏本身的趣味性和吸引力，使幼儿乐意参与游戏。游戏的内容和角色必须是幼儿所熟悉的，能激发幼儿参与游戏的欲望。大班"跳房子"的游戏，在地上画有数字的楼房一幢，三角形的房顶上放一只盒子，插上小红旗若干。玩时从格子"1"开始，直到"10"，每个格子都要走到，可以不按顺序。走时，碰到单数单脚跳进这个格子，碰到双数则双脚跳进这个格子，最后一个若是单数则单脚站立取红旗。在此过程中，若跳错动作则主动退出。对于大班的孩子来说1~10的数字是他们所熟悉的，单双脚的交替跳既增加了游戏的趣味性，也锻炼了幼儿的反应能力。

（三）幼儿园智力游戏设计的思路

为了幼儿园智力游戏活动能顺利地开展与指导，首先必须设计好游戏的活动方案，以利于游戏活动的顺利进行，达到良好的教育效果。

游戏的活动方案的设计首先应分析幼儿已具备哪些与该游戏有关的知识、技能、能力、兴趣，存在些什么问题以及幼儿的个别差异等，其次应考虑教师开展该游戏活动所具有的经验水平，并具有能帮助幼儿协助完成智力游戏的能力。

幼儿园智力游戏活动方案一般包括游戏名称、游戏目标、游戏准备、游戏玩法、游戏规则及游戏建议等。

1. 智力游戏名称（内容）的设计

幼儿园智力游戏名称是活动内容的反映，活动内容的选择关系到活动名称的确定。所以在选择幼儿园智力游戏活动内容时，必须遵循以下三点。

（1）游戏内容应是幼儿感兴趣的事件

幼儿园智力游戏活动的内容大多来源于幼儿的日常生活，如"有趣的生活用品""帮动物找身体""抽牌凑数"等是幼儿生活中所熟悉的，正因为是熟悉的才是幼儿所感兴趣的。

（2）现成的材料生成游戏活动

教师根据幼儿园现成的一些材料，根据幼儿发展的需要，生成一些新的游戏活动，如用班级的废旧纸箱，可以设计"箱中摸宝"。

（3）围绕幼儿园主题活动的游戏活动

教师可以设计与主题相关的游戏活动，如"国庆节"主题活动中，可以衍生"国旗拼图""制作国旗"等智力游戏活动。

设计好智力游戏名称，书写时格式要完整，游戏名称一般要标明年龄班、游戏类型、游戏主题，如"小班智力游戏：大小盒子交朋友"，或"智力游戏：大小盒子交朋友（小班）"。

2. 智力游戏目标的设计

幼儿园智力游戏活动目标指的是由幼儿教师自己制定的、某一次具体活动要达到的目的，且与具体的游戏内容紧密相连，它是具体的游戏活动设计与组织的出发点与归宿。

确定智力游戏活动目标，必须要做到以下三点：一是表述要清楚，角度要一致，尽量从幼儿角度表述游戏目标；二是游戏目标要明确、具体，具有可操作性；三是目标要适宜，符合幼儿的身心发展特点和认知水平。例如：大班智力游戏"猜左手，猜右手"的活动目标表述为：

第一，能正确地区分左手和右手，提高仔细观察和辨别事物的能力。

第二，体验与同伴游戏的快乐。

3. 智力游戏准备的设计

为确保智力游戏的顺利开展，游戏准备是活动中必不可少的环节。

（1）知识准备

一是教师要具备相关的知识、能力水平及应急的心理准备；二是幼儿已有的知识经验与能力水平等。

（2）情感准备

游戏需要情感的支持，要给幼儿提供和谐、安静的活动氛围。

（3）物质准备

玩具、材料的名称、数量等。常用到的材料可以是班级中的现成材料，如积木、废旧图书、卡片；也可以是教师制作或带领幼儿一起制作而成的材料；还可以是幼儿从家中带来的材料。

4. 智力游戏过程（玩法）的设计

智力游戏过程（玩法）的设计是开展游戏活动的中心环节，由于游戏在幼儿园教学活动中的特殊性，所以在这里将智力游戏设计分为教学游戏活动设计与单纯游戏活动设计。教学游戏活动设计是指在教学活动中为达成教学活动目标，以游戏的形式来完成活动，包括导入、基本部分（重点是游戏玩法）、结束。单纯游戏活动设计主要是做好游戏玩法的设计。本部分以教学游戏活动设计为依托，主要突出游戏玩法的设计。

（1）导入

导入的目的是在短时间内激发幼儿活动的兴趣，为下一步游戏的展开作铺垫。教师可以通过各种各样的方法将幼儿导入到活动中。常用的导入形式有材料导入、语言导入、音乐导入、情景导入等。

（2）基本部分（游戏玩法）

游戏基本部分是实现游戏目标的重要环节，是对幼儿在游戏中动作和行为的要求。教师在设计时要精心选取好游戏的情节、确定好游戏的细节。

① 游戏情节选取的方法。由于幼儿理解和执行规则的能力有限，智力游戏不仅要达到幼儿智力发展的目的，也要体现游戏的趣味性，而游戏的趣味性主要依赖于游戏的情节和角色。智力游戏情节选取的方法主要有变化法、衍生法、拓展法等。

变化法是指用变化游戏结构成分的方法来创编、改变游戏。已有的智力游戏，玩法有趣，但情节可能脱离了幼儿生活实际，教师根据幼儿的生活经验改编游戏情节。例如，"拼火柴盒"游戏是个流传较久的智力游戏，但是在打火机的时代里火柴盒几乎很难找到，游戏材料的缺乏使得游戏难以开展，教师设计游戏时可用香烟盒代替火柴盒，使得游戏顺利开展。

衍生法是指幼儿的游戏情节来源于幼儿的现实生活或者来源于动画片或故事情节中。以现实生活为基础衍生的智力游戏，如"餐具配对"游戏就源自幼儿现实生活，在游戏操作的基础上掌握一一对应关系。

以动画片或故事情节为基础衍生的智力游戏，如"小猪的房子"，以《三只小猪》故事为原本，为小猪建造不同类型的房子，从而发挥了幼儿的想象力与创造力。

拓展法是指从幼儿已有的游戏经验中延伸出新的问题，对现有游戏或游戏材料有了新的想法或进一步的认识，以发展幼儿的发散性思维。在"积木"游戏中，小班幼儿只是简单地垒高或垒长，而中、大班幼儿可以进行更复杂的操作与探索。

② 游戏细节确定的步骤。智力游戏细节确定的步骤主要包括设定游戏任务、确定游戏方式、启动游戏、选择儿歌或音乐。

设定游戏任务，这是规则游戏共有的特征，能充分调动所有幼儿的积极性，发展他们的自信。游戏任务的设定应该要有一定的梯度，如触摸辨物游戏"百宝箱"，设定的第一层次难度为物体的相对特性，在箱中放置大小不一的球，长短不一的尺子，软硬不同的小鸭子。第二层次难度为物体的相同性，准备两个相同的箱子，里面放置一样的几种物品，要求能从两个箱中摸出相同的物品。第三层次难度为物品的相似特征，并能用语言进行描述，如"百宝箱"中的黄豆、绿豆、蚕豆等。智力游戏的任务不要整齐划一，不同梯度的任务能够让不同发展水平层次的幼儿得到不同的发展。

确定游戏方式，就是在智力游戏进行中该采用何种方式来进行。对于小班的幼儿来说，在游戏中主要关注游戏过程，参与作为游戏的主要方式。中、大班的幼儿更关注游戏的结果，竞赛作为游戏的主要方式，智力游戏中常用的竞赛方式有争先、求多。争先，即比赛看谁能更快完成任务，如扑克牌谁先出完，走迷宫谁能最先达到终点。求多，即在同样条件下谁能得到更多成果，如找到的动物最多，找到的不同点最多。

启动游戏，就是教师采用什么方式来示意游戏正式进行。通常采用的方式有指令法、儿歌法、情境法。指令法是指教师通过口头发令来启动游戏。儿歌法是指教师在游戏中预设好儿歌，儿歌结束作为游戏的开始。情境法是指通过设定好与游戏相关情境表演的方式来开始游戏。

选择儿歌或音乐，游戏中的儿歌或音乐起到活跃气氛、增加趣味性的目的。儿歌或音乐必须是与游戏紧密相关的，且能对游戏活动有一定的渲染作用。另外，教师也可以自己创编押韵的、符合主题的儿歌。如"木头人"游戏的儿歌创编为："山连山，水连水，我们都是木头人，不许动，不许笑，不许露出小白牙，最后只能蹦一下。"

（3）结束部分

智力游戏结束部分主要是让幼儿养成良好的行为习惯，收拾游戏物品；评价游戏的进行情况，帮助幼儿获得游戏的成功感和快乐感；启发幼儿思考，为以后的游戏做准备。

5. 游戏规则的设计

游戏规则主要是指幼儿进入游戏后应该遵守的活动规则，以及允许或禁止出现的游戏行为。新编的游戏规则需要反复考虑，或经过试玩来调整，以确保游戏规则的合理。游戏规则应做到简单明了，易于幼儿理解与执行，同时游戏规则的制订也可以让幼儿参与进来。如小班听觉游戏"听一听"的游戏规则：只通过对声音的辨别进行判断，不借助任何其他手段。

6. 游戏建议的设计

游戏建议是指在游戏中要注意的事项，或对游戏可能性的一种预设。包括：一是材料的使用要求及注意事项；二是游戏的其他玩法；三是游戏可能会产生的结果。如小班游戏"玩拼图"的游戏建议为：

第一，可以指导幼儿拼一些基本的图形。

第二，可以让幼儿自己创造，随意地拼。

第三，采用多种形式来进行拼图，充分发挥幼儿的想象力与创造力。

五、各年龄班智力游戏的特点与指导

（一）小班

1. 小班智力游戏的特点

小班智力游戏应符合3～4岁幼儿身心发展的特点。游戏任务易于被幼儿理解、完成，方法明确、具体，游戏规则一般只有一个，游戏的趣味性大于实际操作，注重幼儿的兴趣及参与意识的培养。所以，小班主要以认知游戏、简单的记忆游戏、归类游戏、实物拼图游戏、手指游戏为主。

2. 小班智力游戏的指导

（1）游戏的前期准备

首先，选择的游戏要突出规则简单、趣味性强、玩起来比较新奇等特点。其次，教师在游戏前应该准备好所需的各种材料和器械，并检查其是否清洁、安全。最后，在游戏组织前，教师要熟悉智力游戏的目标、重点、难点、规则及游戏中的相关知识，这样有助于游戏的顺利开展。

（2）游戏中的指导

在游戏时，小班幼儿对游戏玩法和规则的理解相对较慢，甚至有些难以理解，所以教师的讲解贯穿于游戏的始终。教师在讲解时要力求生动、简明和形象，讲解的时间不宜过长。

（二）中班

1. 中班智力游戏的特点

中班智力游戏应符合4～5岁幼儿身心发展的特点，较小班难度有所增加。

注重趣味性及幼儿实际操作能力的培养，游戏方法复杂多样，游戏规则带有更多的控制性，要求相对提高，注重幼儿任务意识、规则意识的形成。中班幼儿可以开展除棋类游戏以外的所有智力游戏。

2. 中班智力游戏的指导

（1）游戏的前期准备

选择的游戏内容要难易适中，能善于激发幼儿参与游戏的积极性，在智力游戏中产生愉悦的情绪；游戏过程预设要突出引导幼儿思维灵活性、敏捷性及面对困难的坚持性，培养幼儿在游戏过程中勤于动脑动手的良好习惯。

（2）游戏中的指导

中班幼儿仍需教师对智力游戏的玩法与规则进行讲解与示范；检查幼儿对游戏玩法的掌握和规则执行情况；鼓励幼儿关心并努力争取好的游戏结果，在必要时给予指导。

（三）大班

1. 大班智力游戏的特点

大班智力游戏应符合5～6岁幼儿身心发展的特点，游戏整体的综合性提高，创造性增强，知识性大于娱乐性；游戏任务较为复杂，有时一个游戏多个任务。游戏方法灵活多样，幼儿可以在相互协商中制订新的游戏规则。大班幼儿能够开展各种类型的智力游戏，且难度应逐步提高。

2. 大班智力游戏的指导

（1）游戏的前期准备

游戏内容选择注重游戏本身的趣味性和吸引力，激起幼儿参与游戏的愿望；游戏组织应有一定的难度，幼儿能在一系列的心智活动中达到游戏的目标，以培养幼儿独立思考问题的能力。

（2）游戏中的指导

大班幼儿对活动强度高的智力游戏（比如棋类游戏）更感兴趣，也喜欢参加带竞赛性的游戏，注重游戏的结果。在游戏中，教师一般只需用语言讲解游戏的玩法与规则，要求幼儿严格遵守游戏的规则，能独立进行游戏，鼓励幼儿能对游戏的结果进行适当的评价。

六、幼儿园智力游戏的评价

幼儿游戏的评价是教师开展游戏活动中必不可少的环节，评价能帮助教师准确把握幼儿现有游戏水平与游戏的适宜性，能让教师发现游戏中存在的问题，并能及时调整游戏难度和材料的更换，更好地发挥游戏的教育作用。

智力游戏评价的内容主要包括游戏者的兴趣、游戏持续时间、材料的适宜程度、游戏难易程度、幼儿面对问题（困难）的表现、解决问题的次数及质量、游戏是否成功等。所以，在智力游戏评价时，要遵循以下一些要求。

（一）掌握评价时机，评价场所机动

在幼儿智力游戏中，抓住评价的时机非常重要，评价时机把握得好与坏对幼儿的教育效果会截然不同，评价时机一般可在游戏中或游戏后进行。评价时，可以针对智力游戏中存在的问题进行评价，特别是在问题难以解决或游戏难以进行下去时，教师可以抓住时机进行现场评价，组织讨论、分析原因、进行评议，能让幼儿充分参与到评价活动中；也可以就幼儿在游戏中自主性和创造性进行评价，幼儿先阐述自己在游戏中的做法，教师根据自身的观察对幼儿在游戏中的做法进行肯定与提倡，增强了幼儿的自信心与成就感，同时也丰富了幼儿个人的知识经验。评价场所不限于固定地方。

（二）做到评价形式的多元化

幼儿在智力游戏的表现是多种多样的，所以评价方式应该是多元化的。教师可以通过角色身份参与评价，这样不仅使幼儿有逼真的感觉，而且对幼儿有示范作用，有利于幼儿学习、模仿。教师还可以鼓励幼儿进行自我评价，教师在评价中既要面向全体，还要照顾个别幼儿，善于发现幼儿的闪光点，给予积极的肯定与鼓励。同时，对游戏中幼儿的谦让行为、互助合作、爱护材料等方面，给予及时肯定与表扬。

（三）结合幼儿年龄特点，就目标达成度进行评价

不同年龄段的幼儿，有不同的智力游戏的目标要求。所以，在评价时应就不同年龄段幼儿在智力游戏中的观察能力、注意力、记忆力、想象力、思维能力以及操作能力等通过评价看其达成程度，在智力游戏中就其表现特征及是否与该年龄阶段的幼儿相符。另外，对智力游戏的评价可以从游戏本身的角度、幼儿的兴趣性角度、游戏的效果角度等方面进行。

要指出的是，对幼儿智力游戏的评价也要做到全面、具体，让幼儿参与到整个评价的过程中，自主评价、他人评价和评价他人相结合，加强游戏规则的遵守和总结出游戏中好的经验与方法。

第二节　幼儿园音乐游戏

一、幼儿园音乐游戏概述

（一）幼儿园音乐游戏的含义

幼儿园音乐游戏是指在音乐伴随下，按照一定的规则和要求、以发展幼儿音乐能力为目标的游戏活动。音乐游戏深受幼儿喜爱，它将音乐活动内容融于游戏的形式中，生动有趣，让幼儿在游戏中感受音乐、理解音乐、改编歌词、创编动作，从而发展幼儿的音乐知识、技能，同时促进幼儿积极愉快的情感体验和享受，使幼儿获得美的陶冶，愉悦身心健康。在音乐游戏中，音乐和游戏相辅相成，音乐促进和制约着游戏活动，而游戏动作又能帮助幼儿更具体、形象地感受、理解音乐。

（二）幼儿园音乐游戏的特点

1. 音乐性

音乐是音乐游戏的灵魂，没有音乐，音乐游戏将无从开展。在音乐游戏中，教师要根据幼儿的年龄特点选择适宜的音乐，让幼儿在游戏中感知音的高低、音的长短、音的强弱、音乐进行的快慢、人声音色、乐器音色等，从而根据音乐的变化做出相应的动作，通过游戏掌握音乐的节奏、曲调、速度、力度等基本要素。

2. 游戏性

音乐游戏属于规则性游戏的一种，它具备游戏的趣味性、自主性、创造性等相关特征。音乐游戏的材料形象生动、诙谐有趣，能引起幼儿的兴趣，并积极主动参与游戏；音乐游戏的玩法新奇多样、幽默夸张，能让幼儿在游戏中保持兴趣，感受音乐的美并表现美和创造美；在音乐游戏中，幼儿随着音乐放松自己，获得积极的情感体验。

3. 综合性

音乐游戏是集歌曲、舞蹈、律动、乐器甚至美术等多方面的内容为一体，体现了内容的综合性。幼儿在音乐游戏的过程中，感受音乐的节奏、旋律等音乐基本要素，随着音乐的变化做出相应的动作，他们既是音乐的欣赏者，同时也是音乐的表现者和创造者，体现了游戏过程的综合性。幼儿参与音乐游戏，可感受音乐的美，体验愉悦、开心、欢乐等积极情感，从而达到游戏的目的；同时，幼儿在音乐游戏中学习规则、表现音乐、创造音乐，并把音乐的美传达到身边的伙伴、朋友、老师、家长等，从而发展幼儿的动作协调能力、社会交往能力等，体现了音乐游戏目的的综合性。

（三）幼儿园音乐游戏的教育价值

1. 音乐游戏可以提升幼儿音乐素养

音乐游戏是以培养幼儿音乐能力为主的游戏活动，它为幼儿提供了宽松、自主、愉悦、开放的游戏氛围，幼儿在参与音乐游戏的过程中不知不觉地学习和积累很多的音乐素材，对音的高低、长短、强弱以及音色的感受及表现能力、审美能力等都有所提升。

2. 音乐游戏可以促进幼儿的审美情趣

音乐游戏是增进幼儿美感的活动。在游戏中，幼儿感受音乐所带来的艺术美，用自己的动作、语言、表情、手势以及色彩鲜艳、造型奇特的道具反映着自然界和社会生活中美好的事物，以及艺术作品中的美好形象。例如，在音乐游戏"鸭子拌嘴"中，教师用五幅鸭子图片活灵活现地展现了小鸭们出门游玩、在水里嬉戏、与小鱼争吵、和好回家四个不同节奏型的场景，给幼儿视觉上美的感受。接着教师又引导幼儿创编律动表现小鸭们"出门、嬉戏、吵架、回家"的场景，每个幼儿都即兴创作，尽可能地把自己最美好的动作展示出来。最后在教师的指挥下，幼儿配上"三角铁、双响筒、铃鼓、小镲"等乐器进行演奏，美轮美奂的演奏乐，无不给幼儿美的体验。

3. 音乐游戏可以促进幼儿的社会性发展

音乐游戏是一种规则游戏，它可以培养幼儿的规则意识，促进幼儿养成良好的行为习惯。同时，音乐游戏提供了宽松和谐的氛围，使幼儿能积极愉悦地参与游戏，在游戏中他们能大胆尝试、敢于挑战，不断展示自我，这有利于培养幼儿的自信心。音乐游戏也为幼儿提供了人际交往的机会，满足幼儿的交往需要。在音乐游戏中，幼儿通过语言、表情、动作与人交流，能力强的幼儿带动能力弱的幼儿，使幼儿不知不觉地学会与人沟通、交流、分享、合作、协商等优秀品质。例如，音乐游戏"欢迎来我家做客"，教师通过设计"小兔家做客、小鸭家做客、蓝精灵家做客、来我们家做客"四个不同的情境，既引导幼儿在有趣的情境中愉快地学唱歌曲，同时也让幼儿尝试学做小主人，热情地招待客人，从而让幼儿在游戏中学会爱自己、爱家人、爱同伴、爱老师。

4. 音乐游戏可以促进幼儿的智力发展

音乐游戏可以促进幼儿语言、感知觉、注意力、记忆力、思维力、想象力、创造力的发展。在音乐游戏中，通过接触大量优秀的儿歌，可以丰富幼儿的词汇，增加对文学语言的理解与运用；通过听听、唱唱、跳跳可以发展幼儿各感官的敏锐性；通过自编舞蹈、自创歌曲，可以发展幼儿的想象力和创造力。音乐游戏还会对幼儿的知识经验积累产生积极影响，巩固和丰富幼儿的知识。例如，大班音乐游戏"香甜面包"中，幼儿要调动以往的生活知识、经验，想想要在面包上撒什么香料，才会香甜可口，并要进一步想象，配备怎样的动作才能体现面包的制作过程，并摆出不同造型的面包。因此，音乐游戏丰富幼儿的知识，促进幼儿智力的发展。

二、幼儿园音乐游戏的种类

（一）按游戏的发起者和组织者划分

音乐游戏按照游戏的发起者和组织者来划分，可以分为自娱性音乐游戏和教学性音乐游戏。

1. 自娱性音乐游戏

自娱性音乐游戏是指幼儿自发生成的、没有目的和功利性的自然游戏。它具有自发性、趣味性、随机性的特点，游戏的内容、玩法、规则等基本上由幼儿掌握，教师尽量避免干扰。例如，在班级音乐区，幼儿随着音乐，自发地表演唱或者自编的舞蹈等。

2. 教学性音乐游戏

教学性音乐游戏是指教师有目的、有计划组织的专门性音乐游戏。它具有计划性、目的性、趣味性的特点，游戏的目的、内容、玩法、规则、音乐等基本上由教师掌握。教学性音乐游戏能让幼儿系统地接触音乐，使他们的日常音乐经验得到提炼和深化，让幼儿能够掌握某些歌曲的节奏、旋律、歌词等，并根据音乐的强弱、快慢及音色的变化等进行创造性的表演。教学性音乐游戏按照音乐游戏的内容不同，可以分为以下四种。

（1）听辨游戏

听辨游戏是指幼儿通过用耳朵倾听，获得对自然产生的和人创造的各种音响效果的辨别感受能力。听辨游戏丰富幼儿对声音的听觉印象，注重培养幼儿听的习惯与技巧，提高幼儿听觉的敏感性和对声音高低、长短、强弱、音色等基本特征的反应力、记忆力和整体感知力。幼儿园常见的听辨游戏类型有听辨音高、听辨力度、听辨节奏、听辨音色、听辨曲式。

（2）歌唱游戏

歌唱游戏是指以唱歌的形式开展的游戏，幼儿边玩游戏边唱歌，既享受歌唱的乐趣，陶冶身心，又提高了幼儿的歌唱能力以及对音乐的感受、表现和创造能力。教师在组织歌唱游戏时，一开始应把重点放在游戏方式、游戏规则和人际关系等方面，不要刻意纠正幼儿的演唱错误，让幼儿在反复游戏中自然而然地学会歌曲。幼儿园歌唱游戏常见的曲目类型有幼儿歌曲、传统歌谣、幼儿自己创编的歌曲等。

（3）韵律游戏

韵律游戏是指幼儿在音乐的伴随下，做出有感情、有节奏的动作。幼儿园韵律游戏的动作主要包括四个方面：基本动作、模仿动作、舞蹈的单一动作以及韵律动作组合。基本动作是指幼儿在反射动作基础上发展起来的生活动作，包括走、跑、跳、拍手、点头、摆臂及其他身体动作。模仿动作是指幼儿在表现特定事物的外在形态和运动状况时所用的身体动作，它包括对各种动物形象的模仿动作，如马跑、羊走、牛走、鸟飞、兔跳、鸡走、鸭行、鱼游等；各种劳动的模仿动作，如扫地、浇花、拉锯、开火车、开汽车等；自然现象的象征性模仿动作，如小树长大、花儿开放、刮风、下雨、雪花飘等；日常生活及其他的模仿动作，如洗脸、刷牙、梳头、穿衣、弹琴、吹号、打鼓等。舞蹈的单一动作是指已经程式化了的艺术表演动作，如跑跳步、手挽花、摆手等。韵律动作组合是指根据一首完整音乐的结构组织起来的一组韵律动作，它是某种律动或某几种律动的组合，如：《幸福拍手歌》是基本动作的组合；《洗手绢》

可把洗、搓、拧、晒等动作组合在一起；《开汽车》可以把上车、开动、行驶、到站等动作结合在一起。

（4）节奏游戏

节奏游戏是指通过语言、身体动作、图片等各种手段、方式来锻炼幼儿节奏感的游戏。节奏是音乐的"呼吸"与"进行"，它包括了节拍和速度，把音乐的各种音响、音调要素在时间上加以组织，是音乐生命的源泉，没有节奏就没有音乐。节奏感是指幼儿在音乐活动中捕捉到、感受到、表现出乐曲节奏的韵律、韵味、趣味、情趣等节奏美的一种能力。幼儿节奏感的训练，可以通过游戏化的方法和手段激起幼儿的兴趣，从现实生活入手，挖掘节奏，寻找节奏，让幼儿在兴趣的前提下模仿节奏，并用语言、动作、画画、乐器等形式表现出来。

（二）从游戏的典型性划分

音乐游戏按照典型性来划分，可以分为奥尔夫音乐游戏和趣味性音乐游戏。

1. 奥尔夫音乐游戏

奥尔夫音乐教育体系是当今世界最著名、影响最广泛的三大音乐教育体系之一。由德国音乐家、指挥家和教育家奥尔夫（Carl Orff）所创立。奥尔夫音乐教育是原本性的音乐教育，它是接近土壤的、自然的、机体的、能为每个人学会和体验的、适合于儿童的。它以节奏为基础，将音乐与语言、动作、唱歌、舞蹈、表演、演奏和戏剧结合进行综合性教学。它注重过程、注重幼儿与教师的共同参与和共同创造。奥尔夫音乐游戏是用游戏化、活动化的方法对幼儿进行音乐教育，使幼儿自愿地、不知不觉地、快乐地投身于活动之中，在唱唱、跳跳、玩玩、敲敲、打打的过程中感受音乐的美。在"走走、跑跑、停停"的游戏中，教师让幼儿光着脚随意走动，目的是掌握幼儿走的频率，然后根据幼儿走的速度敲击鼓，请幼儿听鼓声走，在走的过程中感受四分音符的时值。教师以提高一倍的速度敲鼓，幼儿自然会跟着这个速度小跑起来，这是幼儿在体验八分音符的时值。在此基础上请幼儿听到鼓声停，立即找一个朋友一起造型，找三个、四个、五个幼儿拉手，这是幼儿在感受乐句的开始和结束，培养幼儿的反应能力、合作精神，同时增强数概念。鼓声大，幼儿会随节奏跺着地板走；鼓声弱，幼儿会踮着脚轻轻走，这是感受音乐的强弱。听鼓声往前走，听三角铁往后退，这是感受不同的音色，同时感受空间方位感。

2. 趣味性音乐游戏

趣味性音乐游戏主要表现趣味性，是指教师带领幼儿在游戏中学习音乐并体验音乐学习的乐趣。趣味性音乐游戏的内容相对随意，多种多样。它不仅可以学习音乐知识，促进孩子的大脑发育；还可以提高孩子的语言能力，促进师幼关系和同伴关系的发展。例如，大班音乐游戏活动"聪明孩子笨老狼"，教师结合孩子们经常玩的"老狼老狼几点钟"的游戏让幼儿在感受音乐的同时，带领孩子们玩起了有趣的游戏，孩子们玩得意犹未尽，快乐的游戏为活动增添了乐趣。

三、幼儿园音乐游戏的环境创设

（一）物质环境

创设游戏的物质环境，提供游戏的材料，对激发幼儿的游戏欲望有着极其重要的作用。

1. 音乐游戏的空间

开展音乐游戏需要一定的游戏空间。在自娱性音乐游戏中，教师可利用活动室的区角设置音乐活动区，并在音乐活动区中设置小舞台，投放各种各样适合幼儿进行表演的材料。音乐活动区属于动态区域，应避免与安静区为邻。教学性音乐游戏可以在活动室的集体活动区，也可以在幼儿园多媒体活动室开展，所需空间应宽敞，适合全班幼儿进行集体游戏。

2. 音乐游戏的材料

自娱性音乐游戏中，教师要提供丰富的材料支持幼儿参与游戏。在音乐活动区的墙面，教师可以用相关的图片进行装饰以渲染音乐游戏的氛围，充分利用音乐区的分隔柜或投放衣物架，用于摆放各种乐器、儿歌、乐谱、唱片、磁带、耳机、音响、话筒等，还可投放一些废旧不用的丝巾、衣服、头饰、表演物品等供幼儿进行装饰。在音乐游戏区，教师可以在活动区的墙上悬挂一些柔软的枕头或厚厚的布挂毯等，以确保幼儿的声音纯正适中。各类材料投放应安全、有趣且摆放要分门别类，在每一个盒子、柜子、衣服架上贴上不同标签，方便幼儿进行存取。

教学性音乐游戏的材料应根据游戏的主题进行投放。首先，教师可结合游戏主题，利用活动室的墙面、天花板对活动室进行布置，如放上一些树，表示森林；撒上一些绿色的纸屑，表示草地；挂上一些音符，表示音乐宫等，让幼儿从一开始就置身于音乐游戏所表现的意境之中，激起幼儿的学习动机和欲望，引领幼儿满怀兴趣地参与音乐游戏。比如，小班音乐游戏"捉小鱼"，教师提前将活动场地布置成带有一片水草的小鱼的家，并和幼儿一起戴上小鱼的装饰。在"捉小鱼"的音乐背景下，幼儿很快就被周围的氛围感染了，自然而然地进入了角色。其次，投放相应的服装、头饰、道具、乐器等供幼儿进行歌唱并表演动作。如小班的音乐游戏"魔法汤"，教师就为每一个孩子准备了魔术师穿的黑色衣服和瓶盖上抹有颜料的"汤"，孩子们就会在老师的组织下扮成魔法师，随着音乐用小棒搅"汤"、上下摇"汤"，让汤变成五颜六色的。

（二）心理环境

心理环境看不见、摸不着，但它却实实在在地影响着幼儿的行为，良好的心理环境可促使幼儿积极向上、心理健康发展。音乐游戏的心理环境主要是指音乐游戏的氛围、音乐游戏中的师幼关系、同伴关系。

音乐游戏的氛围应宽松、自由，能让幼儿保持积极愉悦的心情，大胆尝试，勇于表现，享受游戏乐趣。

音乐游戏的师幼关系应民主、平等，教师要树立正确的儿童观、游戏观，尊重幼儿的需要、兴趣和爱好，注重与幼儿的互动协商、注重幼儿的情感体验、注重幼儿是游戏中的主体、注重动态性的评价方式。教师在组织中充分鼓励幼儿积极参与，在过程中允许个体差异，如当幼儿大胆做出第一个动作，拍出第一个节奏时，老师赞许的目光，鼓励的微笑，肯定的口吻（如"你的动作真棒""我喜欢你这个节奏""你肯定能行""真不错"之类）等积极评价都令幼儿对自己的能力充满信心，从中获得强大的推动力，更加积极主动地参与到音乐游戏中，毫无拘束地表达自己的真实情感，自然、真实地表现自己，并发展个性。

音乐游戏的同伴关系应友好、愉快。教师应建立良好的交往环境，提供幼儿与同伴自由交往的机会。让幼儿学习良好的交往技能，学会与同伴交往的礼貌用语，增进幼儿间的相互了解和情感。引导幼儿遵守音乐游戏规则，学习自律，尊重他人。改进教师的教育方法和评价方法，协调同伴关系，当幼儿在交往中出现问题时，教师应辩证地看待幼儿之间的冲突，不要急于批评孩子，而要采取理智又机智的对策，引导幼儿尽量自己解决问题。

四、幼儿园音乐游戏创编

（一）幼儿园音乐游戏创编的原则

1. 音乐性

音乐性原则是指在创编音乐游戏时，选择的音乐素材应形象生动、节奏鲜明、结构工整并能随音乐的变化想象表现游戏情节。例如，音乐游戏"喜羊羊与灰太狼"中的A段音乐反映了羊村里小羊们快乐玩耍的情景，音乐轻快、活泼，富有节奏感、韵律感，形象鲜明、突出，适合幼儿进行创意性的模仿；B段音乐反映了蜗牛伯伯生病了，小羊们要去救蜗牛伯伯时，它们遇到了灰太狼的情境，音乐缓慢、沉重、紧张，与A段音乐形成鲜明的对比；C段音乐反映了小羊们凭智慧战胜了细菌和灰太狼，音乐欢快、激昂。幼儿可以借此清楚地区分游戏角色，顺利地变化游戏情节。

2. 游戏性

游戏性原则是指在创编音乐游戏时，要注重游戏的玩法和规则，突出高潮的设计与处理。例如，音乐游戏"动物历险记"中，教师和幼儿分别扮演猫头鹰博士和小动物，通过进入森林、躲避火龙喷火、躲避大灰狼、营救小伙伴等情节，在游戏的氛围中积极参与活动，感知音乐的节拍和高低音，体验愉快的情绪和自主探索。

3. 生活性

生活性原则是指音乐游戏的素材应贴近幼儿的生活，是对幼儿生活经验的反映。例如，音乐游戏"香甜面包"中，教师扮演围裙妈妈引导幼儿创编"做面包"的游戏，教师启发幼儿"做面包要先干什么，再干什么"，让幼儿根据自己的生活经验自由表现做面包的动作：和面团—撒香料—变造型—烤面包。还引导幼儿两两合作，一人扮演围裙妈妈，一人扮演面团，做出不同造型的面包，如机器猫造型、大公鸡造型、大黄狗造型、猴子造型、毛毛虫造型等，这些造型是幼儿喜爱的动植物，是幼儿生活经验的反映。

（二）不同类型音乐游戏的创编

1. 歌唱游戏的创编

教师创编歌唱游戏时，所选择的歌曲既要注意幼儿的接受能力，同时也要考虑歌曲的教育性。

（1）歌词方面

歌词的内容和文字应生动有趣，易于幼儿理解；歌词要有适当重复和发展余地，易于幼儿记忆和掌握；尽可能选择第一人称歌曲，能让幼儿感到亲切，并自然、真实地表达情感；歌曲的内容一般为动植物、自然现象、节日和幼儿日常生活等。

（2）曲调方面

①音域较狭窄，音域的选择应适合幼儿的身心发展特点，不宜唱过高或过低的音，一般来讲，各年龄阶段的合适音域为：2~3岁（e^1~g^1）、3~4岁（d^1~a^1）、4~5岁（c^1~a^1）、5~6岁（c^1~c^1）。②节奏较简单，3岁以前儿童所选歌曲的节拍，最好以2拍子和4拍子为主。在3~4岁，偶尔也可以选择3拍子的歌曲。4~6岁的幼儿除2拍子和4拍子以外，可以较多地选择3拍子甚至6拍子歌曲。③旋律较平稳，所选歌曲应注意多选以五声音阶为骨干的旋律。④结构较短小工整，幼儿一般不宜唱结构过于长的歌曲。3~4岁一般选择2~4个乐句为宜，一般在8小节左右。4~6岁可含有6~8个乐句，一般可增至16~20小节。⑤词曲关系较单纯，一字一音的关系是主流。

2. 韵律游戏的创编

（1）韵律动作的选择

① 常用的基本动作：头、肩、臂、手指、腿、脚的活动以及由走、跑、跳跃等组成的各种简易步法。

② 常用的模仿动作：动物的动作，如鸟飞、兔跳、鱼游等；人们劳动的动作，如种菜、收稻谷、开车等；自然界的现象，如风吹、下雪、下雨等；运动中的动作，如拍球、荡秋千等；日常生活动作，如洗脸、刷牙等。

③ 舞蹈动作：基本舞步，如踮步、小跑步、踏点步等。

（2）韵律音乐的选择

韵律音乐应节奏鲜明，形象性强，能引起幼儿的兴趣和愿望；音乐速度不宜太快，应能让幼儿的动作合上音乐的节奏、节拍和速度。可采用"一曲多用"，即曲调不变，但音区、节奏、力度、速度都加以改变以表现不同的形象。

3. 节奏游戏的创编

节奏游戏的创编可以结合语言节奏和身体动作节奏来进行。

（1）语言节奏

语言节奏游戏是指结合人名节奏、水果名称节奏、动物名称节奏、日常用品名称节奏、儿歌节奏等来进行节奏游戏创编。例如，人名节奏游戏可以让幼儿根据不同的节拍，边打节奏边说出自己的名字，一个接着一个，依次类推，最后一个幼儿说出第一个幼儿的名字。这样的游戏不仅增强了幼儿的自信心、增进了幼儿的友谊，而且还培养了幼儿的节奏感，协调能力以及听觉能力、注意力等。

（2）身体动作节奏

身体动作节奏游戏是指充分利用人体这个天然的打击乐器，发出美妙的声音，如拍手、拍肩、拍腿、跺脚等，根据歌曲、节奏模仿、节奏应答而创编的游戏。例如，根据歌曲《头发、肩膀、膝盖、脚》创编的节奏游戏，在演唱这首歌的同时，可以有节奏地拍身体的相应部位，熟练后，加快速度，同时还可增编歌词，如：拍手、跺脚、扭扭腰，小脚小脚抬抬抬。又如，节奏模仿中，教师有节奏地说："请你跟我这样做。"幼儿有节奏地应答："我就跟你这样做。"随后老师做一个动作，幼儿跟着模仿一个动作。

4. 听辨游戏的创编

听辨游戏让幼儿通过用耳朵倾听，获得对声音、音响的辨别感受能力。听辨游戏的创编应符合幼儿生活经验、个体需求，要充分让幼儿进行自主探索，调动各种感官协同活动：耳听、脑思、口唱、手动、脚跺，并对自己所辨到的内容进行想象、创造，通过动作、图画等进行表现。听辨游戏注重培养幼儿听的习惯与技巧，使其养成耳朵听音乐的习惯，是听觉器官与审美培养的重要方面。听辨游戏的创编可以结合五大要素（音高、力度、节奏、音色、曲式）进行。

（1）听辨音高

听辨音高游戏应遵循幼儿发展规律，选择音阶中最稳定性的音高（do、mi、sol）开始，mi和sol的音高与幼儿说话的音调相似，符合幼儿说话像唱歌、唱歌像说话的特点，容易与他们产生共鸣，再不断加大听辨音高的难度，听辨层次层层递进。例如，"春天主题——春姑娘的花衣裳"，听辨层次可以从简单的二度和三度音程扩展到纯四和纯五度。

（2）听辨力度

力度是指强、弱、渐强和渐弱。听辨力度游戏选择音乐材料要体现出力度明显的强弱区别或渐变的过程。生活中蕴含着很多力度的变化，应充分利用生活中的材料让幼儿感受力度的变化，使其体验到生活中充满了音乐元素，从而提高听辨的敏感性。例如，回声是强和弱的表现；车站上等车，车从远方开来，又开向远方，体现了渐强和渐弱的变化。通过听辨、表现力度的变化，能进一步提高幼儿感受、辨析的能力。

（3）听辨节奏

节奏是音乐的心跳，听辨节奏游戏中音乐的选材要旋律规整、节奏不复杂、易于幼儿听辨及操作，以二拍或四拍为主，切忌游戏开始就选择三拍子的音乐，否则不利于幼儿进行表现。在游戏中要借助语言、动作等将抽象的节奏转化为生动的表现形式。例如：听辨游戏"春天天气真好"，游戏规则：听节拍和旋律用不同动作（拍手、跺脚等）进行表现。

（4）听辨音色

音色是指乐器所发出的特有的声音或人的嗓音的音质。音色丰富多彩，幼儿园听辨音色游戏主要是指利用乐器的音色进行听辨，在创编时应注意游戏的层次性。例如：听辨游戏"大鼓和小铃"，游戏规则：感受小铃和大鼓的不同音色，并用相应身体动作表现：层次一：区别音色动作表现；层次二：分别用不同节奏表现大鼓、小铃；层次三：幼儿用动作节奏展示；层次四：增加乐器种类以加大听辨难度；层次五：提高节奏难度（手脚并用交错的节奏）。

（5）听辨曲式

曲式是指音乐的结构，通常用A段、B段，或者ABA段等方式来表示音乐的框架，常见的有一段体曲式、二段体曲式、三段体卡农曲式、回旋曲式等。听辨曲式游戏中，要注意引导幼儿听和感受，逐渐提高对乐句、曲式结构的敏感性，不要急于看重游戏结果。例如：听辨曲式游戏"悯农"，以诗歌的语言方式表现卡农曲式，幼儿在游戏中涉及合作，需要按照自己的感觉，控制自己的速度和节奏，和同伴保持一致。

五、各年龄班音乐游戏的特点与指导

（一）小班

1. 小班音乐游戏的特点

小班幼儿语言表达能力和理解力较弱。喜欢独自操作，与同伴交往较少。能初步理解他们所熟悉歌曲的歌词内容和思想，能理解性质比较鲜明的音乐情绪，喜欢听节奏鲜明、欢快的音乐，随音乐特点做动作，但由于经验不足，还不能随音乐性质变化相应的动作。动作简单，变化小，喜欢模仿老师或同伴的动作，大多数幼儿已经掌握了拍手、摇头或是晃动手臂、用手指点或拍击身体的部位、点头或摇头、小幅度慢速度地运动躯干等简单的非移动动作，但腿部力量较弱，脚掌缺乏应有的弹性，身体左右摇摆大，自控力差。入园初期随乐意识较差，大多数幼儿都不能做到基本合拍地随音乐表演，而且还会有部分幼儿只顾"自我陶醉"而忘记表演的要求。3岁末期，不仅大多数幼儿能做到基本合拍地随音乐表演，而且已具备了初步的随乐意识。

2. 小班音乐游戏的指导

（1）音乐游戏内容的选择

小班音乐游戏的内容应与幼儿的日常生活和身体动作紧密相连。应选择具有喜剧色彩、情绪热烈的歌曲。开展歌唱游戏时，歌曲的音域一般在$d^1 \sim a^1$的范围。节奏型的选择上要注意由四分音符组成的节奏型、由八分音符组成的节奏型以及由二分音符组成的节奏型，是最容易让幼儿理解的。例如，《小手爬》是一首活泼、富有童趣的歌曲，通过游戏的方式能让幼儿在音乐中感知手的动作变化和手与不同身体部位接触，进一步了解身体的不同部位，从而产生愉快的情绪。歌曲速度为中速，节拍为2/4拍，节奏平稳，节奏是音乐要素之一，这首歌曲正是运用了这样的节奏来表现游戏时的欢快情绪，适合小班幼儿边唱边双手有节奏地爬的音乐游戏。

（2）对游戏过程的指导

小班教师在带领幼儿参与音乐游戏时，要特别有活力、互动多一点，动作简单、规范，便于幼儿进行模仿。加上日常生活中的渗透和整合，启发幼儿主动参与音乐节奏活动，让幼儿在节奏变化中体验游戏的快乐。

（二）中班

1. 中班音乐游戏的特点

中班幼儿处于典型的游戏年龄阶段，他们的思维更加具体和形象，在认知范围、认知能力、活动能力等方面都比小班有明显进步。中班幼儿听辨音的分化能力较小班幼儿有所提高，能逐渐辨别声音的细微变化。对不同体裁、性质、风格乐曲的分辨能力也有很大发展；在音乐的速度、力度、节奏、结构把握上，他们往往能够通过教师组织的音乐游戏，初步感受到乐曲的结构，听出乐段、乐句之间的重复以及乐曲在情绪性质上的明显差异；能基本理解音乐所表达的情绪和情感，并由此产生一定的想象、联想。音乐理解能力不断加强，幼儿已能借助于歌词及已有的生活经验、音乐经验，基本理解音乐所表达的艺术表演形象。中班幼儿属于联合游戏阶段，他们较少出现与同伴合作做动作，在韵律游戏中，主要以手部动作和以直线、曲线运动为主。因此，中班幼儿在音乐游戏的内容、艺术形象、音乐知识技能的学习和运用等各方面都比小班幼儿丰富。

2. 中班音乐游戏的指导

（1）音乐游戏内容的选择

中班音乐游戏的音乐作品可以有更多变化，在结构形式上可以有二段式或三段式结构，除了音乐形象特点要鲜明以外，还需要在对比段落之间要有明显的交接点，便于幼儿在其间的过程中随音乐的变化而变换动作；中班歌唱游戏，所选择的歌曲音域适合在 $c^1 \sim a^1$ 的范围。例如："汽车上"这个游戏，就利用间奏部分的变化，使幼儿感受到音乐的表情变化，以此来协调动作，达到情感上的共鸣。

（2）音乐游戏过程的指导

中班幼儿更需要的是先熟悉音乐，在教师的讲解和引导下，通过自己的理解和想象，表达出对于音乐的理解，教师的语言要生动形象，启发性要很强，把幼儿的注意、情绪引导到游戏情境之中，提高学习的积极性。教师也可以随时引用幼儿已掌握的知识技能帮助提高学习质量，还可以让领悟力较强的幼儿表演示范给其他幼儿，以提高学习积极性。在游戏过程中，可分小组练习，互相观摩、评议，提高幼儿对音乐伴随下动作的鉴别能力和学习的自觉性。

（三）大班

1. 大班音乐游戏的特点

大班幼儿好学好问，有极强的求知欲望，他们喜欢问"为什么"，对于身边的一切事物，他们更加喜欢细致深入地了解和研究。合作意识逐渐增强，他们会选择与自己喜欢的玩伴开展音乐游戏，能逐渐明白公平的原则和需要服从集体约定的意见。规则意识逐步形成，开始学习着控制自己的行为，遵守集体约定。动作灵活、控制能力明显增强，能比较准确地按音乐节奏做各种稍微复杂的基本动作、模仿动作和舞蹈动作组合，进一步丰富舞蹈动作语汇，能用已经掌握的空间知识，进行创造性的表现。创造力和表现力比较强，且表达方式多样化，在音乐游戏中会通过歌舞、乐器、语言等方式来表达自己对音乐的理解。能为不同的舞蹈表演选择不同的道具和服装，乐于和同伴一起合作表演，体验交流的乐趣。

2. 大班音乐游戏的指导

（1）大班音乐游戏教学内容的选择

大班音乐游戏的内容，在情节的变化上应丰富多彩，在曲式结构和乐曲的内容上应能给予大班幼儿充分的想象空间，可以让他们尽情地发挥自己的想象力，用自己的方式来表现对于乐曲的理解。例如："狩猎波尔卡"这个游戏，在整曲中最突出的是弦乐合奏，仿佛森林中的那些轻舞飞扬着的小动物们在享受大自然赋予它们的美好生活。中间夹杂的三声枪声似乎破坏了这种和谐美好的气氛，小动物们开始四处游散，大鼓、小鼓、钹的拍击好像渲染了这种气氛，全曲充满精神力量，动态幅度宽广，细节描述清楚，强弱对比鲜明，展现出既平衡又饱满的动力，以及积极向上的思想意境。

（2）帮助幼儿塑造良好的个性品质

大班幼儿非常喜欢带有竞赛性、合作性的音乐游戏，教师要教育他们在游戏高潮中不忘遵守游戏规则，培养诚实、遵守纪律、积极进取的优良品格。在带有竞赛性的音乐游戏中，大班幼儿的集体荣誉感和责任感往往会表现得更加突出，他们知道集体的力量可以通过自己的努力来实现。教师要利用大班幼儿的年龄特点，结合音乐游戏的特征塑造幼儿良好的个性品质，促进社会性的发展。

（3）引导幼儿形象表演

在大班音乐游戏教学中，教师也可以通过引导，帮助幼儿将他们已学过的知识技能和游戏相联系，借助简单的音乐表情用语和舞蹈动作术语，采用边示范、边提示动作要领的方法，使他们在音乐伴随下能够自觉地，有理解、有感受地进行游戏活动。同时也可以引导大班幼儿观察所要表演的对象，了解表演的内容和动作的意义（如成人的劳动、动物的动作），根据他们自己的观察再做形象表演动作，来发展他们的想象力和创造性。

六、幼儿园音乐游戏的评价

（一）评价主体多元化

幼儿音乐游戏的评价主体可以是教师、园长、幼儿、家长等。

（二）评价内容多样化

首先，凡是具有教育意义和价值的结果，无论是否与预定目标相符合，都应该得到肯定和支持。其次，应该关注教师、幼儿与环境、材料等的作用。最后，评价的主体不仅要关注活动内容的选择是否符合真、善、美的标准，更重要的是应关注教师的教学观是否正确、科学以及活动开展后的相关内容在幼儿实际生活中是否适用，是否有利于促进幼儿的身心健康、协调发展。因此，评价的主体在对幼儿音乐教学进行评价时，评价的内容应全面，不应只关注一方面是否达成，防止导致评价目的的负向偏离。

（三）评价方法综合化

幼儿音乐游戏评价应融合总结性评价与随机性评价，围绕幼儿在游戏过程中的表现、反应、问题而进行。总结性评价是指音乐游戏活动结束后所进行的评价，它可以帮助幼儿在游戏结束的时候再一次回顾所学习的内容，总结幼儿表现好的方面，并对出现的问题进行处理。随机性评价是指在游戏过程中随时捕捉和分析幼儿的表现，对活动中的幼儿的反应随时予以鼓励和纠正，同时也对教学活动进行适应性的调整。

（四）评价方式具体化

评价方式具体化是指教师对幼儿在音乐游戏中的各种表现做出的回馈应具体化，不可抽象、笼统，以便幼儿参考。例如：在音乐游戏中，通常教师对幼儿音乐表现的评价都是"唱得真好""你真棒""真不错""你比上次有进步"，而幼儿却不清楚自己的表现到底"好"在哪、"棒"在哪、"进步"在哪里？是声音更好听了、节奏更稳了，还是动作更协调了，幼儿最终无从所知。这样笼统的评价方式不但对幼儿没有启示、引导的意义，而且时间久了，反而会让幼儿觉得厌倦、乏味无趣。教师若抓住评价时机，对幼儿进行既具体又形象的评价，让幼儿明确地知道好在哪里，哪些方面还可以让自己表现得更好，幼儿就能从教师的点评中认识到自己在音乐游戏中的优点和不足，才能真正在模仿、交流、反思的过程中提升自身的音乐感受力、表现力和创造力。

（五）评价标准个体化

同一年龄段幼儿由于受到不同成长环境的影响，在音乐游戏中的表现也会不一样，因此教师在实施评价时，不能以整齐划一或一刀切的标准评价幼儿，而要关注幼儿的个别差异，建立"因人施评"的评价体系。个体化的评价标准应突出纵向评价，关注幼儿的个体发展。

第三节　幼儿园体育游戏

一、幼儿园体育游戏概述

（一）幼儿园体育游戏的概念

体育游戏，又称为活动性游戏或运动性游戏，是根据一定的体育任务设计的，由身体基本动作、情节、角色和规则组成的一种活动性游戏。它具有增强体质、娱乐身心、陶冶情操为目的的作用，既有游戏的特点，又有体育的特征。

幼儿园体育游戏，是幼儿园体育活动中一种主要活动形式，也是幼儿最喜爱的体育活动之一。它是根据幼儿身心发展规律，以各种基本动作为主要内容，以游戏活动为主要形式，以发展幼儿身心为主要目的的一种锻炼活动。

（二）幼儿园体育游戏的特点

1. 体育游戏是一种趣味性体育活动

幼儿园体育游戏是深受幼儿喜欢的活动形式。其趣味性主要体现在情节性和竞赛性两方面。幼儿园体育游戏一般都带有一定的情节，有不同的角色，这非常符合幼儿爱模仿、好扮演的特点。体育游戏中的竞赛又能充分满足幼儿争强好胜的心理。体育游戏正是以它的趣味性和娱乐性，对幼儿有着巨大的吸引力，如"猫捉老鼠""踩影子"等体育游戏常让幼儿乐此不疲。

2. 体育游戏是以发展幼儿基本动作为主的体育活动

幼儿园体育游戏将基本动作技能的锻炼寓于趣味性很强的活动之中，幼儿在游戏中完成走、跑、跳跃、投掷、钻爬、攀登等基本动作。因此，体育游戏能激发幼儿对体育活动的兴趣，让幼儿掌握各种基本动作的技能技巧，促进以体能为主的各方面发展。例如，"打大灰狼"游戏能训练幼儿的投掷能力；"小青蛙捉害虫"游戏能锻炼幼儿的弹跳能力等。

3. 体育游戏是幼儿园健康教育的重要方式

户外体育活动是幼儿园每天的生活活动之一，体育游戏是幼儿园户外体育活动的主要形式，是完成幼儿园体育工作的主要途径之一。

幼儿园体育任务主要通过体育活动和体育游戏两条途径来完成，体育活动相对来说只有锻炼的属性，而体育游戏除了锻炼之外，还具有趣味和竞技的属性。体育游戏比一般体育活动更能促进幼儿身心的全面发展，提高幼儿身心健康水平。

（三）幼儿园体育游戏的作用

1. 有助于促进幼儿的身体发育和动作的发展

体育游戏使幼儿各器官系统的生理机能都得到锻炼和改善，能更好地促进新陈代谢，增强幼儿体质。体育游戏通过反复练习走、跑、跳跃、平衡、投掷、钻爬和攀登等基本动作，可以使基本动作得到进一步发展和完善，基本活动能力得到进一步加强，速度、力量、耐力、协调等身体素质得到进一步提高。体育游戏多在户外进行，使得幼儿有机会充分地接触新鲜空气和阳光，能提高幼儿对外界环境的适应能力，增强身体的抵抗力。

2. 有助于幼儿智力的发展

体育游戏通过身体的运动加快血液循环，从而改善脑的营养供应，促进脑的发育，为幼儿智力的发展提供更好的物质基础；在张弛结合的体育游戏中，幼儿神经系统的灵活性和均衡性也得到改善，从而使幼儿精神饱满，精力充沛；在体育游戏中，要求幼儿对于外界的刺激能迅速作出反应，目测人和物的空间距离，估计游戏时间，牢记游戏的规则和玩法，积极思考动作的应变等，这会有助于培养幼儿的注意力、记忆力，提高思维的敏捷性和灵活性；幼儿体育游戏一般都具有竞赛因素，不仅是体力的竞争，也是智力的竞争。例如，"踩影子"游戏，不仅需要幼儿快速躲闪，不让别人踩到自己的影子，还要想方设法地踩到别人的影子，才能获取游戏的胜利。这样，在游戏过程中，幼儿的注意力、思维能力、创造力等方面的能力在潜移默化中得到了发展。

3. 有助于培养幼儿的意志品质

幼儿园体育游戏有严格的规则，它贯穿于游戏的全过程，幼儿在游戏中必须学会控制自己的行为，自觉遵守游戏规则，以保证游戏的顺利进行，并达到预期的目的。例如，"爱的抱抱"游戏，先选一个幼儿当指挥员，其他幼儿围成一个圆圈慢跑，游戏规则是：游戏时指挥员一直喊"爱的抱抱，爱的抱抱"，最后突然说一个数，如3，幼儿就3个人抱在一起；如果抱在一起的幼儿少于或多于3人，就会被淘汰出局，其余幼儿继续玩游戏，最后坚持下来的2人为获胜者。由此可见，体育游戏能培养幼儿的注意力、对信号的反应力、镇定克制、机智灵活、勇敢果断、克服困难等优良品质。

4. 有助于幼儿社会性行为的发展

体育游戏一般是以集体或小组的形式展开的，因此幼儿园体育游戏是一项集体性的教育活动。集体性的体育游戏需相互配合，在愉快的游戏中，幼儿逐渐积累集体生活经验，增强组织性，养成相互关心、相互谦让、团结协作的行为习惯。例如，"马儿跑得快"体育游戏，幼儿5人一组，两脚分开"骑"在一条平衡木上，以小组竞赛的形式进行游戏，比一比看哪组的"马"最先到达终点。这有助于培养小组成员齐心协力的合作意识，协商沟通的社会交往能力，同时对培养和增强幼儿的责任感和集体荣誉感也起到积极的作用。

形式多样、内容丰富的幼儿园体育游戏，能满足幼儿好动的需要，给幼儿带来愉悦的情感体验；良好的心境，有助于幼儿活泼开朗、乐观向上性格的形成；幼儿园体育游戏中运用的动听的音乐，感情色彩鲜明、语言优美的儿歌和对话能丰富游戏的美学知识，发展幼儿的美感。

二、幼儿园体育游戏分类

体育游戏是一种综合性的体育手段，它在活动组织形式、活动内容、活动场地、活动人数及作用上都具有综合性，体育游戏的综合性决定了它的分类的多样性，以下是常见的体育游戏分类方法。

（一）按游戏组织形式分类

幼儿园体育游戏按组织形式可分为自由活动游戏和体育教学游戏两种。

自由活动游戏是以幼儿为主，幼儿自定活动形式、自选运动器械、自由组合玩伴的自主性游戏活动，如户外活动时幼儿玩的"滑滑梯""荡秋千""滚铁环"等游戏。

体育教学游戏是以教师为主，为完成一定的教学目标而组织的教学性游戏活动，如小班"秋风与落叶"游戏，是教师为幼儿学习走跑交替动作，按照信号和要求做相关动作，提高控制身体平衡的能力等开展的游戏。

（二）按游戏有无情节分类

幼儿园体育游戏按其有无情节，可分为主题游戏和无主题游戏。

主题游戏是以假定的形式反映生活中的一个片断和童话故事中的情节或主题。其特点是有角色、有游戏情节。此类游戏较多，各年龄班游戏的难易程度不一。如小班的"小蚂蚁运粮食""老猫睡觉醒不了"，中班的"笼中鸟""网小鱼"，大班的"盲人击鼓""编花篮""钻洞采花"等游戏。

无主题游戏是没有一定的情节和角色，或是包含了幼儿感兴趣的动作内容，或是包含了竞赛性因素，如"迷迷转""踩高跷""极限爬行"等游戏。

（三）按游戏活动形式分类

幼儿园体育游戏按其进行的形式可分为接力游戏、追拍游戏、争夺游戏、角力游戏和猜摸游戏。

接力游戏是以接力的活动形式进行的分组竞赛活动，如"小动物接力赛"游戏。

追拍游戏是游戏者追拍其他游戏者或球，训练幼儿奔跑及反应力的竞争游戏，如"丢手绢""投沙袋"游戏。

争夺游戏是为争夺一定的物品或位置而进行的一种斗智比速的游戏，如"夺球""抢椅子"游戏。

角力游戏是游戏者相互比较力量，斗智斗勇的对抗性游戏，如"垫上角力"游戏。

猜摸游戏是蒙住游戏者的眼睛，利用听觉、触觉和平衡觉来进行运动和猜物的游戏，如"摸鼻子""盲人与跛子""捉迷藏"等游戏。

（四）其他分类

第一，按游戏活动基本动作可分为走跑游戏、跳跃游戏、投掷游戏、攀登和钻爬游戏、平衡游戏等。

第二，按发展身体素质的作用可分为速度游戏、力量游戏、灵敏游戏、柔韧游戏、耐力游戏、协调游戏、平衡游戏等。

第三，按使用器械的不同可分为沙包游戏、球类游戏、绳类游戏、木棒游戏、平衡板游戏、圈类游戏等。

第四，按参与游戏人数可分为单人游戏、双人游戏和集体游戏等。

第五，按活动性大小可分为活动量大、活动量中等、活动量小的游戏。

第六，按游戏场地的不同可分为室外游戏和室内游戏。

三、幼儿园体育游戏材料的选择和利用

体育游戏材料是幼儿开展体育游戏不可缺少的物质条件，不仅可以激发幼儿体育游戏的动机，还可以支持幼儿体育游戏的开展，幼儿正是在不断地、主动地与各种体育游戏材料交互作用的过程中获得了身心的发展，促进了身体素质和身体运动能力的提高。因此，提供能够促进幼儿走、跑、跳、钻爬、平衡、攀登、投掷等动作和运动能力发展的器械与材料，对于实现幼儿园体育游戏的任务具有重要价值。教师须结合各年龄班幼儿自身的特点和体育游戏的任务与内容选择和利用适宜的体育游戏材料，也可废物利用，自制一些体育游戏材料供幼儿玩耍（用易拉罐做哑铃、用纸箱做坦克等），从而保证幼儿体育游戏的顺利进行。

第一，投掷类：各种球（皮球、乒乓球、吹塑球、儿童足球、篮球）、沙包、飞盘、投掷板、投掷环、套圈等类型。

第二，钻爬类：钻圈、钻洞等形式，钻爬通道不能完全封闭，小班高度在65~70厘米，中大班高度在50~60厘米。

第三，平衡类：平衡木、平衡台、荡桥、梅花桩、高跷、脚踏滚筒等样式。平衡木的宽度、高度不一：中班宽20厘米，高30厘米；大班宽15厘米，高40厘米。

第四，攀登装置：阶梯式（爬梯）、爬网式（攀登网、绳梯）、攀岩式（攀登架、攀登壁）等多种形式。

第五，摇摆、颠簸类：秋千、跷跷板、摇马、荡船、转椅等。

第六，各种车辆玩具：儿童三轮车、儿童两轮车、独轮小推车、小拉车等。

第七，跳跃类：蹦蹦床、充气床垫、橡皮筋、跳绳（长绳、短绳）、小凳子、小椅子等。

第八，滑行类：滑梯、滑竿、滑板、冰鞋等。

四、幼儿园体育游戏的设计与组织实施

（一）幼儿园体育游戏设计的原则

1. 锻炼性原则

幼儿园体育游戏是以增强幼儿体质为主要目标，因此，在设计幼儿园体育游戏时必须有某些基本动作的练习来提高幼儿的运动技能，要有一定的运动负荷量来达到增强幼儿体质的目的。

2. 趣味性原则

幼儿园体育游戏之所以深受幼儿喜爱，正是因为它的趣味性。趣味性是幼儿园体育游戏具有生命力的重要因素。教师首先应选择幼儿熟悉和喜爱的角色，安排简单有趣的情节，激发幼儿参与体育游戏的兴趣；其次，在体育游戏的设计上内容应丰富多彩、新颖有趣。

3. 教育性原则

幼儿园体育游戏在促进幼儿身体和基本动作、技能、素质的发展的同时，还具有促进幼儿认知和情感、意志等发展的任务。选择的体育游戏内容要能促使幼儿的认知能力得到发展，在开展体育游戏过程中，要不断培养幼儿规则意识、团结协作的集体精神，以及勇敢果断、诚实自控、不怕困难等优良品质。

4. 安全性原则

由于幼儿年龄小，生活能力和自我保护能力都较差，易发生安全事故，必须遵循安全性原则。首先，在设计体育游戏时，安排的游戏内容应是安全的；其次，创设的体育游戏环境是安全的，因为只有在安全的环境里，幼儿的生命和发展才能得到保障。具体来说，就是在规划活动场地时，应保证幼儿活动范围、路线都在教师的视线以内，所提供的玩具、器械是安全无毒、无棱角的。

5. 发展性原则

在设计幼儿园体育游戏时，必须准确把握幼儿原有的身心发展水平，既考虑幼儿的成熟程度和可接受性水平，不随意拔高，也不盲目迁就幼儿原有的身心发展水平而减低标准要求，应着眼于幼儿身心的全面、整体且长远的发展，有针对性地设计体育游戏。

（二）幼儿园体育游戏设计的基本思路

要组织好每一个具体的幼儿体育游戏，首先要设计好体育游戏的具体方

案。通过编写方案对游戏进行预先的设计，可以使游戏过程更顺利，以达到体育活动的最佳效果。

一个完整的幼儿体育游戏方案，一般包括游戏名称、游戏目标、游戏准备、游戏玩法、游戏规则、游戏建议或注意事项六个方面。

1. 游戏名称

游戏名称体现的是一个体育游戏的主题。教师应根据幼儿生理和心理发展不同阶段，并结合幼儿园场地器材的情况选择适合的体育游戏主题。其设计要求如下。

第一，游戏名称能反映本次体育游戏的主要内容和特点，应主题明确，简洁明了，易于幼儿理解和接受。命名常用的方法有两种：一是根据游戏动作和活动方式的特点命名，如"跳羊角球比快""运球接力赛"等；二是以游戏情节或主题特点命名，如"小刺猬背枣子""坦克兵与投弹手"等。

第二，设计名称时应尽量符合儿童化的特点，生动有趣。如"小兔跳彩圈""捉尾巴""小火车钻山洞"等游戏名称，非常符合幼儿情感和认知的特点，能引起幼儿对游戏的兴趣和好奇。

第三，书写内容要完整。一个完整的体育游戏名称应包括年龄班、游戏类型、具体内容。例如："小班体育游戏：捉泡泡"或"体育游戏：捉泡泡（小班）"。

2. 游戏目标

幼儿体育游戏目标对幼儿身心健康的发展与水平具有预先设定与规范的作用，也是衡量幼儿园体育成效的评价尺度。首先，要以《纲要》中健康领域的总目标为依据，同时考虑本班幼儿的身心发展状况及具体水平，应难易恰当。其次，应指出练习哪些基本动作，提高哪方面动作技能或身体素质，培养哪些个性或品质等。最后，应尽量运用幼儿的行为来表述目的，表述应简洁清晰、准确具体、重点突出，具有可操作性。目标条目不宜过多，一般2~3条。例如，大班体育游戏"我是小特工"的活动目标表述如下：

第一，练习钻、爬、跳、投掷等基本动作，提高动作的协调性和灵活性。

第二，乐于与同伴合作游戏，具有不怕困难、积极完成任务的信心。

3. 游戏准备

一个完整的体育游戏需要进行多方面的准备。

（1）物质条件和环境创设

场地的布置与划分，教具、学具、器械、玩具的名称、数量及安排等，并检查器材是否清洁、牢固，数量是否充足，场地是否平整、干净等。

（2）教师自身的准备

教师应了解全班幼儿的体质、能力、性格、品德等情况，熟悉体育游戏的内容，领会体育游戏的教育作用，掌握体育游戏动作，明确体育游戏玩法、规则、组织方式、注意事项与要求等。

（3）幼儿的准备

幼儿学习并掌握与体育游戏有关的儿歌，佩戴好相关的头饰或标志，穿戴安全、符合体育游戏要求的服装等。

4. 游戏玩法

（1）导入

导入环节的主要目的是激发幼儿游戏的兴趣，为游戏的展开做铺垫。兴趣是幼儿参与活动的原动力，教师组织的体育游戏活动只有引起幼儿的兴趣，激起幼儿的好奇心与探究欲望，才能让他们积极主动地参与到活动中来。教师可以采取以下三种方式导入：一是故事导入。生动有趣的故事情节容易引起幼儿的注意，使其置身于故事化的情境中，从而激发幼儿游戏的愿望。二是器材吸引。在体育游戏中，器材往往是不可缺少的，器材的变化可以引起幼儿的好奇心和探索欲望。三是情境导入。幼儿具有冒险精神，喜欢追求刺激，勇于接受挑战，教师围绕游戏主题布置的生动形象的情境往往能很好地吸引幼儿的注意，激发他们主动参与、融入游戏。此外，还有音乐导入、儿歌导入等，导入的方式因游戏内容的不同而异。

（2）展开

展开环节是实现游戏目标的主要部分，由教师引导幼儿探索、体验游戏玩法，了解游戏规则，练习基本动作等。为此，教师要精心构思游戏情节、确定游戏规则、设计游戏细节等。

① 体育游戏情节的构思方法。体育游戏情节是根据游戏的动作或活动方式的特点而构思的，在游戏中主要起增加游戏趣味性的作用。构思体育游戏情节时，应从幼儿的身心特点出发，结合现实生活中幼儿感兴趣的事件和元素，围绕一个切入点展开设计。常用的构思方法有事件提炼法、故事借鉴法、角色衍

生法、器械相关法、知识模拟法和主题串联法。

事件提炼法是一种从现实生活事件中提炼游戏主题素材，构思游戏情节的方法，如"小小快递员""小伞兵"等。教师要努力培养自己的职业敏感，善于从现实生活事件中汲取有益的素材，从幼儿的兴趣热点出发，构思出相应的游戏情节。

故事借鉴法是根据故事内容来构思游戏情节，以故事表演为游戏表现形式的方法。教师可利用幼儿爱听故事、表演故事的特点，用拟人化的虚构手法来构思游戏情节。运用故事借鉴法构思体育游戏情节有两种情况：一种是直接借鉴于现有的故事，如"小蝌蚪找妈妈""三只蝴蝶"等；另一种是为设计游戏而创编的某些故事情节，如"小猫抓鱼""小动物打怪兽"等。

角色衍生法是根据游戏动作和活动方式特点，选择相关或相似的事件作为游戏角色，从而衍生出某种游戏情节的方法。例如，设计"爬"动作为主的游戏，可以考虑选用"小蚂蚁""小乌龟""小蜗牛"作为游戏角色，不同的角色可衍生出不同的游戏情节。

器械相关法是根据游戏使用的器械的特点来构思游戏情节的方法。利用体育器械和相关的道具，可以设计出相关的游戏情节来，如"小小滑冰运动员""走钢丝""盲人击鼓"等。

知识模拟法是根据一定的社会和自然知识，用模拟知识点的手法构思游戏情节的方法。根据不同的知识点可以设计出不同的游戏情节，如"秋风与落叶""雪花飘飘""红绿灯"等。

主题串联法是围绕某一既定的主题构思游戏情节，通过与主题相关的多个活动将多种游戏动作整合在一起，从而达到促进幼儿全面发展的教育目的。如大班"小小士兵训练营"，围绕"训练营"这个主题，可以设计"走木墩""过独木桥""钻山洞""爬攀登架"比赛等多个游戏情节。

在我们经常接触的体育游戏中，有接力游戏、追拍游戏、争夺游戏、角力游戏、猜摸游戏等。有游戏就有规则，不然就失去了游戏的内涵。通过讲解示范，运用最简单有效的方式让每个小朋友明白游戏规则至关重要。

② 体育游戏细节的设计。体育游戏细节的设计包括体育游戏分队和分配角色的方法，体育游戏启动信号的设计，体育游戏儿歌的编写等。

第一，体育游戏分队和分配角色常用的方法有以下五种。

指定法：即教师直接指定、暗中指定或儿歌指定的方法，也可由游戏者中的分配人指定，分配人可由教师指定，可由幼儿推选，可由上次游戏的主要角色或获胜者当，也可由小组的组长当。

随机法：有报数法、抽签法和游戏法。报数法即按分队数报数，报数相同的为一队。游戏法是借用一些能随机产生角色的小游戏作为分配游戏角色的方法。

猜拳法：通过一定形式的猜拳，按输赢结果来确定游戏角色的方法，如"石头、剪刀、布"等。

民主法：由游戏者民主推选主要角色的方法。

轮流法：由游戏人轮流当主要角色的方法。

第二，体育游戏启动信号的设计常见的方法有以下五种。

发令法：由教师或主要角色发起启动信号的方法。启动信号可以是声音信号，如语言、口哨、铃鼓等；也可以是动作信号，如做手势、挥动小旗等。

问答法：由游戏者之间的问答来产生启动信号的方法，一般是接收信号人问，发出信号人答。例如"老狼老狼几点了"，幼儿问，"老狼"答，当"老狼"回答"天黑了"，就发出了启动信号。

儿歌法：游戏者一起念儿歌，儿歌结束就是启动信号。

猜拳法：通过猜拳确定角色，猜拳的结束也是启动的信号，如胜者跑、负者追。猜拳法既包括分配角色活动又包括启动信号活动。常用的有手势猜拳法、双脚跳跃猜拳法、模拟动作猜拳法。

乐曲法：以某种乐曲的出现、停止或变调作为游戏者开始或变化活动内容的启动信号。

第三，体育游戏儿歌的编写。

体育游戏的儿歌要能体现体育游戏的特点，内容包括游戏动作方法、游戏活动内容以及对游戏情节和游戏活动本身的描述等。编写儿歌要求内容健康、具体形象、浅显易懂、节奏明快、合辙押韵，同时也要体现体育游戏的特点，有反映游戏动作和活动内容的成分。游戏中运用儿歌一般是在游戏启动阶段说儿歌，如"小花猫学本领"等，或在游戏中伴随着练习说儿歌，如"人枪虎"等。

（3）结束

以何种方式在何时结束游戏，对一个好的体育游戏活动来说也是必要的组成要素，值得教师认真考虑。结束部分主要是让幼儿从快乐的游戏中逐渐恢复到相对安静状态，通过不同放松方式调节心肺功能，如做一些身体放松的动作或较安静的游戏。然后，对本次游戏进行简单评价，评价时应肯定和表扬幼儿的努力与成功，让幼儿在愉快的情绪中自然而然地结束活动。最后，积极鼓励幼儿参与器材的收拾与整理，让幼儿养成做事有始有终的习惯。

5. 游戏规则

体育游戏规则是关于动作的顺序以及在游戏中被允许或被禁止的动作的规定。规则是体育游戏顺利开展的重要保障，而规则的恰当性是游戏者遵守规则的重要前提，因此，制定体育游戏规则要考虑幼儿身心发展水平和特点，要考虑幼儿在游戏中身体需达到的一定运动负荷。所制定的规则应力求恰当合理、简单明确，奖励措施恰当，并明确合理与犯规的界限以及对犯规的处理方法，从而有利于游戏的顺利开展与进行。

6. 游戏建议或注意事项

游戏建议可从以下三个方面进行：一是说明游戏的适用范围，即游戏适用的活动场地、所需用的材料等；二是考虑游戏中可能出现的问题，针对这些问题提出注意事项；三是提出游戏的其他玩法。例如，"老狼老狼几点了"的游戏建议是：

第一，游戏时扮演老狼的幼儿需戴上老狼头饰，其他幼儿戴上小羊头饰。

第二，游戏最好在室外进行，在场地上画一个大圆圈。

第三，小羊与老狼问答时必须往前走，不能停留，老狼回答几点钟时不能回头看。

第四，场地上的大圆圈也可改成横线等。

（三）幼儿园体育游戏的组织实施

1. 选择适宜、富有趣味的内容与形式

幼儿由于天性好奇、好动、好模仿，如果只是采取简单、呆板的游戏形式，难以激发幼儿参与的兴趣与热情。在组织体育游戏时，要遵循幼儿的年龄和身心发展特点，把握好运动量，保证场地和器材的适宜性。同时，还要注重体育游戏情节的构思，使游戏情节不仅符合身体锻炼的要求，而且符合幼儿的兴趣和知识经验，能够为幼儿留下想象和创造的空间，并具有教育意义。

2. 重视活动前的热身运动

热身运动是开展体育游戏之前必备的环节。热身运动可以活动肢体，滑润关节，促进循环，舒畅肌肉，使身体更好地适应接下来的主要活动。幼儿身体机能不及大人完善，因此对他们来说，热身运动环节更加重要，一般的热身运动包括头部、肩部、臂部、腰部、腿部、胯部、踝关节、腕关节的活动，有时根据需要还可以加入高抬腿、原地小跑步等动作。在具体的体育游戏中，幼儿哪个部位的关节使用频率较高、较强，在游戏开始之前就应增加这一部位的热身程度。如"小蚂蚁运粮食"的游戏对手腕的支撑力要求较大，因此必须对手腕关节做较多的热身，以免造成伤害。此外，热身运动最好能配以节奏明显且轻快的音乐，并由教师创编一些与游戏情节和内容相关的简单动作，能更好地吸引幼儿的积极参与。

3. 游戏时应注意的事项

在游戏过程中，教师除了依据目标，运用生动有趣的方式开展之外，还要注意以下四个方面。

（1）讲解应精练、恰当、准确

在开展新的包含若干情节与场景的游戏时，教师要重点讲解游戏动作和规则。对于竞赛性、躲闪性、器械类、球类等无主题游戏，教师对动作和规则的讲解则应简短、精练、准确，有时可适当示范。同时，教师的讲解还要充分考虑幼儿的年龄特征与接受能力：对小班幼儿，教师要用富有感情的语调在游戏进行中讲解，以引导小班幼儿特别注意某一动作和规则；对中、大班幼儿，教师应多组织主题游戏和模仿性游戏，教师讲解的语言要生动、形象，以激起幼儿的想象与情感，让他们身临其境，从而能更逼真、有效地做好各种动作，完成游戏的任务。

（2）注意培养幼儿的自主性和规则意识

幼儿活泼好动，易兴奋，自觉性、自制力及坚持性都比较差，教师要时刻注意采用多种方法帮助幼儿在游戏过程中控制自己的行为，养成良好的规则意识。对幼儿出现的违规行为，教师可用简单的语言引导幼儿发现问题并改正，也可使用事先规定的一些惩罚（如暂时取消游戏资格、表演节目等）。对中、大班幼儿，教师还可以根据游戏中幼儿表现出来的典型问题，大胆放手，引导幼儿自己思考应该建立怎样的规则，并在游戏中认真执行，互相监督，以有效增强幼儿的自主性和规则意识。

（3）注意观察幼儿的游戏行为

在体育游戏中，教师要通过认真观察了解这项活动是否适合本班幼儿的发展水平；了解这项活动的器械、场景布置、规则等是否便于幼儿锻炼，并根据观察的结果及时调整活动的目标和方向，选择适当的器械与场景，以使幼儿能积极主动地参与到活动中来，得到有效的锻炼。根据幼儿喜欢冒险，对有一定难度的活动较感兴趣的心理特点，教师在观察中还要注意发现和及时捕捉幼儿的兴趣点，让它生成下去，并让幼儿在活动中挑战自我，得到进一步发展。此外，教师还要对本班幼儿进行个别化观察，对发展水平、能力不同的幼儿提出不同的要求，并有针对性地对幼儿进行个别化的指导，在幼儿有需要时能给予必要的保护和帮助。

4. 在愉快的气氛中结束游戏

以何种方式在何时结束游戏，对一个好的体育游戏活动来说也是必要的组成要素。一般来说，在全班幼儿情绪较为高涨，还未感到很累的时候结束游戏最为合适。此时结束游戏，能让幼儿回味游戏的过程，期待下次游戏的到来。

总之，在体育游戏中，教师始终扮演着观察者、支持者、合作者、引导者的角色。在尊重幼儿的前提下，应能适时、适当地提供帮助与指导，能有效地鼓励幼儿运用已有的经验，不断寻求新的游戏方法，在提高幼儿基本运动能力的同时，促进其智力因素和非智力因素的协调发展，使幼儿喜欢运动，乐于参加运动。

五、各年龄班体育游戏的特点与指导

（一）小班

1. 小班体育游戏的特点

3～4岁幼儿身心发展水平有限，理解能力较弱，行为控制能力不足，规则意识淡薄。注意力易分散，行为受情绪影响大，集体观念、相互配合的能力较差。基本动作技能处于形成初级阶段，体力较小，动作的协调性、准确性、稳定性及耐力差，速度意识和竞争意识缺乏，活动不够自如。满足于游戏的趣味性和娱乐性，不完全理解输赢的意义，对游戏的结果不太在意。

　　小班应选择内容和情节都比较简单、短小、身体动作技能要求低且具有趣味性、娱乐性的体育游戏。游戏中排除无关刺激的干扰，运用故事角色、有趣的游戏过程提高幼儿参与兴趣，发展动作技能。如"小蚂蚁运粮食""小兔种萝卜"，让幼儿模仿蚂蚁爬、小兔跳的动作，能激发小班幼儿参与体育游戏的积极性。借助音乐、指令等辅助手段提醒幼儿理解、遵守游戏规则。在体育游戏"网小鱼"中，幼儿满足于自己拿着网去网"小鱼"的过程，至于自己是否网住了"小鱼"或被网住的结果不在乎，有的"小鱼"被网住，还很高兴地从网中跑出来继续游戏。这时教师应提醒幼儿遵守游戏规则：被网住的"小鱼"要站到旁边，不能再参加本次游戏，让幼儿在享受游戏乐趣的过程中，理解游戏规则。

2. 小班体育游戏的指导要点

（1）走

① 双脚交替自然走：挺胸，躯干正直，眼看正前方，摆臂自然协调，步幅大而均匀，落地较轻，脚尖向前。

② 向指定方向走：设定比较感兴趣的标志物。

③ 持（拖）物走、沿圆圈走、模仿动物走、在指定范围内四散走。

④ 一个跟着一个走：排队走注意保持队形，不掉队，和同伴玩走步游戏。

（2）跑

① 双脚交替自然地跑，能快跑15米左右：步子迈开，落地轻柔，躯干正直稍前倾，两臂握拳屈肘前后自然摆动。

② 向指定方向跑：设立标志物，身体前倾向前跑动，体会腾空感，两臂自然前后摆动。

③ 走、跑交替100米：听到跑的指令，下肢迅速蹬摆做出跑的动作，同时两臂屈臂前后摆动，身体稍向前倾；听到走的指令，迅速由跑转变为走，并调节呼吸。

④ 一个跟着一个跑、持物跑、在指定范围四散跑、追逐跑：强调跑的限制条件，追逐跑时追者要求其讲究方法，逃者要求其有躲闪能力。

（3）跳跃

① 纵跳：轻松自然双脚同时向上跳，屈膝预摆，蹬伸充分，落地缓冲。

② 能单脚连续向前跳2米左右：轻松自然双脚同时向前跳、屈膝预摆，身

体前倾，两脚同时起跳，同时落地。

③ 从25厘米高处往下跳：注意身体平衡，落地缓冲。

（4）投掷

① 单手自然向前投物，屈臂肩上投掷，能单手将沙包向前投掷2米左右。

② 双手向上、前、后方抛球，双手滚、接、拍球：腕指放松，五指自然分开，用伸肘屈腕、屈指力量抛、滚、接、拍球。

（5）钻爬

① 手、膝着地自然协调往前爬，倒退爬：爬时侧重点在两手、两膝的离地顺序上。

② 在65～70厘米高的障碍物下钻来钻去：钻时低头、弯腰、屈膝，做到钻时先屈腿，边钻边移重心，身体不触及障碍物。

（6）平衡

双手张开调节身体平衡，走窄道（平行线）、走平衡木、走低矮的斜坡，走时不害怕、紧张，步幅小，抬腿低，眼看正前方。

（二）中班

1. 中班体育游戏的特点

4～5岁幼儿注意力和自我控制能力较小班有明显的发展，对规则的理解能力增强，有一定的规则执行能力。理解输赢的意义，开始注重游戏结果。体力逐渐增强，动作的协调性、准确性、灵活性有一定的提高，平衡能力和独立活动能力也有明显发展。比较喜欢有情节、有角色、有追逐性的游戏，对游戏的结果开始有所关注，希望自己能获胜。

中班可以开展一些无故事情景的体育游戏，增设一些竞赛性体育游戏。在游戏中鼓励、表扬遵守规则的良好行为，强化规则意识。不过分表扬赢的幼儿，保护游戏失败幼儿的自尊心和对游戏的兴趣、积极性，减少游戏失败带来的不良影响。

2. 中班体育游戏的指导要点

（1）走

① 按节奏上下肢协调地走：侧重左、右脚落地时机（老师必须有口令提示），再则强调摆臂为对侧臂前后摆动。

② 听信号有节奏地走、变速走、变方向走：设定的信号在游戏前让每一个

幼儿都能了解，以便在游戏中作出相应的速度、方向变化，加速走时，要求步子比慢走时要小，但频率要快，手臂的摆臂速度也加快。

③ 跨过障碍物走、掌握蹲着走、倒退走、上下坡走的方法。

（2）跑

① 按节奏上下肢协调地跑、绕过障碍物跑：强调脚的蹬伸和摆动的协调，以及两臂的摆动和躯干转动的协调，如步子大些，落地轻些，摆臂用力些。

② 走、跑交替：走、跑交替200米。

③ 在一定范围内四散追逐跑：强调限制条件——指定范围的基础上，再提出更高的要求。

④ 追逐跑：快跑20米，强调下肢的蹬、摆充分，步幅要大，步频要快，摆臂要用力，上体稍前倾，目视前方。

（3）跳跃

① 纵跳：自然摆臂原地纵跳触物（物体离幼儿举手指尖20厘米），强调落地时要屈膝缓冲，突出纵跳触物的特点，要求垂直上跳，掌握手触物时机。

② 能单脚连续向前跳5米左右：直线两侧行进跳，强调髋的预摆，改变运动方向。

③ 从高处往下跳：从30厘米高处往下跳，屈膝预摆，身体稍前倾，落地轻，注意身体平衡。

④ 立定跳远：跳距不少于30厘米，预备——腿稍屈，臂后摆，上体稍前倾；起跳——腿蹬直，臂向前摆，展体，使身体向前上方跳起；落地——屈膝全蹲。

⑤ 助跑跨跳：跳距不少于40厘米，向前跑动中单脚起跳，蹬地用力，方向要正，在空中瞬间滞留前弓步，摆腿落地后，不要骤停，应继续向前跑几步。

（4）投掷

① 肩上挥臂投远：预备时能转体引臂，投时能转体挥大臂带动小臂将投掷物向前上方投出。能单手将沙包向前投掷4米左右。

② 抛传球：两手握球的两侧，持球于腹前，两腿稍屈，上体稍前倾，抛出时，蹬腿、展体，挥臂屈腕将球抛出。

③ 双手接球：正确判断球的方位、速度、距离，及时向来球方向伸臂迎球，做好接球手形，各种接球动作的手心都应正对来球，球触手后，双手要及

时后移以缓冲来球。

④ 自抛自接球：抛球方向要正，高度要符合自己的接球能力；接球时手张开掌心向上，接高球时球触手后要缓冲；左右手拍球。

（5）钻爬

① 手、脚着地爬：蹬伸腿时，膝部应边蹬伸边随着臂的推撑力量前进，爬时仰头前看。

② 能侧面钻过较低的障碍：钻爬过较长的障碍（洞），低头、弯腰、屈膝。

（6）平衡

① 走平衡木：在宽20厘米、高30厘米的平衡木上走，走时双手侧手举调节身体平衡，走步时步幅小，摆腿低，单腿支撑的时间短，上体直，眼看正前方。

② 自转：原地自转3圈不跌倒，以前脚掌为轴旋转，脚跟提起，脚腕用力挺直，上体正直，头正，以髋、腰转动带动上体，双臂自然摆动帮助身体转动。

③ 闭目向前走：闭目向前走10步，闭目前应先对准目标正面站立，并记住目标的方位，走时身体要正、颈直，出脚后方向要正，向前移动步幅小。

（三）大班

1. 大班体育游戏的特点

5~6岁幼儿伴随着知识经验的不断增加，理解能力、注意力和行为控制能力有了进一步提高，规则意识和自主游戏能力增强。基本活动能力已有较好的发展，能较熟练地掌握各基本动作要领，体力更充沛，动作更加协调、灵活、准确，动作技能水平进一步提高。喜欢有胜负结果的游戏，对游戏的结果十分关注。

大班幼儿可增加体育游戏难度，鼓励幼儿创造性地开展游戏。竞赛性的追捕游戏可增多，游戏的动作、难度可加大，游戏中的情节和角色之间的关系可更复杂些。在游戏"炸碉堡"中，幼儿扮演解放军爬过"铁丝网"，跳过"小沟"，攀过"围墙"，来到"碉堡"前，当教师扮演的"敌军"出现时，幼儿趴着不动，"敌军"走了，幼儿才能把"炸弹"投向"碉堡"，这就要求幼儿具有敏锐的观察力与快速的反应力，并能与"敌军"巧妙斡旋，引开"敌军"的视线，找到投"炸弹"的机会。在该游戏中，幼儿需随游戏的故事内容、情节变化而创造性地开展游戏。

大班体育游戏中的规则不一定需要教师的完整示范讲解，但可以有重点、有针对性地借助于图表、符号等方式讲解。也可鼓励幼儿自创游戏规则。

2. 大班体育游戏的指导要点

（1）走

绕障碍曲线走，强调限制条件——绕障碍，步幅大而稳定、均匀、落地轻柔、姿态端正，摆臂自然协调。

（2）跑

① 绕障碍曲线跑：以弧形跑为例，类似弯道跑，要求在跑动中身体重心稍向内倾；以折线跑为例，在跑动中要注意变换方向，所以应控制身体的重心，在快接近改变方位的时候，应放慢速度，注重急停和起动。

② 走、跑交替：走、跑交替300米。

③ 快速跑：快速跑25米。

④ 接力跑：有圆圈和直线接力跑，强调小组成员之间的协调与配合，对胜负的关心。

（3）跳

① 纵跳：能用力蹬地纵跳触物（物体离幼儿举手指尖25厘米），起跳前蹬地要用力，手臂要求预摆，这样就会增加纵跳的高度。

② 能单脚连续向前跳8米左右。

③ 立定跳远：跳距不少于40厘米。

④ 助跑跨跳：跳距不少于50厘米。

⑤ 助跑跳远：跳距不少于40厘米，单脚起跳，双脚同时落地。

⑥ 助跑屈膝跳垂直障碍：能连续向前跳跃多个高40厘米、宽15厘米的障碍，跳垂直障碍时前上方的方向应侧重于"上"。

（4）投掷

① 投远：半侧面能单手将沙包等掷过5米左右，预备时能侧向站立，重心落于后腿，引臂向后，投时能全身协调用力将沙包向前上方投出，能控制出手的方向和角度。

② 投准：投准（篮）练习、套物、运球、踢球、肩上挥臂投准靶心。侧重于手腕用力控制方向。

（5）钻爬

① 匍匐爬：蹬伸腿时，膝部应边蹬边转，防止臀部隆起。爬时应仰头前看，用鼻呼吸。

② 钻：能侧身、缩身钻过50厘米高的拱形门，侧对拱形门，离拱形门远的腿蹲，近的腿向拱形门下伸出，低头，弯腰，然后伸后腿，屈前腿前移重心，同时转体钻过。

（6）平衡

① 在平衡木上走：在宽15厘米、高40厘米的平衡木上变换手臂动作（叉腰、平举、上举等）走。

② 自转：两臂侧平举闭目起踵自转，两手侧平举控制身体在起踵后的平衡，两前脚掌依次为轴心进行转动，头正，闭目，以髋、腰转动带动上体进行旋转。

③ 单脚站立：两臂侧平举单脚站立时间不少于5秒钟，重心落在支撑脚上，上体要收紧（挺胸收腹头要正，眼看前方），两手侧平举，控制身体平衡。

第 五 章

幼儿园创造性游戏

第一节　幼儿园表演游戏

一、表演游戏概述

（一）表演游戏的含义

表演游戏是幼儿根据故事、童话、儿歌等文学作品或动画以及幼儿自编故事等文艺作品的内容，扮演角色，运用对话、独白、动作、表情等创造性地进行表演，再现文学（艺）作品内容的游戏。

（二）表演游戏的特点

1. 游戏性与表演性同时存在

表演游戏是一种创造性游戏，它与其他游戏一样，幼儿可以自主地选择游戏的主题、内容，决定游戏的难易程度，并按自己的意愿开展游戏。幼儿通过表演一个又一个文学（艺）作品，在游戏中享受着表演和成长的快乐，因此表演游戏具有游戏性。同时，表演游戏还具有区别于其他游戏的根本特征——表演性。幼儿利用语言、动作、表情、道具扮演文学（艺）作品中的角色，体验角色的情感，创造性地再现作品内容，幼儿的表演与作品紧密相联。幼儿对作品人物的理解越深，生活经验越丰富，幼儿的表演就越生动，表演水平也就越高。

2. 游戏性重于表演性

游戏性和表演性是表演游戏具有的双重特点，但幼儿是因为"有趣""好玩"才聚在一起"玩"，他们自导自演、自娱自乐，可以没有"观众"。因此，表演游戏的本质是"游戏"而不是"表演"。幼儿进行表演时，可以根据自己的喜好与理解对故事中的情节、角色进行增减，可以用日常对话来代替作品中的语言，可以用嬉戏、夸张的方式创造性地表演。表演性是幼儿在为自己高兴而饶有兴趣的表演过程中体现出来的，不是为了表演而表演。因此，表演游戏中，游戏性重于表演性。

（三）表演游戏的构成

表演游戏的三大基本要素是材料、角色和情节。

1. 表演游戏的材料

材料是表演游戏的物质支持，常见的表演游戏材料有舞台、布景、剧本、灯光、道具、服装等。

2. 表演游戏的角色

表演游戏的角色来自文学（艺）作品中各种各样的人物和动物，如美人鱼、白雪公主、七个小矮人、大公鸡、大灰狼等。幼儿通过语言、动作、表情创造性地扮演这些角色，体验角色的情绪情感。

3. 表演游戏的情节

表演游戏的情节主要来自文学（艺）作品，幼儿可以以作品中的情节为主要线索，根据自己的兴趣，结合自己已有的生活经验进行创编。

（四）表演游戏与角色游戏、戏剧表演的区别

1. 表演游戏与角色游戏的区别

（1）相同点

表演游戏与角色游戏都是创造性的游戏，它们都有角色，都是通过语言、表情、动作等扮演角色，在游戏中都会出现以物代物等创造性活动。

（2）不同点

①主题和内容来源不一样。角色游戏的主题与内容主要来源于幼儿的现实生活，如娃娃家、医院、超市、银行等。表演游戏的主题与内容主要来源于故事、童话、儿歌等文学（艺）作品，如白雪公主和七个小矮人、三只小猪、拔萝卜等。②角色不一样。角色游戏的角色来自现实生活中的人物，如爸爸、妈妈、服务员、警察、老师等。表演游戏中的角色来自文学（艺）作品中的人物和动物，如金鱼、渔夫、公主、老太婆、小狗、小猫等。③结构性不一样。角色游戏的结构性弱，游戏情节事先没有框架与"脚本"，幼儿可以自由选择游戏主题、自定游戏情节，在游戏过程中，幼儿还可根据需要切换游戏主题，丰富游戏情节，角色表现只需符合社会行为规则即可。表演游戏的结构性强，游戏的情节需以文学（艺）作品中的内容为主线，幼儿在游戏中需要以作品的情

节和人物形象约束自己的言行，不能随意改动。

2. 表演游戏与戏剧表演的区别

（1）相同点

表演游戏和戏剧表演在表演上都是依托于文学（艺）作品。两者都有角色扮演，且都是运用语言、表情、动作、体态等手段再现作品的一种活动。

（2）不同点

①本质不一样。表演游戏是幼儿自娱自乐的游戏，游戏中幼儿自导自演，自我陶醉，可以没有观众，虽然教师在幼儿表演过程中会有引导、支持，但表演游戏的本质是游戏。戏剧表演是在教师指导下按照一定的"剧本"进行表演的活动，它是一种演出，主要是演给别人看，必须有观众，其本质特点是表演性。②表演不一样。戏剧表演有一定的表演程序，要严格按照作品的情节和角色进行表演，台词、步调、表情要符合要求，不能随意改动。表演游戏是幼儿自主创造的游戏，不是专业角度的"训练"。幼儿表演时，可以加入自己的理解、喜好和社会经验，游戏中的语言、动作可以是幼儿自创的，游戏中的角色、情节甚至都可以根据幼儿的喜好进行删减和更改，孩子们的每一次表演都会呈现不一样的精彩。

（五）表演游戏的教育价值

1. 表演游戏加深幼儿对文学（艺）作品的理解

在表演前，幼儿要对作品的主题、情节、事件之初的因果关系、人物的性格特征有一定的了解；在表演中，幼儿会极力模仿作品中角色的语言、动作，表达角色的个性特征以及角色与角色之间的关系。幼儿通过一次次表演不仅熟悉了作品的内容，而且还体验作品中人物的思想感情，从而潜移默化地受到美的启迪和艺术熏陶。

2. 表演游戏提高幼儿语言表达能力和动作表现能力

文学（艺）作品中的语言优美、生动，幼儿在表演游戏时要熟悉作品人物的语言，并创造性地按照所扮演角色的语言进行角色间的交流与合作，这使幼儿接触大量的艺术语言，从而丰富幼儿的词汇，发展幼儿的语言表达能力。表演游戏为幼儿提供了丰富的语言刺激环境与语言运用环境，让幼儿的语言更丰富、生动、规范。

在表演游戏中，幼儿要富有情境地塑造人物形象，除了运用语言外，幼儿还要辅以动作、体态、表情才能进行生动的表演。例如，扮演大灰狼的角色，不仅需要低低的、粗粗的声音，而且还要有张牙舞爪的动作才能表现大灰狼的凶狠。表演游戏可以很好地促进幼儿动作表现力的发展。

3.表演游戏促进幼儿想象力和创造力的发展

表演游戏是充满想象力和创造力的游戏。幼儿根据作品进行表演时，需要丰富的想象力和创造力去塑造人物形象，以作品中某一特定角色的身份、语言、思想来进行角色之间的交流、合作，创造性地发展情节。幼儿的想象力越丰富，表演也就越生动、有趣、逼真。

幼儿进行表演时，除了要扮演一定的角色，还要使用一定的道具以及舞台布景。这些道具和布景要求幼儿创造性地以物代物，甚至以人代物（如幼儿扮演一棵树）。因此，表演游戏可以促进幼儿想象力和创造力的发展。

4.表演游戏丰富幼儿的情绪情感体验

表演游戏是幼儿自娱自乐的游戏，参与游戏本身就能感到快乐、有趣，放松身心。在游戏中，幼儿扮演作品中的角色，呈现角色的思想、情感、对话和动作，既可以满足幼儿成为某个人物的愿望，也可以体会到角色的高兴、愉悦、惊喜、生气、伤心、害怕、紧张、失落等情绪情感。让幼儿学会设身处地，站在他人角度思考问题，丰富幼儿的个性品质。

5.表演游戏促进幼儿社会性发展

表演游戏既可让幼儿学习各种语言，发展交往能力，同时通过表演还可学习动作、表情等非语言的交往技巧。幼儿通过表演健康、积极向上的作品能领会文学作品的思想情感，明确是非观念、知善恶美丑，学会关心友爱、互助合作，并潜移默化地用这些观念来指导自己的日常行为。

表演游戏是幼儿共同的游戏。在游戏中，幼儿要与同伴协商角色的分配，讨论表演环境的布置，情节的发展，在与幼儿交流、合作的过程中，幼儿既可以体验人际交往的快乐，也会出现分歧矛盾。幼儿进行协商处理、学习解决矛盾的过程，也是提升自己社交技能的好机会。

（六）表演游戏的类型

幼儿园主要的表演游戏形式有故事表演、童话剧、歌舞剧等。根据幼儿在表演游戏中使用的辅助材料，可将表演游戏分为以下四种类型。

1. 幼儿表演

幼儿自己作为演员,扮演作品中的某个角色,以幼儿的语言、表情、动作创造性地再现作品的内容。常见的有歌舞剧表演、童话剧表演、故事绘本表演、双簧表演等。

2. 桌面表演

幼儿在桌面上,以玩具材料来代替文艺作品中的角色,以幼儿的语言、操纵玩具材料展现角色的动作,再现文艺作品的内容。

3. 木偶表演

木偶表演是由演员操纵木偶再现作品内容的游戏。木偶形象夸张、造型生动有趣,木偶艺术精美绝伦,深受幼儿的喜爱。木偶表演体现"以物象人"的表演特性,即幼儿被幕布遮住,操作木偶,再现作品内容。常见的有提线木偶、布袋木偶、手指木偶、棍杖木偶。

4. 皮影戏表演

皮影戏,又称"影子戏"或"灯影戏",是指在灯光作用下,以兽皮或纸板做成的人物剪影来表演作品内容的游戏。在表演时,幼儿作为演员在白色幕布后面,一边操纵皮影戏人物,一边讲述故事,皮影戏离奇有趣,变化多端,深受幼儿喜爱。

二、表演游戏环境创设

(一)物质环境

1. 表演游戏的舞台空间创设

幼儿园表演游戏的空间需足够大,其表演舞台既可设在室内,也可设在室外。

(1)室内

表演游戏常利用班级活动室的一角来开展,对其进行空间规划时,应避免与其他安静区为邻,以免干扰其他区域游戏。表演游戏所需场地一般不得少于6平方米,它要有一定的舞台供幼儿进行表演,舞台的设置力求简单易行,可用小椅子围起来设置小舞台,或用标记分出"台上"和"台下"即可。有条件的幼儿园可以开辟专门的活动室作为表演游戏的固定场地,并把场地设置成三大块:舞台区——供幼儿进行表演;观众区——供观众进行观赏;服装道具区——用于分门别类存放表演游戏材料并进行化妆。还可为幼儿设置专门的木偶剧、皮影戏的小舞台，以增加表演游戏的兴趣。同时，也可以利用幼儿园的小舞台、音乐室，作为表演游戏的场所。

（2）室外

室外表演游戏场地相对于室内更加宽敞、开阔，且可以充分利用幼儿园的自然景观设置表演的舞台和布景，使幼儿深深地沉浸在游戏情境中，更能激发表演欲望，唤起幼儿的角色意识。幼儿园的过道、走廊、拐角、宽敞的绿草地等也可巧妙利用作为表演游戏的场地。

2. 表演游戏的时间安排

表演游戏是幼儿十分喜爱的游戏，幼儿园可以安排专门的时间段，或利用自由游戏活动时间以及区域活动时间，保证幼儿每天有充足的时间来开展表演游戏。

3. 表演游戏的布景设置

表演用的布景应简单经济实用，只要能起到烘托情境、渲染气氛的作用即可，过大过重过繁的舞台布景反而会过多吸引幼儿的注意力，导致幼儿思维分散，影响表演游戏的顺利开展。制作布景应根据幼儿的年龄特点，造型宜夸张、色彩要鲜明，可以结合美工区，让幼儿自己设计、制作。

4. 表演游戏的服装和道具

服装和道具是表演游戏重要的物质材料，是表现角色特征的显著标志。它不仅能激发幼儿参与表演游戏的欲望，还能影响到游戏的趣味性、戏剧性和象征性。

教师应为幼儿提供多种多样的服装和道具以满足幼儿表演游戏的需要。幼儿园表演游戏常见的服装和道具主要有：人物角色（如爸爸、妈妈、爷爷、奶奶、小孩等）的头饰、服饰、道具，动物角色（如小猫、小狗、老虎、狼、羊、鱼、鸡、鸭、狐狸等）的头饰和道具，童话故事中各种人物角色（如公主、国王、王子、七个小矮人、孙悟空、猪八戒、唐僧、渔夫等）的服装和道具。此外，还可为幼儿提供纸偶、布袋偶、桌面教具、各少数民族服装，以及角色在故事中所携带的篮子、棍子、食品、腰带、纱巾、眼镜、包包、胡子、围裙等辅助道具。

服装和道具应力求简便，易于操作。教师可投放一些日常收集的包装袋、彩带等各种废旧材料以及幼儿平时玩的各种主题玩具，便于幼儿随时根据需要创造性地进行装扮与替代。中、大班可组织幼儿利用无毒、无害的环保材料自己制作服装和道具，或者平时在美工区自己制作，不一定要购买成套的高级材料或者特别逼真的面具。自己制作的表演游戏材料简单、透气、经济、实用，而且制作游戏材料的过程既是幼儿玩的过程，也是幼儿学习的好时机。

5. 表演游戏材料投放的注意事项

（1）材料投放要根据幼儿的年龄特点和表演游戏的需要

不同年龄段的幼儿认知发展水平和社会性发展水平不一样，对材料的种类、数量以及操作使用要求都会不一样，教师要有针对性地投放。针对年龄小的幼儿，教师应尽量提供简单、高结构性材料，且不宜一次性投放过多、过杂的材料，以免分散幼儿的注意力，使幼儿的兴趣从表演游戏转移到有趣的游戏材料探索上，而忘记材料是用来进行表演的。针对年龄大的幼儿，教师应尽量提供半成品、原材料、废旧物品，组织幼儿参与表演游戏环境的创设。

（2）材料投放应尽量简单、形象

幼儿对参与表演游戏的兴趣以及对角色塑造的形象性在一定程度上取决于所投放的游戏材料。教师应为幼儿投放简单、形象、表现角色显著特征的游戏材料，激发幼儿参与游戏的兴趣，提醒幼儿按照角色要求进行表演。例如，《小红帽》中的大灰狼角色，教师可提供大灰狼头饰和尾巴来表现角色的特征。头饰可用卡纸和颜料自己制作，而不一定非得花大价钱购买动物头饰，买来的头饰虽然形象逼真但是只露两个小眼睛，反而厚重、不透气，自己制作的头饰简单、方便佩戴。尾巴可用黑色或灰色的塑料袋编制，这样的材料简单、形象、环保，幼儿表演也会更加投入。

（3）材料投放应分门别类、合理规划

游戏材料越丰富，幼儿的表演游戏选择就越自由，但若管理不当，也很容易出现材料多、乱、杂的现象，反而给游戏的开展带来很多麻烦。因此，教师要合理规划游戏材料的摆放空间，根据游戏材料的类型进行存放。例如，可把表演游戏所需要投放的材料与道具分为三类：第一类装扮角色所需的材料与道具（人物角色的头饰、服饰、道具，动物角色的头饰和道具，童话故事中各种人物角色的服装和道具，各种少数民族的服装与道具）；第二类场景布置所需的材料与道具（栏杆、花草、树、小房子、门等玩具模型）；第三类视听设备的材料与道具（录音机、音乐磁带、CD机等）。不同类别的服装可放在不同颜色的服装柜里，不同的头饰和道具可装进不同颜色的篮子里，并在每个柜子里和篮子上都配上实物照片进行标示，幼儿可以根据颜色和实物照片很快找到所需材料。游戏结束后，也方便幼儿分类存放和整理。

（二）心理环境

教师在为幼儿表演游戏创设环境时，除了要创设丰富的物质环境外，还应为幼儿提供宽松、愉快的心理环境。在游戏时，幼儿对故事情节有自己的理解，会根据自己的意愿对故事情节进行任意改编，这需要教师提供宽松、自由的游戏氛围，让幼儿进行大胆想象创造；幼儿也可能会出现玩弄游戏材料，而忘记了表演的目的，这需要教师亲切地提醒；幼儿由于表演技能不高，可能出现表情平淡、语言动作简单、欠缺细节、忘记台词、表演不够生动，这需要教师细心、耐心地指导。在表演中，教师要用宽容的心态对待幼儿的各种"差错"行为，切记不可用严厉的口气指导孩子，否则幼儿会觉得精神紧张，行为局促，表演无趣。

三、表演游戏的设计与组织指导

（一）表演游戏设计的原则

1. 综合性原则

表演游戏是一种可以整合多领域学习的理想途径。综合性原则是指在创编表演游戏时将科学、语言、艺术、社会多个领域整合于一体，同时这种整合并不是各领域内容的简单相加，而是一种自然的联系和渗透，从而使表演游戏具有更强的趣味性、系统性和发展功能，更贴近幼儿的实际生活。例如，通过表演游戏"昆虫怎样过冬"，幼儿不仅学习了如何从不同的渠道去获得信息、了解了各种昆虫过冬的知识，而且通过绘画、故事创作、表演游戏等方式把自己的知识表现出来。幼儿在游戏的过程中，获得了关于语言、艺术、社会、科学等领域的知识经验和情感态度。

2. 游戏性原则

表演游戏是幼儿自娱自乐的活动，它的性质是"游戏"。因此，教师在创编时，必须把握游戏性原则，让活动的难度与幼儿的能力相匹配，活动的方式和方法由幼儿自主决定，注重幼儿游戏性体验，不必担心游戏外的奖惩。

让幼儿在宽松、自由、愉悦的氛围中充分表现和发挥自己的主动性、积极性和创造性。

3. 自主性原则

自主性原则是指教师要确保幼儿拥有自由选择和自主决定的权利，即注重幼儿自己对文学故事的理解，角色的对话、动作、表情以幼儿理解和标准为主体。教师在指导幼儿游戏时，要按照表演游戏从一般性表现到发展生动性表现的规律，给予幼儿自主游戏、协商磨合的时间和空间，允许幼儿探索、讨论。教师在游戏中扮演更多的是幼儿游戏的支持者、引导者、玩伴，而不是指挥者、导演。

（二）表演游戏设计的基本思路

1. 选择表演游戏主题

幼儿表演游戏的内容主要来源于童话、故事等文学作品以及儿歌、动画片等文艺作品，少量来自幼儿根据生活经验而进行创造的作品。这些作品并非都适合幼儿进行表演，需要教师进一步筛选。选择表演游戏主题时，内容既要健康活泼，也要有起伏的情节、较多的对话。适合进行表演游戏的作品应具有以下特征。

（1）作品内容应健康有趣，具有教育意义，易为幼儿理解

教师要根据幼儿的年龄特征，选择思想内容健康、情节生动有趣、有教育意义并符合本班幼儿生活经验的作品。并与幼儿一起仔细理解作品内容，分析角色，帮助幼儿发挥想象，创造性地进行表演。

（2）作品内容应具有表演性，适合幼儿进行表演

首先，提供的作品要有一定的情境，即有一定的场面和适当的表演动作。适宜小班表演的作品最好只有一个场面且动作简单、具有重复性，如《拔萝卜》《小兔乖乖》等。中、大班表演的作品场面可略微增多，但一般不宜超过4个，要易于布置，道具简单，具有表演性，如《三只小猪》《狼和小羊》《三只蝴蝶》等。

其次，作品的情节应主线清晰、起伏明显。表演游戏的作品，情节主线要简单清晰，不能过于复杂，以便幼儿理解和记忆，但故事的情节要起伏明显，节奏发展快，重点突出，枝蔓不多，这样才能吸引幼儿进行表演，且易于表演。

最后，作品的语言应生动、有趣，并有适当重复。表演游戏的作品应有较多的对话，且对话要简明并能配备相应的动作，以便幼儿在游戏中边说边做动作，增加表演的生动性和趣味性。年龄越小的幼儿，语言的重复率应越高。

2. 确定表演游戏目标

幼儿表演游戏目标要以《指南》中艺术领域的总目标为依据，力求与幼儿园主题活动目标相整合。同时，应考虑幼儿的意愿和兴趣及本班幼儿身心发展水平。例如，大班表演游戏《三只小猪盖房子》的目标可确定如下。

第一，积极参与表演，尝试与同伴构思想象新情节的表演，掌握各角色的对话及动作。

第二，学习设计和布置游戏场景、自制简单的道具，学会正确使用和替代游戏材料。

第三，能与同伴协商、轮流扮演角色，合作做游戏。

3. 准备表演游戏材料，创设游戏情境

准备游戏材料，创设游戏情境是幼儿进行表演的前提，同样也是幼儿表演游戏的组成部分。创设与表演主题相关的舞台、布景、服装与道具均要体现简单、方便、实用，且因地制宜利用废旧物品进行设计与改造。在准备的过程中，教师不能包办代替，应邀请幼儿共同参与设计，充分发挥幼儿的主动性、创造性以及动手能力。

4. 设计表演游戏过程

幼儿表演游戏过程是一个从一般性表现到发展生动性表现的过程。设计表演游戏方案时要循序渐进，可以以故事导入游戏，让幼儿了解表演程序，提高幼儿表演技能，最后生动自然地进行表演。

第一次，讲故事、观看与故事相关的动画或其他形式的表演。目的是让幼儿熟悉作品内容、情节，掌握角色名称，创编角色动作，感受表演游戏快乐。

第二次，师幼共同游戏。进一步熟悉角色对话、作品情节，体验角色心理，在老师的带领下，学习角色的表演动作。与幼儿一起讨论演出程序：分配角色，选择、使用服装、道具，场景布置和出场顺序、台词表述及谢幕等一系列活动给幼儿一定的启示，塑造出各种生动活泼的艺术形象。

第三次，幼儿自主游戏。幼儿分配角色，选择服装、道具按照表演程序自主游戏。教师进行整体扫描式观察和个别重点观察，根据幼儿的需要，适时适度提供帮助。并利用幼儿的生活经验，提高幼儿的表演技能。

第四次，幼儿生动、自然地游戏。教师以观众身份，欣赏幼儿表演；用提问、建议的方式指导幼儿顺利演出；对幼儿的表演给予评价，充分肯定幼儿的演出，并针对可改进的地方，提出建议。

5. 总结与评价

评价既是对本次表演游戏活动的总结，同时也为下次表演提升经验。表演游戏结束，教师要组织幼儿对表演活动进行总结评价。评价方式可采用教师讲评、幼儿自评和同伴互评，评价的内容包括幼儿协商分配角色的方法、材料的使用、场景的布置、角色的表演艺术、情节的发展等。教师评价应注意以肯定和鼓励幼儿为主，让幼儿体验到表演的成就感。

（三）表演游戏的组织指导

1. 帮助幼儿理解文学作品的内容

理解文学作品的内容是进行表演的基础。教师可采取以下策略帮助幼儿理解文学作品的内容：①以声情并茂的语言和形象生动的表情动作为幼儿讲解作品，吸引幼儿进入作品情境，激发幼儿的表演欲望。②重复播放音频材料、幼儿动画片，激发幼儿的视听觉，帮助幼儿熟悉作品的内容。③以提问、讨论的方式加深幼儿对作品的理解。④以角色预演的方式，即幼儿随着故事的讲解同步、共同表演同一个角色，进一步加深幼儿对作品角色、情节的理解，为正式表演做好铺垫。

2. 指导幼儿分配角色

幼儿在表演游戏中，往往喜欢扮演主要角色，对于配角或反面角色却不愿担任。教师应引导幼儿认识到每一个角色的重要性，任何角色在表演游戏中都是不可缺少的，只有各个角色的协调配合才能使游戏顺利进行。分配角色时，教师应注意把握以下五点：①要尽量尊重幼儿的意愿，不能强迫幼儿去扮演他所不愿意扮演的角色，否则，将会伤害幼儿的积极性以及参与表演的欲望。②针对个别只想扮演主角的幼儿，教师可用说服教育，让他理解轮流担当角色的必要。③对于新的表演游戏，教师可根据幼儿表演能力的强弱，让能力强的幼儿先担任主角，再鼓励能力弱一点的幼儿担任主角。④当几个幼儿同时想扮演同一个角色时，教师可采用角色竞演的方法，即竞演前，采用1，2，3志愿的方式了解孩子对角色的想法，再共同竞演同一个角色，由老师、家长和幼儿投票选出人选。⑤不同年龄段幼儿，角色分配的方法不一样，小班可由教师指定角色，或幼儿自报角色以及多名幼儿共同扮演同一个角色，中、大班幼儿尽量让幼儿自己协商分配角色。

3. 指导幼儿表演的技能

（1）指导幼儿进行角色声音"化妆"

幼儿表演游戏中大部分的角色形象都是通过语言进行表现的，幼儿的语言表演技能越高，表演游戏也就越生动、有趣。教师可以从声音的高低、声音的速度快慢、声音的音量变化以及角色特征方面指导幼儿进行声音"化妆"。例如，大灰狼的声音粗犷、低沉，狐狸的声音又尖又细，小兔的声音细中透着乖巧。

（2）指导幼儿歌唱表演技能

幼儿的歌唱表演技能是指在表演游戏中，用自然好听的声音进行歌唱，不大喊大叫，吐词清晰，音调准确，能根据乐曲的节奏有感情地演唱。例如，"拔萝卜"中的老奶奶、老爷爷、小花猫、小狗、小女孩都会重复同一句台词"哎呀、哎呀，拔不动！"但他们的语气、语调、声调、表演却大相径庭。教师要引导幼儿提高表演技能，才能将作品中的内容生动形象地展示出来。

（3）指导幼儿形体表演技能

幼儿的形体表演技能包括人们日常生活中的动作以及动物的典型动作。教师在指导幼儿的形体表演时应把握以下要点：第一，要充分利用幼儿的生活经验，引导幼儿把生活中的经典动作迁移到表演中；第二，要求幼儿的步态、手势、动作等比日常生活要幅度稍大些，夸张点，以充分表现角色的特点；第三，观看动画等相关视频，让幼儿模仿动画角色的相关动作；第四，教师可做适当示范，供幼儿进行模仿。

4. 丰富幼儿的舞台经验

幼儿的舞台经验包括舞台空间认知经验、舞台表演与互动以及舞台行为情绪自我调控等。幼儿在表演之初，由于缺乏舞台经验，可能会遇到各种各样的困难，如在众人面前声音小，角色投入不够，不能认识舞台，缺乏舞台表演礼貌礼仪，紧张、胆怯、不自信、"人来疯"等。针对不同情况、不同年龄段的幼儿，教师要采用不同的方法帮助幼儿丰富舞台经验。

（1）幼儿对舞台空间的认知

教师可以结合幼儿园科学领域课程，让幼儿感知物体基本的空间位置与方位，理解上下、前后、里外、中间、旁边等方位，能辨别自己的左右。针对不同的年龄班，开展不同的游戏，帮助幼儿获得舞台空间感，如小班游戏"小孩小孩真爱玩"：小孩小孩真爱玩，摸摸舞台中央（幕布等）快回来。又如中班游戏"捉迷藏"，幼儿藏在不同的位置，一个孩子找，找到后，两个幼儿再一起去找其他幼儿，直到所有幼儿全部被找到，再讨论刚刚自己所藏的位置。再如大班游戏"我的地盘我做主"，每位幼儿在舞台上找到自己所在的位置，讨论如何站位。

（2）舞台表演与互动

教师可以结合幼儿园语言领域课程，让幼儿能根据场合调节自己说话声音的大小，愿意与他人讨论问题，敢在众人面前说话，体会作品所表达的情绪、情感。同时，还可以结合艺术、健康、社会领域的课程，促进幼儿与人交往、遵守规则、保持情绪愉快等社会性发展。

5. 观察与分析幼儿表演游戏中的行为

观察是了解幼儿表演游戏的窗口，是教师有效指导的前提。教师应善于观察幼儿在表演游戏中的表现，了解表演游戏的主题、角色、情节、材料等方面的发展情况，了解幼儿的兴趣与困难，并进行相应的教育分析，以便及时给予帮助与支持。教师在表演游戏中观察的主要内容有如下五个方面。

第一，幼儿的兴趣点。幼儿喜欢扮演什么角色，喜欢表演什么样的作品。

第二，角色的分配。是否能自主协商分配角色，是否一直担任主角或配角。

第三，表演游戏材料的使用。幼儿用什么材料装扮自己，如何布置表演场景等。

第四，对作品的熟悉程度。能否根据作品的内容进行表演，是否能理解作品中角色的对话，体会角色的情感等。

第五，幼儿的语言发展和艺术表现力。幼儿能否通过语言、表情、动作生动形象地进行表演。

四、不同年龄班幼儿表演游戏的组织与指导重点

（一）小班

1. 小班幼儿表演游戏的特点

小班幼儿的表演游戏主要是模仿学习，重在尝试、参与。小班幼儿的思维以感知运动为主，语言的发展还不够丰富和完善，处于简单句阶段。因此，在表演游戏中常常出现以下五个特征：①表演简单，多用动作进行表达。小班幼儿在表演游戏活动中，动作表现超过语言表达，年龄越小的幼儿，越倾向于用动作来表达自己。他们会乐此不疲地一遍一遍地重复一个简单的动作，并且自得其乐。例如，表演游戏《拔萝卜》，幼儿特别喜欢"拔萝卜"这一环节。②交往欲望较低，处于独立游戏和平行游戏阶段。小班幼儿由于其社会性发展水平不高，在游戏中同伴合作很少，基本上是各自演各自的动作。③喜欢简单、机械地重复故事中某一句有趣的语句。小班幼儿由于认知发展水平所限，他们不能完整地认知整个故事，只能对自己感兴趣的某个片段留下深刻印象。例如，表演游戏《小兔乖乖》，幼儿喜欢重复里面的两句话："小兔子乖乖，把门儿开开。快点儿开开，我要进来！""不开不开我不开，妈妈没回来，谁来也不开！"④喜欢玩各种材料并用材料装扮自己。例如，幼儿喜欢扎上丝巾、戴上头饰，拿着话筒，反复照镜子等。⑤表演游戏无目的性、无计划性，角色意识不强。

2. 小班幼儿表演游戏的指导

（1）教师应为幼儿选择适宜的表演作品

选择的作品内容应相对简单，情节少，语言简洁、精练，且重复较多的故事，例如，《小兔乖乖》《三只羊》《小蝌蚪找妈妈》《聪明的小白兔》等。根据幼儿的年龄特点，教师应对作品进行一定的修改，如有计划性选择作品中的某一段内容，让幼儿进行分段表演，使作品更适合幼儿的发展水平。

（2）教师指定或参与角色分配

小班幼儿的角色意识差，还不能有意识地分配角色，教师可指定角色。针对个别幼儿经常扮演主角，老师可以采用动员、轮流的方式让幼儿变换角色，也可以与幼儿共同参与表演游戏，在游戏中担任某一角色，以解决幼儿角色分配中的困难。

（3）指导幼儿准备表演材料

教师应帮助或带领幼儿准备道具材料，但不能包办代替。

（4）游戏前教师应做示范

小班幼儿的表演游戏基本上是偶然行为、旁观行为、独自游戏和平行游戏的结合，他们还没有足够的能力开展表演游戏，但他们乐于模仿成人的动作，因此教师生动热情的示范会引发幼儿对表演游戏的兴趣。

（二）中班

1. 中班幼儿表演游戏的特点

中班幼儿以具体形象思维为主，他们的语言、动作、认知、社会性等各方面的发展比小班有明显的进步。中班幼儿表演游戏主要有四个特点：①表演游戏的目的性不强。中班幼儿在游戏中以愉快为游戏目的，喜欢嬉戏打闹，容易忘记游戏任务，需要教师的提醒才能坚持游戏主题。②能有意识地进行角色分配，但角色更换意识不强，常常分配好角色，准备好道具、服装后，还不能立即进入表演游戏的情境。③表演的意识、能力不强，主要以动作和语言表现日常生活。中班幼儿主要以日常的语言、动作和表情来表现表演作品，说话的语气、语调较平淡，表情不够丰富。④重视材料和装扮，表演的计划性差。

2. 中班幼儿表演游戏的指导

（1）为中班幼儿选择有一定情节的文学作品

如《金色的房子》《小羊和狼》《三只小猪》《三只蝴蝶》《小红帽》《白雪公主》《人参娃娃》等。

（2）指导幼儿提高表演能力

教师可以与幼儿一起分析作品情节、角色的动作、表情、心理，帮助幼儿加深对作品的理解。同时，也可以扮演游戏中的某个角色，与幼儿协同游戏，为幼儿进行适当的示范，提高幼儿的角色意识。

（3）为幼儿提供适宜的游戏空间和时间

中班幼儿表演游戏的目的性、计划性差，且花费时间较多，因此，教师要为幼儿提供一个安全、有趣的表演环境，为幼儿准备封闭或半封闭的游戏空间，每次游戏时间不得少于30分钟，给予幼儿认同感和安全感。

（4）为幼儿提供简单易搭的表演材料

为中班幼儿提供的表演材料不宜过于复杂，种类不宜过多，这样可以避免幼儿花大量时间和精力去准备材料，也可以避免对中班幼儿的表演活动造成干扰。

（三）大班

1. 大班幼儿表演游戏的特点

大班幼儿生活经验越来越丰富，语言越来越流畅，动作越来越熟练，对周围事物的观察能力也越来越强，其表演游戏的三个特点如下。

（1）大班幼儿处于合作游戏阶段，游戏的目的性、计划性较强

与中班幼儿相比，大班幼儿在表演游戏中的嬉戏性和无所事事的行为明显减少。在游戏前，他们能对游戏进行计划，集中协商游戏的情节、出场顺序、规则、游戏材料、化妆等。在游戏中，幼儿能自觉表现故事内容，关注游戏的进展。

（2）具有一定的表演技巧，但表演水平尚待提高

大班幼儿能根据自己的理解塑造角色，在表演中他们会调整自己的语气、语调、动作、表情来再现故事内容，具有一定的表演技巧，但若没有教师的指导，大班幼儿还不能灵活、自如地运用形象逼真的动作等表演技巧来再现角色。

（3）具有一定的表演意识，能独立进行角色分配

大班幼儿能在角色分配上快速协商、达成一致，并根据角色选择服装和道具，运用相对符合角色的语调和表情进行表演。

2. 大班幼儿表演游戏的指导

（1）为大班幼儿提供情节比较复杂的作品进行表演

例如，《皇帝的新装》《渔夫和金鱼》《灰姑娘》《白雪公主和七个小矮人》《长大尾巴的兔子》等。

（2）指导幼儿进一步提高表演技巧

根据大班幼儿的年龄特点，教师要重点帮助幼儿运用夸张的语气、逼真形象的动作、生动的表情塑造角色。教师在进行指导时，不要急于插手、说教、示范，而要以幼儿自主探索为主，给予幼儿充分的讨论、协商，必要时以游戏者的身份提醒幼儿。

（3）丰富游戏情节、鼓励幼儿大胆想象

教师要帮助大班幼儿充实游戏内容，鼓励幼儿根据自己的想象和理解进行角色对话。

（4）提供种类多样、低结构性的游戏材料

为大班幼儿提供种类多样、低结构性的游戏材料，组织幼儿参与表演游戏环境创设，鼓励和支持他们进行多样化的探索。

第二节 幼儿园结构游戏

一、结构游戏概述

（一）结构游戏含义

结构游戏，又称建构游戏，是指幼儿利用生活中的各种结构玩具材料进行建筑与构造物体形象的一种游戏。结构游戏属于创造性游戏的一种，它是幼儿通过想象，再现现实社会生活中的各种物品及建筑物。

（二）结构游戏的特点

1. 创造性

结构游戏是幼儿按照自己的意愿，通过想象活动创造性地再现现实生活的游戏。游戏中，幼儿自主构思，触摸、摆弄结构材料，需要搭什么造型，如何进行布局，颜色如何搭配，都需要幼儿的创造性思维来思考。

2. 操作性

结构游戏材料是由各种无形象的结构元件构成。在游戏前，这些元件本身是没有意义的零件，通过幼儿拼插、建筑、构造、连接等基本操作，这些零件就组合成了具有造型特征的物体。在造型过程中，幼儿要直接动手操作，运用材料并根据自己的意愿进行改变和调整材料，直到构造出预期的建造效果，所以结构游戏是一种带有浓厚认知成分的操作性游戏。

3. 造型性

结构游戏常被人们称为培养建筑师、工程师的游戏。它的目的是通过操作材料塑造出物体的形象，以反映大自然和人类生活的美好景象。在进行结构游戏时，幼儿必须掌握造型的基本知识和简单技能，如色彩的搭配、建构的比例、形状的组合、布局的合理等，同时构造时还须考虑对称、平衡。因此，结构游戏具有造型性。

4. 象征性

结构游戏是一种具有象征性的活动,幼儿通过操作材料,建构作品来表现自己对周围现实生活的认识。例如,幼儿把积木堆高,说是房子;把积木铺平,说是广场;把积木排长,说是长长的马路。幼儿的建构作品简单、夸张、充满童趣。

5. 材料性

无材料便不成结构游戏,结构游戏以各种建造材料为依据,幼儿要借助多种多样的结构材料(积木、积塑、泥、沙、雪、金属部件等)进行操作,按自己的意愿进行想象构造,从而发展自己的想象力和创造力。

(三)结构游戏的教育价值

1. 促进幼儿认知发展

结构游戏是一种蕴含想象力和创造力的创造性活动。在游戏过程中幼儿运用多样化的结构元件,依照自己的意愿进行构思、动手操作、构造物体等,再现现实生活中的各种物品造型。这看似轻松、愉快的游戏活动,却要求幼儿在堆砌、排列和组合中,必须认识各种材料的性能,区别形体,学习空间关系(上下、左右、前后、高低)及整体与部分的概念。因此,结构游戏过程可以发展幼儿的观察力、目测力、形象记忆力、操作能力、想象力和创造力;同时可增加幼儿对图形、数(如对应、序列等)的概念,体验对称、平衡等造型知识。结构游戏可以启迪幼儿的智慧、开发幼儿的智能。

2. 提高幼儿审美能力

结构游戏是一种造型艺术活动。在游戏前,幼儿要感受自然和社会生活形态美;在游戏中,幼儿可以感知结构材料不同的形状美和颜色美,通过对结构材料构造可以表现物品各部分比例的协调美、对称美,在幼儿反复操作、推倒重来的过程中创造了变化多端的造型美;在游戏后,幼儿展示自己的作品,互相欣赏点评,升华审美感受。因此,结构游戏可以培养幼儿的兴趣和审美情趣,提高他们感受美、表现美和创造美的能力。

3. 塑造幼儿良好品性

幼儿期是性格形成的关键期。幼儿喜爱结构游戏,在游戏中幼儿充满快乐、愉悦,能体验到成就感。同时,构造过程中也会遇到困难,经历倒塌、不成形等失败，在幼儿反复操作，甚至推倒重来的过程中，可以磨炼幼儿认真、细致、勇于克服困难，坚持到底等良好的意志品质，这些良好习惯和品性的塑造可以让幼儿受益终身。

4. 增强幼儿动作训练

结构游戏是幼儿利用结构元件进行造型的游戏。在游戏中，幼儿需要动手动脑，不断地操作（排、放、拼插、叠高、整理等）结构元件，这有利于促进幼儿手部肌肉的发展，提高幼儿的手指协调性、灵活性及力量，同时还有助于发展幼儿的手眼协调，提高幼儿的感知运动能力。

5. 促进幼儿语言发展

在结构游戏中，幼儿共同进行游戏，拥有共同的任务、话题，却有着各自不同的意见和想法，他们在游戏中交流经验、交流想法，分享建构成果，有时也因同伴间的分歧而产生不愉快，甚至发生争执。这些都有助于发展幼儿的人际交往能力和语言表达能力。

（四）幼儿园常见的结构游戏

1. 积木游戏

积木游戏是指用各种积木材料所进行的结构游戏。积木是指以木头为材料而制作的结构游戏材料，积木的式样很多，主要有大、中、小型的彩色积木、空心积木、单元积木、动物拼图积木等，形状有圆形、半圆形、长方形、三角形等。积木游戏深受幼儿喜爱，是幼儿园的常见游戏。

2. 积塑游戏

积塑游戏是指用塑料制作的各种形状的片、块、粒、棒等部件，通过拼插、镶嵌等组成各种物体或建筑物的造型。常见的积塑材料有雪花积塑、百变积塑、齿轮积塑、块型积塑和插图积塑等。积塑轻便耐用、便于清洁，积塑游戏是幼儿园常见的结构游戏。

3. 积竹游戏

积竹游戏是指用竹子制作的各种大小、长短不一的结构元件进行构造物体的游戏。常见的积竹材料有竹片、竹筒、竹圈，有的材料上保留了竹子的原色，有的染上其他各种鲜艳的颜色，幼儿可以利用这些材料构造栩栩如生、富有情趣的物体，如飞机、公园、火车、房子等。

4. 拼棒、拼图游戏

拼棒游戏是指利用小棍、塑料管或用纸搓成纸棍等作为游戏材料，经过一定的卫生处理和色彩加工，利用无毒、无害胶水拼接成各种美丽形状的一种游戏。

拼图游戏是指用木板、纸板、塑料或其他材料制成的不同形状的薄片，按规定方法摆拼的一种游戏。传统的七巧板就属于拼图游戏。

5. 自然材料建构游戏

自然材料建构游戏是指用泥、沙、水、土、雪、石头等自然物所进行的构造物体形象的游戏。幼儿非常喜欢玩沙、玩水、玩泥、玩雪，这些自然材料属于不定型的建构材料，即无结构材料，幼儿可以随意操作，构造出他们想要的造型。自然材料游戏在自然资源丰富的农村幼儿园开展更为便捷，教师还应提供一些辅助材料，如模具、小铲、水桶等，幼儿其乐无穷。

6. 穿珠串线编织游戏

穿珠串线是指用线穿过各种大小、颜色、形状不同的珠子、细管等，通过连续穿、间隔穿等方法组合成各种物体。

编织是指用绳、带子、纸条等细长的材料，交叉组织起来变成一个物体形状，常用的编织法有穿插、圆心、打结等编织法。

7. 金属建构游戏

金属建构游戏是指利用金属制成的带孔长条、金属轮等材料构造物体形状的游戏。常见的金属构造材料有金属螺丝、金属螺帽、金属带孔长条、金属带眼薄片、金属轮、扳手、钳子等。金属构造材料适合在大班进行投放，幼儿可构造出各种车辆及建筑物品。

8. 废旧材料建构游戏

废旧材料建构游戏是指来自人们生活中的可用于游戏的废旧物品，拼出各种图形的一种游戏。常见的废旧材料有牛奶盒、雪糕棒、纸牌、纸箱、纸盒、矿泉水瓶、水管等。

（五）幼儿园常见的结构游戏构造方法

幼儿园结构游戏材料多样，所采用的构造方法也会出现多元化。各年龄段幼儿由于思维发展水平、手部肌肉以及手眼协调能力不一样，在游戏中，操作的材料和构造方法均有区别。一般来说，小班幼儿能用平铺、延长、围合、叠高、加宽、盖顶等方法构造简单的物体形象；中、大班幼儿能综合运用接插、镶嵌、排列、堆积、交叉、转向等方法构造较复杂的物体形象。

1. 接插、镶嵌

连接（单孔连接、多孔连接、交叉连接、间隔连接、围合连接），填平，组合（直接组合、间接组合）。采用此方法的主要是积塑型玩具材料，如齿轮积塑、雪花片、插塑块等。

2. 排列、堆积

排列（延长铺平、围合排列、间隔排列、拼图排列、对称排列），堆积（叠高、盖顶、拼搭台阶、砌墙、间隔堆积）。采用此方法的主要是积木型玩具材料，如空心积木、单元积木等。

3. 交叉

十字交叉、架空交叉。此方法主要用于积木之间的穿梭建构。

4. 转向

直接转向、有弧度的转向。主要用于积木游戏中的转向建构。

5. 螺旋

旋转螺丝将各建构元件连接的构造活动。此方法主要适用于中、大班。

（六）幼儿结构能力的发展阶段

幼儿的结构能力随着年龄的增长而不断发展，以积木建构技能为例，幼儿结构能力的发展阶段为：

第一阶段：非建构活动

主要发生于2岁以下，幼儿只是无目的地搬弄积木，并不搭建什么东西，有时把积木当锤子敲，有时当食物吃。他们的行为主要是初步感知和体验积木材料，并无建构意识。

第二阶段：堆高、平铺、重复

主要发生于2～3岁，幼儿开始建构积木时，通常是把大小一样的积木叠高或平铺，然后推倒重来。他们并不太注重作品的重叠或排列整齐等外观效果，更多关注自己能搭得多高、铺得多长。

第三阶段：架空

3岁左右的幼儿开始探索如何用一块积木把其他两块分开的积木连接起来。搭成类似于"门""桥""凳子""桌子"等建构物。

第四阶段：围合

围合是积木建构中的基本技能之一，3岁左右幼儿能用多块积木形成一个包围圈，建构相应的作品，如池塘、房屋、城墙、栅栏等。

第五阶段：模型

3～5岁的幼儿能依据一定的模式，逐渐使用围合、叠高、间隔、拼图、对称、架空等技能构建物体。3岁左右幼儿能掌握间隔等简单模型，5岁左右幼儿建构的物体越来越复杂，并且他们会根据自己的已有经验尝试新的模型，使之逐渐具有艺术美。

第六阶段：表征

4～5岁幼儿能逐渐有目的、有计划地建构物体，不再是随意地摆弄玩具。在建构过程中，幼儿合作行为增多、多种建构技能交叉使用。

第七阶段：为游戏而建构

5岁左右幼儿会灵活运用多种建构技能，强调建构的情节性和作品的真实性。

二、幼儿园结构游戏环境创设

良好的游戏环境是科学、全面开展游戏活动的前提和基础。结构游戏的环境创设包括物质环境、心理环境和认知环境三类。

（一）物质环境

物质环境创设包括结构游戏空间创设、结构游戏时间安排、结构游戏材料投放。

1. 结构游戏空间创设

（1）班级结构游戏区

班级结构游戏区是指以班级为单位，占用活动室一定的空间，可利用移动组合柜、材料柜、桌椅等物品将结构游戏空间分隔成材料区（用于存放结构游戏的材料）、建构区（幼儿对建构材料进行操作的场地）、展示区（用于保留和展示幼儿建构作品）。班级结构区属于动态活动区，应避免与安静区为邻，且所占用的空间比其他活动区要大，一般要容纳5～7个幼儿。小型的积木、积塑适合在班级结构区开展。

（2）幼儿园结构游戏室

幼儿园结构游戏室是指开辟专门的一间活动室来开展结构游戏。它的空间设计除了班级结构游戏区提到的材料区、建构区、展示区外，还可添加一个设计角，可投放纸、笔、图册、绘本等，满足幼儿对结构游戏前设计游戏图纸需要。结构游戏室面向全园，可容纳15～20人，既可采用混龄班的形式开展游戏，也可以班为单位进行组织。中型建构游戏材料，如单元积木、空心积木等适合在结构游戏室投放。

（3）户外结构游戏区

户外结构游戏区场地宽敞，其空间设计主要考虑的是材料拿取方便，且材料存放要注意防晒、防雨、防尘等问题，地面应平整，可在塑胶地、水泥地开展。最常见在户外开展的结构游戏区有玩沙区、玩水区、玩泥区以及一些大型的积木搭建，如轻质砖、纸箱、啤酒等也应尽可能充分利用户外场地进行。

2. 结构游戏时间安排

结构游戏是幼儿喜爱的游戏活动。幼儿园每天都应保证充足的结构游戏时间，既可以安排专门的结构游戏时间活动，还可以充分利用幼儿自由活动时间、幼儿来园、离园、饭后、午休起床后鼓励幼儿开展结构游戏。

3. 结构游戏材料投放

结构材料是保证结构游戏顺利开展的重要载体，是促进幼儿多样化发展的重要支架。幼儿园常见的游戏材料有低结构材料和无结构材料。低结构材料结构简单、功能多元、可变性强、操作性强，幼儿可以按照自己的意愿任意操作、改变、组合。常见的低结构材料有：积木类、积塑类、积竹类、废旧材料类、金属类。无结构材料是指不定型的结构材料，幼儿可以随意操作。主要有自然类材料，如水、沙、泥、土、雪等。此外，还应该提供一些辅助性材料，如地板、地毯、积木筐、模型玩具、建构图示、胶泥、胶水、袋、线、树枝，各种盆、瓶、碗、半成品和一物多用的成品等。教师要结合本园实际情况，因地制宜地提供适合各年龄班幼儿构造的游戏材料。结构材料投放时应注意以下三个方面。

（1）材料投放应考虑幼儿的年龄特征

小班幼儿手部小肌肉有较大发展，动作逐步精细化，喜欢无计划地摆弄建构材料。因此，可选择色彩鲜艳，体积中等、分量较轻、形状简单的材料，且材料的种类不宜太多，同一种类材料的数量要充足，以满足小班幼儿平行游戏的需要，如三角形、长方形、圆形等简单形状的积木。中班幼儿手指相对灵活，由于缺乏建构技能，他们对材料的种类和形状需求更加丰富，应选购种类多样、形态多元，需要一定精细动作控制才能完成建构活动的材料，如拼板积木等。大班幼儿手指肌肉迅速发展，也有较强的建构技能，应投放数量充足、富有变化和挑战性的材料，如管状、齿轮积木、金属材料等。

（2）材料投放应具有安全性和趣味性

所投放的结构元件应光滑、无尖刺，面上的油漆应不易脱落。辅助材料与废旧物品应干净无毒。教师还应对结构玩具材料进行定期的清洗、消毒。

材料投放应激发幼儿参与游戏的兴趣，操作欲望，满足幼儿游戏的需要。幼儿喜欢颜色鲜艳、造型漂亮、功能多样的积木、积塑以及各种可爱、有趣的沙、土、石辅助材料。

（3）材料投放应体现层次性

幼儿的发展具有差异性和不均衡性，即便是同年龄阶段的幼儿，所表现出来的认知水平、操作技能等也会有所差异。因而，教师在选择、投放材料时不能搞"一刀切"，既要考虑绝大多数幼儿的需求，也要照顾不同幼儿的发展水平和兴趣。教师应随时关注游戏的发展，根据游戏主题的不断深入，由浅入深，从易到难，不断地充实和更换材料，使材料满足幼儿的需要。

（二）心理环境

1. 创设良好的游戏常规

良好的游戏常规能确保幼儿游戏的顺利开展，增强游戏环境的自治因素，教师要结合结构游戏制定游戏规则。例如，提供"安静手势"图片提醒幼儿安静进区、不吵不闹；设计进区卡，让幼儿了解进区人数；张贴"友好合作"照片提醒幼儿互相合作、发挥想象；通过"小心轻放"图示提醒幼儿轻拿轻放，爱护游戏材料，保护好完成的作品。

2. 创设激发幼儿游戏兴趣的支持性环境

在结构游戏中，除了可能通过游戏材料激发幼儿参与游戏的兴趣外，教师还可以通过模仿建构和设置挑战激发幼儿对结构游戏的兴趣和探索的欲望，满足幼儿的自信心和荣誉感。

（1）模仿建构

模仿建构适用于年龄偏小，建构经验、技能和能力不是很高的幼儿。例如，教师创建"试一试"环节，事先把搭好的作品拍成照片张贴在折叠支架上，让幼儿对照片中的建构作品进行模仿，当幼儿模仿完成一个物品后，就在照片下面张贴幼儿的姓名并贴上一朵小红花。模仿建构降低了幼儿的操作技能要求，让幼儿尽快体验成就感，激发对结构游戏的兴趣。

（2）设置挑战

中、大班的幼儿已经具有竞争意识，教师设置挑战环节，可以激发幼儿对结构游戏的兴趣和需要。例如，教师提供三星级建构作品图片（一星代表易，两星代表中，三星代表难），鼓励幼儿挑战不同星级的作品内容，并记录挑战者、挑战时间、挑战情况等。

（3）创设游戏情境

教师可以结合幼儿熟悉的绘本故事，创设游戏情境，激发幼儿参与结构游戏的兴趣。例如，在中班结构游戏中，教师准备了花、草、中大型积木，并创设游戏情境，"小猪的村庄被洪水冲垮了，路破坏了，房子倒了，小猪现在无家可归了，我们帮小猪去重建家园吧"，幼儿参与游戏的兴趣很快被激发出来。

（三）认知环境

认知环境是指为丰富幼儿生活经验和提高幼儿的建构技能而创设的游戏环境。

1. 拓展幼儿的游戏经验

结构游戏是幼儿反映生活经验的游戏，幼儿根据自己的意愿对游戏材料进行构思、构造，表现一定物品形态时，必须具备此物品的相关经验。幼儿要深刻认识某物品，最有效的方式就是直接观察，但有些建筑物体，由于条件所限，无法亲临现场。因此，教师可以通过实物模型（如埃菲尔铁塔、欧洲建筑等）、物体图片组（同一物体多个角度的图片）以及富含建筑元素的绘本（如《世界名桥》《地铁开工了》）来引导幼儿多角度、全方位、反复地观察，帮助幼儿全面了解物品外形特征和结构的特点，拓宽幼儿的视野，丰富幼儿的知识经验。

2. 提高幼儿的结构技能

结构游戏必须具备一定的建构知识和技能才能让幼儿的想象力和创造力得

以充分体现。建构技能的提高除了幼儿自己在结构游戏过程中反复操作，不断尝试，不断在失败中总结经验外，教师还可采取一些有效策略提高幼儿的建构能力。基本技能结构图示，如叠高、架空、平铺、围合等技能，教师可以通过简笔画的形式绘制图示，拍照并张贴在墙面展示区供幼儿观察，这样可以快速帮助幼儿提升基本建构技能；分步拆解图示，如幼儿要用乐高搭建"鸭子走圆球"时出现了难点，若只有单纯的作品图片，幼儿还是觉得有困难，如果能有"鸭子走圆球"的分解图，幼儿按图示一步一步建构，困难将会得到解决。

3. 引导幼儿认知结构材料

引导幼儿认识了解结构材料的形状、颜色、大小等特征，熟悉材料的操作方法，会选用建构材料去构造物体，会灵活使用材料。

三、结构游戏的设计与指导

（一）结构游戏设计的原则

1. 操作性原则

结构游戏是一种具有认知成分的操作性活动，是幼儿直接动手操作，运用拼、接、插等建构技能来构造生活中的各种物体。创编游戏时，教师要引导幼儿触摸、摆弄材料，随着构思而进行操作，随着多变的操作而完善构思，在不断的推倒重来中掌握建构技能，构造造型多变的作品。

2. 创造性原则

结构游戏是幼儿按照自己的想法对材料进行操作、改变、组合，从而构造出一定形状的物体。幼儿构造的作品是幼儿对自己生活经验的再现，这些作品有的直接来自社会生活的真实场景，有的是幼儿对社会现实的改编。无论是哪种作品，都有幼儿对其结构的构想，都是幼儿运用想象力和创造力表达他们对世界的看法。因此，创编结构游戏要把握创造性原则。

3. 教育性原则

结构游戏是进行幼儿园教育的有效手段。在创编游戏时，教师要有意识、有目的地引导幼儿认识各种结构材料的形状、大小、颜色，发展幼儿的对称、守恒等数理逻辑智力；学习上下、前后、左右、空间设置，发展幼儿的空间智能；通过拼、插、捆、绑积木，搬运建构游戏材料，以发展幼儿的精细动作和大肌肉动作，促进幼儿身体运动智能发展；引导幼儿使用素材并进行造型设计，发展幼儿的艺术智能；通过交流合作，发展幼儿的人际交往智能。因此，创编结构游戏要把握教育性原则。

（二）结构游戏设计与指导

1. 确定结构游戏主题

（1）教师预设主题

教师预设主题是指教师根据幼儿园的教育目标，幼儿的已有经验以及学习的需要和兴趣，有计划、有目的、精心准备的结构游戏主题，如大班在奥运期间开展主题活动"我爱奥运"引起了幼儿的关注。对于奥运会，幼儿并不陌生，很多幼儿通过电视、手机等了解到了奥运会的相关经验，教师根据主题活动的需要确定三次结构游戏：结合图片开展建构"奥运田径场""奥运游泳池""奥运射击馆"。通过这三次活动，强化了幼儿对奥运会的认识，为主题的开展提供了知识经验。

（2）幼儿生成主题

幼儿生成主题是指幼儿根据自己的兴趣、想法、生活经验，在与环境交互过程中自主产生的。如大班幼儿组织参观小学的社会实践活动，孩子们对小学充满了向往。回来后纷纷讨论小学与幼儿园有什么不一样，"每个人都有书桌""学校很大""有教学楼、实验楼""有田径场"等。于是，基于幼儿的经验和兴趣，"我心目中的小学"建构活动就这样诞生了。

（3）结合现有材料选择主题

结合现有材料选择主题是指根据幼儿园现有的结构元件、结构图纸、实物模型、玩具模型、照片、图画等材料，在幼儿兴趣的基础上而生成的游戏主题。如国庆长假后，孩子们带回了假期去游乐场玩的照片。照片中旋转木马、海盗船、摩天轮、自控飞机、山洞飞车、弹簧床、秋千等是他们津津乐道的话题，于是结合照片生成了"游乐场"的主题。

2. 明确结构游戏的目标

结构游戏目标的制定应适宜、全面、具有可操作性。其目标要重点突出以下方面：了解结构材料的数量、倍数、对称、图形及组合、守恒、估算、测量等，培养幼儿的数理逻辑智能；能感知方位、画出设计图纸并根据设计图进行建构，培养幼儿的空间智能；能选择材料进行造型，培养幼儿的艺术智能；能进行拼、插、捆、扭等建构技能，培养幼儿的身体运动智能；能协调沟通、分工合作，培养幼儿的人际交往智能。

3. 做好结构游戏准备

（1）物质准备

物质准备是指为结构游戏的开展提供时间、空间、结构材料的支持。游戏前，教师要提供数量充足、搭配合理的各种主要建构材料（积塑、积木等）、废旧物品（纸盒、泡沫等）、辅助材料（冰棒棍、图书、图片、照片等）。

（2）经验准备

建构某个物体前先要具备该物体的相关经验，如"马路上的风景"建构活动，幼儿先要有关于马路、红绿灯、路灯、人行道、斑马线、高架桥、路边建筑物以及绿化带的认知经验。因此，教师要在日常生活中组织参观、谈话、绘画、作品展览等形式，拓宽幼儿的思维，引导幼儿观察各种各样的建筑，感知建筑的形状、结构特征、组合等。

4. 设计与指导结构游戏过程

（1）导入游戏

兴趣是幼儿活动的原动力，激发幼儿结构游戏的兴趣是支持幼儿活动长久进行的保障。在结构游戏中，我们常常可以看到有的幼儿无所事事，难以下手以及捣乱行为，这些都是幼儿缺乏对结构游戏兴趣的表现；也可以看到这样的现象，一堆不起眼的积木经过拼、插、搭等方法构造成了各种各样的房子、车，这一切对孩子来说新鲜、有趣、不可思议、跃跃欲试。那么，教师应如何激发幼儿对结构游戏的兴趣呢？

①创设情境"引趣"

情境导入是指教师创设一定的情节、情境、角色，准备一定的情境道具，引导幼儿进入游戏。例如，教师可以根据幼儿所熟悉的绘本故事《小红帽》设计"小红帽历险记"的情境，并提供山、房子、桥等情境道具。幼儿在情境中开展建构活动，"遇到河就搭桥""遇到山就弯曲搭路"等，他们的兴趣被充分激发出来。

②创设环境"吸趣"

在结构游戏区，教师要提供适合不同能力水平幼儿的游戏材料，保证每个幼儿都能找到自己可玩、爱玩的材料；在游戏区的墙壁或支架上张贴简单的建构图示资料（图书、图片、照片、卡片）给幼儿简单易懂的提示；在展示区还可摆放复杂的建筑物立体模型和幼儿的优秀作品，以吸引幼儿参与游戏的兴趣。

③范例引入"激趣"

教师事先构造出各种各样的结构精美的建构物品，充分调动幼儿的感官去欣赏这些作品，让幼儿了解这些建构物品所需的结构材料和建构技能，再让幼儿进行模仿建构，通过范例引入，降低幼儿对建构能力的要求，增强幼儿的自信心，有助于幼儿尽快获得成功的喜悦，也为幼儿参与结构游戏激起兴趣。

（2）明确建构任务，引导幼儿根据自己的意愿进行分组

复杂的构造物体需要幼儿共同协商确定主题，商量结构步骤及方法，分工协作、确定建构规模、共同构建。教师可在幼儿自主选择分工的基础上，根据主题搭建的需要，引导幼儿运用竞聘、轮流、猜拳等方法分组及协商搭建任务，也可制作任务图示或以游戏中的角色布置任务，引导幼儿自主分组。例如，大班结构游戏"高速公路"，教师以总工程师的角色进行引导："现在，我是总工程师，你们就是小建筑师，我们要分成三个建筑队：一队建公路，一队建绿化与护栏，最后一队建汽车。请你们想一想要参加哪个队，请和身边的小朋友说一说。"

（3）介绍材料，提出建构要求

结构游戏的材料，即用什么建造的问题。结合建构的内容，引导幼儿商议采用什么性质的结构材料，结构材料的形状、颜色、大小以及辅助材料该如何选择、搭配，幼儿根据商议的要求选择、采集材料。例如，"高速公路"中，教师这样引导："今天我们的建筑材料有花片、积木、易拉罐、纸盒和水管，请小朋友们想一想哪些材料适合建构公路，哪些材料适合建构绿化，哪些材料可以用来建构汽车呢？"

建构要求的提出要根据建构主题以及幼儿的年龄特点来确定。例如，"高速公路"游戏的建构要求是：要注意看平面图，按照平面图来建构；要动脑筋选出和别人不一样的车型；所有建筑队要先商量怎么建，怎么分工，再一起动手建构。

（4）鼓励幼儿创造性建构

创造性是衡量结构游戏水平的重要指标，教师要重视培养幼儿的创造意识，引导和鼓励幼儿在结构游戏中充分发挥创造性，提高游戏水平。常见的创

造性建构的方法有局部改变创造法和列项改变法。

①局部改变创造法

对幼儿来说，改变某一物体的局部（如颜色、形状、大小、布局）就是创造。例如，小班幼儿在建构房屋时，教师引导幼儿用三角形、正方形、圆形等不同形状的积木来搭建屋顶，就变成了具有不同特色的房屋。

②列项改变法

列出可以改变的项目，为幼儿提供创造性的思路。结构游戏可以改变的项目有变换颜色、变换体积、变换形状、变换材料、增减某一属性、重新组合原有属性、重新设计等。例如，中班幼儿建构"滑梯"中，幼儿把积木叠高，再将一块长的平板放上去，当作滑梯，结果发现滑梯很陡且没有台阶上去。于是，教师引导幼儿观察滑梯图示并组织幼儿通过讨论列出"滑梯"改进项目：第一，增加积木建构以递减的方式搭建楼梯；第二，延长滑梯长度；第三，准备小球、洋娃娃等玩具代替自己玩滑梯。

此外，还可以通过提出问题、诱导启发、评价激励等方面来引导和鼓励幼儿创造建构。提出问题，让幼儿进行思考、联想，不断创造新的内容，激发幼儿创造思维。诱导启发，引导幼儿的大胆想象，又要让想象合情合理。评价激励，教师评价不仅仅要重视物品的外在美观，还要看材料的运用是否多样、合适，是否有思维的创造性和团队协作，激发幼儿再创热情，对于作品失败和还可改进的地方，教师要引导幼儿再次探索，获得成功的体验。

（5）观察幼儿的结构游戏水平

观察是有效指导的前提。由于幼儿的社会经验及知识有限，在游戏时可能会出现一些困难与问题，教师不仅要善于"观"，即了解幼儿结构游戏的表现，而且要善于"察"，即对看到的游戏现象进行思考，分析产生现象背后的深层原因，并能从教育的角度及时采取有效的指导方法。教师观察的内容主要有：

①幼儿的情绪。幼儿能否感受到结构游戏的乐趣，在搭建过程中能否保持情绪积极、愉快，注意力集中，持续时间长。

②幼儿的游戏主题。幼儿是否能理解主题，是否有计划性、有目的性，是否主题明确并能坚持深化开展。

③幼儿对结构材料的使用。对结构材料的形状、颜色、大小是否有选择；

是否有意义地选用材料，反复尝试；是否迅速选定材料，并能综合运用材料。

④ 幼儿的建构技能。幼儿在结构游戏中，是否使用了连接、围合、交叉、平铺、叠加、堆高、排列等基本建构技能。是否关注建构物的细节、借助其他辅助材料完成作品。物体的颜色搭配如何，幼儿能否根据表象或平面图对物体进行造型，能否组合多个物体等。

⑤ 幼儿的同伴交往。幼儿在游戏中是否能进行集体游戏，与同伴是否有交流，能否友好地分工合作。

⑥ 幼儿的学习品质。幼儿结构游戏过程中是否认真、耐心、细心、专注，是否能克服困难，并坚持不懈地完成任务。

⑦ 幼儿的游戏常规。幼儿是否能主动遵守游戏规则，是否能整理爱护结构材料，是否能尊重他人的劳动成果。

（6）介入指导推进游戏顺利开展

结构游戏是幼儿根据自己的意愿进行创造的游戏，在游戏中幼儿可能会遇到各种情况，教师要找准时机，适时介入，以保证游戏的顺利开展。一般来说，当结构游戏出现以下情况时，教师需进行介入指导。

① 当幼儿遇到结构技能障碍时。当幼儿在建构某个物体时，常常会因为缺乏某种结构技能而使物品无法达到预期的效果，产生挫败感而不知所措，教师要及时介入，既要帮助幼儿树立自信心，鼓励幼儿不要放弃，强化幼儿的行动目标，还应提示幼儿认真思考失败的原因，引导幼儿找到解决办法，坚持不懈地完成任务。必要时，教师还可进行平行示范，利用自身行为的榜样示范作用，通过暗示的方式对幼儿的建构活动进行指导，帮助幼儿掌握结构技能。

② 当游戏中产生不安全因素时。幼儿游戏时可能因为违反游戏规则或缺乏沟通交流而产生冲突与纠纷，教师不能简单地进行是非判断，惩罚某个幼儿，而应充分了解原因，了解幼儿的真实想法，引导幼儿自主找到解决问题的方法。

③ 当幼儿情绪低落不愿主动参与游戏时。对于情绪低落、不愿主动参与建构的幼儿，教师要及时介入，稳定幼儿情绪，以多种方式为幼儿的结构游戏提供支持，激发幼儿的兴趣和求知欲。

④ 教师介入指导的注意事项。虽然教师的介入指导能提高幼儿的游戏水平，保证结构游戏的顺利开展，但如果在指导的过程中，教师教的比例过重，

就会扼杀幼儿参与游戏的主动性和创造性。所以，教师应根据幼儿的已有经验，采取不同的方法，在幼儿原有水平上扶一把、推一程，指导时要注意以下三个事项。

一是指导内容切忌整齐划一。每个幼儿的经验水平、在游戏中的需求都会不一样，有的幼儿可能要提高结构技能、有的幼儿可能需要培养专注力、有的幼儿可能需要培养合作能力。教师要根据幼儿的个体差异，有重点地进行指导，切忌整齐划一。

二是指导策略切忌孤立单一。幼儿的游戏水平不一样，在游戏中所出现的情况也会不一样。教师应采用不同的指导策略，常见的指导策略有结构转换策略、材料支架策略、试误策略、平行示范策略、情境体验策略、多媒体演绎策略等。

三是指导要适可而止，及时退出。在结构游戏中，教师扮演的是游戏的支持者、引导者、合作者，当幼儿在游戏过程中出现困难时，教师要及时介入，提供指导与帮助，尽可能引导幼儿自主地去找到解决问题的办法，自己去尝试、探索、完善自己的作品，而不是包办、指挥、代替。

（7）引导幼儿进行结构材料的整理和作品评价

① 把握时机结束游戏。游戏结束前，教师要认真观察幼儿的游戏状况，把握时机，给予幼儿一定的时间过渡，提醒幼儿游戏即将结束。根据幼儿对游戏不同的专注程度可以采用不同的方式进行提醒。对于在游戏中还十分专注的幼儿，可以提前告知，"游戏还有十分钟就要结束，请抓紧时间"。帮助幼儿做好结束的准备。对于游戏基本完成的幼儿，或不再关注游戏的幼儿，教师可以通过播放音乐提醒幼儿结束游戏。

② 对材料整理的指导。结构材料具有不同的形状、大小、颜色等特征，这些特征本身就蕴含了学习的因素。在结构游戏结束后的整理阶段，教师可以利用结构材料这一特征，引导幼儿将结构材料按相同的特征摆放，这不仅可以培养幼儿的良好行为习惯，同时也可发展幼儿的观察、比较、分类能力。

不同年龄阶段的幼儿其形状知觉能力有所差异，教师既要尊重幼儿的空间、形状知觉能力的发展规律，又要对幼儿的材料整理提出一定的挑战。小、中、大班幼儿材料整理的方法分别如下。

小班：小班幼儿主要采用实物对应摆放法。在每一个材料框中，教师事先摆放好该材料的样品，幼儿只需将同类材料放置到与样品匹配的材料框。

中班：中班幼儿主要采用等比图例摆放法。教师按1∶1的比例将材料转换成平面符号，并贴在每一个材料框上，引导幼儿一一对应摆放，当幼儿不知如何进行摆放时，只要将手中的材料与图例重叠，看是否匹配即可。

大班：大班幼儿主要采用缩比图例摆放法。在等比例图的基础上，教师按一定的比例缩小原图并将所得到的图例张贴在材料框上，幼儿通过观察，判断结构材料的位置。

③对作品讲评的指导。幼儿创造的每件作品都希望得到教师、同伴和家长的赞美与表扬，也渴望与同伴分享成功的喜悦。因此，在游戏结束后教师要组织幼儿进行作品展示，即由幼儿向全班介绍自己作品的造型、使用了哪些主要材料和辅助材料并给作品取名。

教师组织游戏的评价，评价主体应多元化，不再是只有教师单向点评，而是集幼儿自评、同伴互评、家长共评为一体，帮助幼儿收集多渠道评价信息，以完善幼儿的作品。评价的内容可涉及幼儿的情绪、对材料的使用、结构技能、人际交往、游戏常规、幼儿的创造能力等方面。评价的方式有问题式评价、作品分析式评价、作品欣赏式评价等。

由于不同的年龄班幼儿发展水平和自我评价能力不一样，评价的主体和评价内容的侧重点也会有所区别。小班评价主体主要是教师评价、家长评价及幼儿自评，评价的重点在于引导幼儿反思在教师帮助和自我努力下，是否能情绪愉快地进行结构游戏。中、大班幼儿的观察能力和思考能力都有提高，评价主体在小班的基础上可增加同伴互评，评价的内容可进一步细化、全面。

作品讲评后，教师要尽量对幼儿的作品加以保留：一是可以组织全体幼儿参观、欣赏，这样可以增加幼儿的自信心，使幼儿获得成功的喜悦；二是可以让幼儿进行思考，引导幼儿进一步完善作品；三是好的作品还可作为参照图示，让其他幼儿相互模仿借鉴，激发幼儿的创造性思维。保留作品的方式有很多，对于有条件的幼儿园可以让幼儿的作品原型放在展示区一段时间后再拆除、收拾；对于存在受一定场地、材料限制的幼儿园，教师可以通过摄影、摄像等方式收集成册，保留幼儿的作品。

四、不同年龄段结构游戏的特点与指导

（一）小班

1. 小班结构游戏的特点

小班处于独自游戏和平行游戏阶段，没有明确的目的和意向，只是无计划地摆弄结构材料，表现出自由建构的特点。喜欢反复操作结构元件，常常推倒重来，对搭建的动作和游戏过程比较感兴趣。在建构内容上结构简单，主题单一且不稳定。认知经验主要表现为对自然物的认知（树、花、草、太阳等）和社会经验的认知（桌、椅、床、房子、简单的交通工具等），因此建构内容往往是他们日常生活中经常接触的、熟悉的物品，如马路、房子、树、花等。手指力量不够，手眼协调能力不够完善，所拼插的作品牢固性差，操作过程缺乏耐心，随意性大。

2. 小班结构游戏的指导要点

第一，为幼儿安排游戏时间，提供游戏场地，足够数量的游戏材料，且材料要满足人手一份，避免幼儿之间相互模仿游戏而发生矛盾。

第二，在游戏中指导幼儿认识游戏材料、学习基本的结构技能，尝试搭建简单的物体。

第三，采用"平行示范"和"创设情境"的方法引导幼儿游戏。例如，幼儿长时间都在搭建火车时，教师可适时在旁边搭建"树""房子"，还可采用图示的方式呈现给幼儿，这种"平行示范"法可引导幼儿拓展其他的结构游戏主题。又如，在建房子的主题游戏中，教师创设"三只小猪造房子"的情境，引导幼儿自由想象，建构出不一样的房子。

第四，培养幼儿结构游戏的规则意识，如爱护结构材料、轻拿轻放、游戏结束后整理和保管好游戏材料等。

（二）中班

1. 中班结构游戏的特点

中班处于联合游戏阶段，游戏的目的性比较明确，并有简单的计划性。他们不仅对游戏的过程有浓厚的兴趣，同时也关注游戏的结果。游戏内容较小班复杂，并且能按主题构造物品。中班幼儿与小班幼儿相比，生活经验更丰富，视野更开阔，构造内容在小班的基础上，会有小动物、塔、桥、高楼、各式房

子、街道及较复杂的交通工具等。中班幼儿手部肌肉控制能力、手眼协调能力逐步加强，思维、想象、空间感知逐步发展。

2. 中班结构游戏的指导要点

第一，丰富幼儿的生活经验，引导幼儿观察生活物品外形及其结构特征。

第二，提供适宜的图册供幼儿进行自主选择，倾听幼儿的需要，并及时支持他们的想法。

第三，引导幼儿看平面结构图，培养幼儿设计构造方案的能力。

第四，重点指导幼儿掌握构造技能，并用这些技能构造物品。

第五，指导幼儿小组构造活动，教会幼儿如何讨论、如何分工，并友好地进行游戏。

（三）大班

1. 大班结构游戏的特点

大班幼儿处于合作游戏阶段，游戏目的性、计划性、坚持性强，游戏前有一定的设想和规划。已掌握较复杂的构造技能，在构造过程中能熟练、迅速地建构复杂物品并追求构造物的细节及逼真性、艺术性。生活经验进一步扩展，除了直接观察外还能通过图片、绘本等阅读方式认识离自己相对遥远的世界。建构内容更为复杂，如公园、长城及其他国家的特色建筑等。具有良好的肌肉控制能力，精细动作日趋完善，空间感知、想象力、创造力、思维等得到快速发展。

2. 大班结构游戏的指导要点

第一，提供富有挑战性的构造内容，如各国富有特色的建筑物的图片或书籍。

第二，指导幼儿进行小组合作活动，制订游戏计划，如确定主题、分工合作，商量结构步骤、方法等。

第三，丰富幼儿的结构知识和生活印象，指导幼儿掌握新技能，不断丰富和发展结构游戏主题和内容。

第四，在游戏中，不断支持与鼓励幼儿进行创造性思维，帮助他们克服困难，完成建构任务。

第五，引导幼儿尊重建构成果，学会欣赏、评价自己和他人的作品。

第三节　幼儿园亲子游戏

一、亲子游戏概述

（一）亲子游戏的概念

随着社会经济的发展，人民生活水平的提高，家庭结构的变化，亲子游戏受到了更多家长和托幼机构的广泛关注。家长对孩子的教育，第一是培养良好的生活习惯；第二就是跟孩子做亲子游戏。近年来，亲子游戏成为国际和我国早期教育的最新发展趋势。

亲子游戏是指家庭内父母与孩子之间，以亲子感情为基础，以幼儿与家长互动游戏为核心内容，全方位开发孩子的运动、语言、认知、情感、社会交往等多种能力，帮助孩子初步完成"自然人"向"社会人"过渡而进行的一种活动。

亲子游戏不仅仅是父母与孩子在家庭内进行的一种互动式游戏，还包括父母与孩子、祖父母与孙子女之间在家庭或托幼机构开展的游戏活动。它以亲缘关系为主要维系基础，是以孩子为主体，父母为主导进行的活动，是亲子教育中的核心内容及主要元素，也是实施亲子教育的重要手段和方法。

（二）亲子游戏的特征

婴儿期亲子游戏比较简单、短暂，大多由成人发起，如母亲对着婴儿说话、微笑、做鬼脸等，婴儿会做出高兴、愉快等相应的反应。随着幼儿身心的不断发展和生活经验的不断丰富，幼儿也会发起和建构游戏，亲子游戏的内容也在不断地丰富和复杂。从广义上讲，家长与孩子之间的配合交流等都可以看作是亲子游戏。而科学的亲子游戏应具备以下特征。

1. 主体性

在游戏过程中，家长、孩子都是活动的主体，都要积极地参与游戏。例如，家长和孩子一起模仿小狗、小猫叫，一起表演故事，一起比赛"看谁跑得快"等。

2. 启发性

一是选择游戏的内容要具有启发性，能够启发孩子的智慧，既能利用和发挥孩子的现有能力，又能引导他们在原有的基础上得到新的提高。二是游戏中的指导要具有启发性，家长与孩子平等地参与到游戏中，循循善诱启发孩子进行游戏。

3. 合作性

游戏的方式应注重家长和孩子的相互配合。游戏中双方通过眼神、表情、言语和动作等方式相互交流与沟通，当孩子遇到困难时，让孩子主动寻求家长的帮助，通过双方合作，在玩中积累孩子的知识经验，形成技能。

4. 趣味性

选择的游戏内容要能激发孩子参与的兴趣，生动有趣；游戏的整个过程要具有趣味性、娱乐性，能够给孩子和家长双方都带来乐趣。通过亲子游戏，让孩子体会到创造和成功的快乐，让家长体会到与孩子共同游戏的幸福。

（三）亲子游戏的类型

1. 按游戏的内容与性质分

音乐游戏、手指游戏、生活游戏、益智游戏、语言游戏、运动游戏等。

2. 按参与者的人数数量分

一对一式游戏和集体式游戏。一对一式游戏是家长与子女单独进行的亲子游戏，集体式游戏则是指多个家庭共同参与的亲子游戏。

3. 按游戏对幼儿身心发展所起的作用分

动作发展游戏、认知发展游戏、语言发展游戏、情感发展游戏、社会性发展游戏。

（四）亲子游戏的作用

亲子游戏对幼儿的成长具有重要的作用，不仅有助于促进幼儿身体、认知、语言、情感与社会性的发展，还有助于增进家长与幼儿的情感交流，建立良好的亲子关系。

1. 亲子游戏有助于婴幼儿基本动作和精细动作的发展

婴幼儿基本动作发展特点是：0~1岁婴儿以移动活动为主，包括翻身、坐、爬等；1～2岁婴幼儿由移动向基本的运动技能过渡，包括走、滚、踢、扔、抓、推等；2～3岁婴幼儿以发展基本运动技能为主，向各种动作均衡发展，包括走（向不同方向走、曲线走、倒退走）、双脚跳、四散追逐跑、原地跳、玩运动器械（荡秋千、蹬童车）等。基本动作能力是婴幼儿学习与发展的保障，而亲子游戏中的运动游戏能训练婴幼儿的基本动作，发展动作技能。例如，亲子游戏"小彩球"，2岁以上的婴幼儿可以和父母玩滚球、抛球的游戏；4岁左右的幼儿可以和父母比赛抛接球、拍球、踢球；5岁左右的幼儿可以和父母玩投篮、滚球击物等。

婴幼儿精细动作的发育稍晚于大肌肉动作，主要以手部的动作发展为主。1岁婴幼儿能把东西扔出去，能用拇指、食指抓握较小物体。2岁婴幼儿能学会使用简单工具，如拿汤匙吃饭等。3岁幼儿手部动作进一步熟练，有拆东西的愿望，喜欢把东西分离开来。婴幼儿精细动作的发展有利于促进手眼协调和大脑的发育，能最大限度地帮助婴幼儿认识和探索世界。而亲子游戏中的许多游戏有助于婴幼儿精细动作的发展，如"玩魔方""串珠子""套碗（娃）""拼图形"等游戏。

2. 亲子游戏有助于婴幼儿认知能力的发展

在早期亲子游戏中，家长通过彩色玩具刺激婴儿的眼睛；通过与婴儿说话及带响玩具，刺激婴儿听觉；通过嗅、尝食物的气味与味道，刺激婴儿嗅觉与味觉；通过触摸，感知客观事物的整体。家长就是在与孩子玩各种感知游戏中，不断增长孩子的感性认识，丰富孩子的感性经验，促进孩子感知觉的发展，为今后进一步的认知发展奠定了基础。

3. 亲子游戏有助于婴幼儿语言能力的发展

0～1岁亲子游戏是提供丰富的语言刺激，让婴儿充分感知语言和练习早期发音；1～2岁亲子游戏主要是对婴幼儿进行表达性语言训练；2～3岁亲子游戏在继续表达性语言训练的同时，进行理解性语言训练。在亲子游戏中，利用模仿，提高幼儿语言学习的兴趣。借助儿歌、音乐、玩具等，边玩边说、边唱边做以及一问一答等方式，激发婴幼儿参与语言游戏的积极性，学会表达与交流。

4. 亲子游戏有助于婴幼儿个性的完善和发展

亲子游戏是在最亲近的人，尤其是在父母与孩子之间展开的，带有明显的亲情关系，从相互间的身体接触与视线交流中，孩子得到的是爱与关注。父母对孩子游戏信号的积极反馈，使孩子产生了极大的信任和满足。经常开展亲子游戏，使婴幼儿长期处于一种积极的情绪体验，为孩子形成活泼、开朗、自信、积极的个性奠定了基础，也有助于家长与孩子之间建立良好的亲子关系。

5. 亲子游戏有助于婴幼儿社会性的发展

1岁前的婴儿都会与母亲或主要照料者建立依恋关系，早期的依恋关系的质量对以后婴幼儿认知发展和社会性的适应都有重要意义，对婴幼儿整个心理发展（包括社会性、情绪、情感、智力等）具有重大作用，这种情感联系是婴幼儿社会性发展的重要因素。亲子游戏是在家长的参与下进行的，在与家长的游戏中，孩子感到安全，乐于亲近和信赖家长，从而更加自由自在地去探索周围的新鲜事物，愿意尝试与别人交往，学习待人接物。

二、亲子游戏的设计与指导

（一）亲子游戏设计的原则

1. 适宜性原则

适宜性原则是指设计亲子游戏要根据孩子的年龄特点和发展水平，确定符合孩子发展需要的游戏目标。目标应是既高于孩子现实发展水平，又是孩子经过努力能够达到的水平；既要考虑孩子某一方面的需要，又要兼顾孩子全面发展的需要。例如，设计认知发展游戏：根据10～12个月宝宝的认知发展特点，可设计"指认五官"游戏，家长和孩子面对面坐在地毯上，说："宝宝、宝宝真爱玩，摸摸这、摸摸那，摸摸小鼻子，用手指出来。"让宝宝用手指自己的鼻子，孩子指对了，再用同样的方法指认眼睛、耳朵、嘴巴。也可让宝宝用手摸成人的五官，根据相应的指令指出来。这样，宝宝在玩的过程中知道了五官的名称和位置。根据2～3岁孩子的认知发展特点，可设计"听音辨动物"游戏，家长选用孩子熟悉的小动物图片（如猫、狗、羊的图片），依次出示图片问："这是什么动物？""它是怎样叫的？"让孩子分别说出小动物的名称，模仿小动物的叫声。然后家长播放这些小动物的叫声，让孩子根据声音找出小动物图片，从而训练孩子听觉的精确性和视觉的灵敏性。

2. 适度性原则

适度性原则是指所选择的游戏内容要科学、适度。游戏活动的安排要动静交替，活动量适当。要根据孩子的具体情况，调整活动内容和活动节奏，防止过度疲劳、内容单一、形式单调，也要防止花样繁多、任务过重。

3. 指导性原则

亲子游戏中家长是游戏的指导者，家长的教育行为直接影响孩子的成长与发展，家长不要以自己的价值取向来衡量孩子的游戏行为，强迫孩子玩不喜欢的游戏；在游戏中，家长应平等地和孩子成为玩伴，充分发挥孩子的想象力与创造力，及时发现孩子在游戏中遇到的问题，适当加以引导，不要怕弄脏衣服或出现别的问题而约束孩子的游戏；引导孩子养成良好的游戏习惯，遵守游戏规则；教育孩子玩具要有固定的存放地方，游戏后要收拾好玩具，物归原处；合理安排游戏时间，并鼓励孩子独立游戏。

4. 趣味性原则

趣味性原则是指亲子游戏内容的选择新颖有趣，游戏过程能使孩子和家长感到快乐。家长在与孩子游戏的过程中，可以用生动有趣的语言、直观形象的表演、富有感染力的激情、灵活的游戏方法等来增加游戏的趣味性，从而取得良好的教育效果。例如，训练12个月孩子的视觉、听觉游戏：躲猫猫。家长让婴儿躺下，将手帕盖在其脸上，配合口令1、2、3，拿开手帕，然后家长面对着婴儿做表情，告诉婴儿："嘿！看到了。"为了激发婴儿游戏的兴趣，家长可以将手帕盖在自己的脸上，然后瞬间移开手帕，并对着婴儿说："嘿！在这里。"也可以用手遮住婴儿的脸，配合数数1~10，当家长数到10时，迅速移开双手，同时喊："嘿！"继续游戏。这样通过变换游戏方法，与婴儿不断互动，训练婴儿视觉、听觉，让婴儿在与家长的游戏中提高视觉、听觉的灵敏性，享受与家长游戏的快乐。

（二）亲子游戏的指导

1. 家庭亲子游戏实施的要点

在实施亲子游戏的过程中，家长应注意以下几个方面：

（1）营造和利用游戏场所

为了激发婴幼儿参与亲子游戏的兴趣，家长应尽可能地为孩子创造适宜的游戏场所。出生0~6个月的婴儿处于躺、抱、坐阶段，他的游戏场所便是摇床、摇车等，父母要为孩子布置好这些场所，如在摇车上贴上色彩鲜艳的图画，在摇床上挂摇铃、图片、气球等。随着孩子逐渐长大，他们从坐、爬过渡到行走。这时家长可以把婴儿床围上坚固的栏杆，高度不超过70厘米，为了营造良好的游戏氛围，可适当布置床周边的环境，如贴上颜色鲜艳的卡通画、在床的上方挂音乐铃铛等，床的外围不要摆放家具，床内不要放过大的玩具，以免婴儿爬上玩具翻过栏杆，坠落地面。对于能够行走的婴幼儿，如果居住条件有限，可利用墙角、床边、沙发、椅子等家具围出一块"亲子活动场所"，地面铺上塑料地板、地毯或席子，任婴幼儿做爬行、行走训练。居住面积较大的可以单独开一个房间作为"亲子游戏空间"，房间内不要放热水瓶、茶具、花瓶等物品，电源插座要放在婴幼儿摸不到的地方，排除游戏安全隐患。除了在家中，还可以为他们提供一个相对宽敞的游戏场所，如选择附近的公园、广场、游乐场所等地方，与孩子参加各种运动和娱乐游戏。

（2）根据婴幼儿年龄特点选择玩具

玩具是开发婴幼儿智力的天使，根据婴幼儿的游戏类型选择适宜的玩具，有助于其综合能力的训练与提高。0~1岁婴儿的感官处于迅速发展阶段，应该为他们选择能够促进感官功能发展的玩具，如在婴儿床上方悬挂不同材料做的玩具（色彩鲜艳的彩球、气球等），促进婴儿视觉的发展；及时提供能发声、带响的玩具（拨浪鼓、八音盒、橡胶捏响玩具等），刺激婴儿听觉的发展；许多供小孩抓握的玩具，可发展婴儿的触摸觉。1岁以后，婴幼儿开始走路，自我意识不断提高，可选择木马、滑梯、转椅、摇船和秋千、攀登架等大型运动性玩具，促进婴幼儿身体机能的发展和脑的发育，提高其身体的平衡能力及灵活性，也可选择促进其精细动作发展和认知发展的玩具，如瓶子与瓶盖、螺丝转、串珠、木条插等训练婴幼儿的手眼协调能力，还可以提供电话、小娃娃、拼插玩具激发婴幼儿的想象力；套叠玩具、拼板、积塑、积木、声控玩具、电动玩具等提高婴幼儿感知能力。3岁以后的幼儿可提供各种组合玩具（桌面玩具和地面玩具），训练其手指协调和控制能力，进一步促进其认知能力的发展。

为婴幼儿选择玩具，还要符合卫生安全要求。玩具应无毒，易清洗，婴幼儿在玩耍时不会刺伤、划伤等，如许多毛绒玩具脱毛掉毛，纽扣松动易脱落，个别电动玩具存在安全隐患等。

（3）开展符合婴幼儿年龄特点的游戏

家长选择游戏应以婴幼儿的发展水平为依据。不同年龄的婴幼儿，其生理、心理发展不同，其游戏内容方式也不同。0~6个月的婴儿主要是发展视觉、听觉，家长可用彩球、色彩鲜艳的玩具、物体逗引婴儿，让婴儿用眼跟踪，帮助婴儿发展视力；敲小鼓、摇铃铛或对着婴儿说话、唱歌等，帮助发展婴儿听力。6个月至1岁的婴儿，由坐到爬，语言开始发展，这一时期的游戏分为动作游戏和语言游戏；撕纸、扔玩具、爬行追逐、扶物站立到独自站立等动作游戏，有益于婴幼儿基本动作的发展；模仿家长说话、亲子阅读等游戏，能促进婴儿语言的发展。1～3岁的婴幼儿开始独立行走，语言、动作、自我意识都迅速发展；这一时期适合婴幼儿玩的游戏有：角色游戏——娃娃家、打电话、开汽车等；结构游戏——积木建筑、积塑构造、拼图拼版、穿珠、玩沙、玩水等；音乐游戏——器乐、律动、音乐表演等；语言游戏——看图书、讲故事、故事表演等；体育游戏——父母与婴幼儿追逐跑、抛接球、攀爬阶梯、坐滑梯、钻"山洞"、放风筝等。

2. 托幼机构亲子游戏中的指导

家长自身的学历程度、育儿观念和水平、家长职业性质等因素，影响着亲子游戏系统、全面和深入地开展，而家园合作是提高家长的教育观念和水平，促使家庭亲子游戏转变为家园亲子游戏，真正提高家长亲子游戏素质的重要途径。所以，托幼机构要针对不同的家长，注意对家庭亲子游戏的指导，从而实现真正意义上的家园亲子游戏。

（1）创设家长参与亲子游戏的机会

托幼机构通过组织多种类型的亲子游戏，如通过儿童节、元宵节、劳动节等节日活动、春天踏青、秋天远足等，邀请家长和孩子一起参与，使家长在游戏中感受孩子的快乐。这样通过参与和实地观摩，帮助家长感受和体验亲子游戏对幼儿的积极作用，从而改变教育观念。

（2）提供家长相互交流的平台

托幼机构要能有效地开发和利用家长资源，发挥家长优势，通过有一定经验的家长与家长之间的交流、宣传和示范，为家长提供相互交流的平台。例如，举行"家庭亲子游戏展示会""家教沙龙"等，让各位家长现身说法，交流经验，相互指导。托幼机构还可以组织亲子游戏专题讲座，让家长聆听专家的权威发言，咨询自己的问题和困惑，从而提高家长的整体教育水平，为孩子的发展创设和谐一致的家园环境。

（3）重视亲子游戏中教师的指导

针对不同水平的家长，教师要做好个别指导。教师可采取外在介入和平行介入并用的方式对家长进行指导。外在介入是指教师对家长进行指导，交流对象仅限于家长。在目前的亲子游戏指导中，外在介入的指导方式比较普遍。平行介入指的是教师参与到亲子游戏中去，直接面对面地与家长及孩子进行互动。平行介入可以更加直观地让家长了解游戏过程中该做的和不该做的，教师直接参与到亲子游戏中去，用行动为家长做出榜样，这样的指导效果更为直接。当然，在平行介入之后，教师还应与家长进行总结性的沟通和交流，这时就需要外在介入，让家长倾诉困惑和疑虑，和家长一起总结分析，找出最恰当的解决方法，给家长以方法上的指导。

三、幼儿园亲子游戏集

（一）身体发展幼儿亲子游戏

游戏名称：袋鼠妈妈和宝宝。

适合年龄：3~4岁。

游戏目标：训练宝宝肢体的控制能力和坚持性，增强妈妈和宝宝之间的协调性。

游戏准备：平整的场地、地垫。

游戏玩法：

（1）热身活动：家长一边念儿歌一边带幼儿活动上肢和腿部。

（2）家长和幼儿面对面，孩子双手紧紧搂住妈妈的脖子，双腿用力夹住妈妈的腰，像小袋鼠一样紧紧挂在妈妈的胸前。

（3）妈妈手膝着地撑起身体，和孩子一边念儿歌一边手膝着地爬行。

游戏指导：

（1）第一次玩此游戏，家长可用一只手托住孩子的后背，让孩子有安全感。

（2）在游戏中，家长要慢慢地松开手，以便更好地训练孩子的上肢和腹部力量。

（3）多次游戏后，可慢慢加大难度，如在爬行时摇动身体，延长游戏时间等。

（4）游戏中根据孩子情况调整游戏时间及方法，保证幼儿安全。

附：儿歌

①《我的身体会跳舞》：小手小手拍一拍，手腕手腕抖一抖，小脚小脚跳

一跳，小腿小腿踢一踢，屁股屁股扭一扭，我的身体会跳舞。

②《袋鼠妈妈和乖乖》：袋鼠妈妈有个袋袋，袋袋里面有个乖乖，幸福妈妈幸福乖乖，妈妈和乖乖相亲相爱。

（二）语言发展幼儿亲子游戏

游戏名称：自我介绍。

适合年龄：3~4岁。

游戏目标：训练幼儿学会自我介绍，培养幼儿的语言表达。

游戏准备：玩具青蛙、玩具兔等幼儿熟悉的玩具或生活用品。

游戏玩法：

（1）妈妈手拿玩具青蛙，模仿青蛙的声音说："我是一只大青蛙，圆圆的眼睛白肚皮，整天爱唱呱呱呱。"

（2）爸爸自我介绍："我叫×××，高高的个子，胖胖的脸，喜欢打球和唱歌。"告诉宝宝自我介绍时，先说自己的名字，再讲外貌特征，最后介绍自己的爱好。

（3）让宝宝介绍他所熟悉的玩具兔，妈妈先用提问的方式引导宝宝，如："这个叫×××，它的眼睛是怎样的？耳朵是怎样的？尾巴是怎样的？它喜欢吃什么？"帮助宝宝表达，然后让宝宝完整地说一遍。

（4）引导幼儿介绍自己，"我叫×××，××的眼睛，××的脸，我爱……"家长可以根据宝宝的描述，给宝宝画像，以激发宝宝的兴趣。

游戏指导：

（1）在引导幼儿自我介绍时，先教给幼儿自我介绍的顺序，再教给幼儿自我介绍的内容。

（2）家长应鼓励幼儿在别人面前介绍自己，培养其沟通能力。

（三）认知发展幼儿亲子游戏

游戏名称：好玩的图形。

适合年龄：3~4岁。

游戏目标：

（1）帮助幼儿感知圆形、正方形、三角形的特征，激发幼儿对图形的兴趣。

（2）喜欢辨认生活中的图形，培养幼儿的观察力和动手操作能力。

游戏准备：

（1）旧报纸、广告纸、图画纸、白色蜡笔、毛笔、粉笔、水彩或墨水。

（2）儿童剪刀、塑料蛋糕刀、小碗、面粉、糖等。

（3）一块平坦开阔的场地。

游戏玩法：

（1）撕剪图形：①妈妈和孩子撕一撕、剪一剪旧报纸和广告纸。妈妈也可事先在纸上画出一些图形，让孩子沿轮廓线剪或撕下图形；或是根据孩子的能力，练习凭空撕剪图形，锻炼孩子的抽象思维能力和想象力。②利用撕剪的图形玩一玩说图形、比大小的游戏，或拼摆出宝塔、房子等组合图形。

（2）蒸烤图形：妈妈先将准备好的面粉、糖、水等材料按一定比例混合，揉成面团。然后，妈妈和孩子一起将面团压扁，用小碗扣在面饼上压出圆形，用手或蛋糕刀做出正方形、三角形等各种形状的面坯子，再用烤箱或蒸锅蒸烤后，和孩子一边分享美味一边说图形，比一比谁的图形好，比一比谁吃的图形多。

（3）走图形：找一块平坦开阔的场地，用粉笔在地上画出圆形、正方形、三角形，妈妈和孩子一起沿图形轮廓，用脚跟挨脚尖的方法走一走，说说走的是什么图形。

（4）变图形：妈妈事先用白色蜡笔在图画纸上画出一些图形，然后鼓励孩子用毛笔蘸上水彩或墨水涂满整张图画纸，这时事先用蜡笔画好的图形就会变出来，从而进一步激发幼儿游戏的兴趣。

游戏指导：

（1）撕剪图形游戏结束以后，一定要提醒幼儿仔细洗手，以免报纸上的铅等有害物质被孩子误食。

（2）各种形状的面坯被蒸烤熟后，让孩子在品尝着自己的劳动成果时，要求孩子说出："我吃了一个正方形，我吃了两个××形等。"培养幼儿辨认图形的兴趣。

（3）走图形游戏，地面上画的图形要大而清晰，在走的同时能说出图形。变出来的图形要很容易被孩子指认出来，并注意图形的美感。

（四）社会性发展幼儿亲子游戏

游戏名称：和哥哥、姐姐在一起。

适合年龄：3～4岁。

游戏目标：

（1）鼓励幼儿和哥哥、姐姐相互认识，体会到兄弟姐妹之情。

（2）增加幼儿之间交往的机会，培养友好的情感和共同活动的兴趣。

游戏准备：一些玩具、音乐《抱抱歌》、饼干、水果等。

游戏玩法：

（1）妈妈告诉宝宝："今天有哥哥、姐姐要来和宝宝一起玩，宝宝高兴吗？"接着给宝宝介绍哥哥、姐姐的名字，然后让哥哥、姐姐坐在宝宝两边，提醒孩子之间互相问好。

（2）家长、宝宝和哥哥、姐姐围成圆圈，播放音乐《抱抱歌》，请哥哥、姐姐跟着家长做动作，当唱到"妈妈抱抱"时，妈妈主动与宝宝抱抱。然后，变化歌词中的人物称呼让身边的哥哥、姐姐与宝宝抱抱。也可以让宝宝抱抱妈妈、哥哥和姐姐。

（3）哥哥、姐姐和宝宝一起玩玩具，边玩边向宝宝介绍玩具的名称、玩法。

（4）请宝宝邀请哥哥、姐姐吃饼干、水果，心情愉快地与哥哥、姐姐分享午点。

游戏指导：

（1）家长经常邀请社区里的哥哥、姐姐、弟弟和妹妹来家里玩，或带孩子到外面与同伴玩耍，创造机会培养孩子的社会交往能力。

（2）家长应加强指导，玩的形式可多样化，如一起游戏，早期阅读，制作手工作品，欣赏故事、儿歌、音乐等。

（五）情绪情感发展幼儿亲子游戏

游戏名称：变脸。

适合年龄：3~4岁。

游戏目标：

（1）帮助幼儿了解"开心""生气""伤心"等表情，并能听口令做相应的动作。

（2）享受与父母共同游戏带来的快乐。

游戏准备：各种表情娃娃脸谱。

游戏玩法：

（1）家长分别出示各种表情娃娃脸谱，帮助宝宝了解不同的表情。提问：

"这是什么娃娃？""他的表情是什么样的？"

（2）家长告诉宝宝："现在我们来玩一个游戏，名字叫'变脸'。"爸爸、妈妈示范游戏的玩法。爸爸双手蒙住脸说："变变变，变什么？"妈妈接着说："我来说，你来变，大家一起眯眯笑。"爸爸立刻放下手，听口令做相应的动作。如能听指令做出相应表情，就可进行角色对换，否则不能交换角色。

（3）宝宝参与游戏，听妈妈的口令，做相应的表情。宝宝双手蒙住脸说："变变变，变什么？"妈妈说："我来说，你来变，大家一起呜呜哭。"幼儿立刻放下手，做出相应的表情。反复交换角色练习不同的表情。

（4）宝宝发出口令，爸爸、妈妈做相应的表情。

游戏指导：

（1）游戏前可由父母表演"变脸"，如微笑、睁大眼睛、抿嘴、哭、皱眉头等表情，要求面部表情生动，并与词语搭配。

（2）游戏必须用"变变变，变什么""我来说，你来变"的对话形式，听口令做相应的动作。如果能听指令做出相应表情，就可进行角色对换，否则不能交换角色。

（3）游戏中，要求宝宝变的表情不宜太难，便于宝宝模仿与表演。

第六章

幼儿游戏自主性的变化机制

第一节　幼儿的情境体验

游戏情境是幼儿在游戏过程中所创设的情节和环境，创设游戏情境是非常有效的一种教学策略，一个好的游戏情境可以吸引幼儿的注意力，可以使被动学习转化为主动学习，可以使幼儿对学习活动产生浓厚的兴趣，使幼儿在玩中学、乐中学。甚至还可以使幼儿在不自觉中达到认知活动与情感活动的"渗透"与"融合"，使他们的情感和兴趣始终处于最佳状态，全身心地投入到活动之中。

一、在环境创设中巧设情境，以情趣促互动

在环境创设中巧妙利用每一种材料的鲜明特点，精心设计富有美感且充满儿童情趣的活动空间和活动氛围，充分调动了幼儿学习的主动性。

（一）提高幼儿参与性

让幼儿参与环境情境布置，包括构思、设计、制作等。设计构思时，先让幼儿充分讨论，然后师生共同确立一个主题，一起动手制作和布置。让幼儿参与环境情境布置，不仅促使幼儿全身心参与和投入，使他们分享成功的喜悦，而且对自己的劳动成果倍感亲切和珍惜，从而也很自然地达到了预期的目的。

例如世博主题，先由幼儿讨论构思，再由幼儿参与制作，引导每个幼儿把自己喜迎世博的心情用不同的方式表现出来，在整个主题的实施过程中，幼儿在自己创设的情境中活动更有情趣，活动积极性更高。又如，在主题活动"动物大观园"中，我们创设了"鸟儿乐园"游戏情境，发动家长与幼儿收集了各种纸箱和鞋盒，并引导幼儿在手工坊里剪、折、贴各种小花、小草、小树等形象，贴在纸箱上做成了立体背景，如行道树、鲜花等，装饰在幼儿已建构好的鸟窝周围，营造绿色乐园的美好意境。

（二）具有操作性

把环境布置成幼儿可以自主操作探索和玩耍的活动型环境，环境中的人物、动物甚至背景等都是活动的，让幼儿在环境中可以自主地、灵活地进行自由取放、排列和玩耍。

如"马路迷宫"，幼儿可以通过自由取放、摆弄图片，一边走迷宫玩耍，一边认识马路上的各种交通标志，了解一些交通规则。又如，"火锅店"里除了提供少量现成的火锅材料外，还提供了彩色纸、小木棒等材料，这样，幼儿便可以根据顾客的要求，制作火锅材料，用橡皮泥搓成小丸子做成各种肉丸，将彩色纸做成海带……正是有了这些具有操作性的活动型环节，才更令大家玩得兴趣盎然。

（三）激发幼儿好奇心

良好的环境是激发幼儿好奇心的基础，让环境激发幼儿提问，鼓励他们沿着他们的好奇心去做一做、试一试，引导幼儿自己去发现问题，探索问题。

如游戏"七彩世界"，为幼儿创设了引起他们好奇心的环境和材料，其中有吹泡泡工具、七彩风车底图、七彩陀螺、CD盘等，这样的环境激发了幼儿对声、色、形的好奇心，引发了幼儿产生探寻五彩缤纷世界的兴趣。再如中班游戏"惊奇一线"，我们为幼儿提供了神奇的五线谱、美丽的彩虹、蜘蛛的家等，让幼儿欣赏着生活中各种各样的线条，同时也激发了幼儿的好奇心，尽情挥舞着想象的翅膀，徜徉在无限的奇思妙想中。

在幼儿看来，周围环境中的许多事物都是新奇的，很多都出乎他们的预期，他们想要观察、探索、询问、操作或摆弄这些事物。这些探究行为如果能够得到不断的强化与满足，不但可以掌握知识技能，还会逐步内化为个体良好的心理品质。教师应当创设满足幼儿好奇心的环境条件，鼓励与支持幼儿的好奇行为。

二、在游戏设计中巧设情境，以趣味促学习

（一）以自然、生活展示情境，增加游戏趣味性

在教学活动中根据教学的需要，为幼儿设计的活动情境尽量从幼儿所熟悉的生活和自然等方面考虑，让幼儿在这样的情境里自主地、无拘无束地创造想象和学习。

如小班的娃娃家，我们为幼儿提供了锅碗瓢盆、小床、被子、娃娃衣物、晾衣架等生活中常见的生活用品，让幼儿在与现实生活相似的、温馨的环境下尽快适应，顺利地展开各种活动。再如"有趣的想象旅行"游戏，我们教师用真实的生活情景展示出来，让幼儿充分感受大自然的奇特景色，激发幼儿创作的激情。

我们要充分利用自然环境，既要贴近幼儿的生活，又要有助于拓展幼儿的经验和视野。自然是那样的美丽多姿，生活是那样的绚丽多彩，以幼儿的生活经验为出发点，充分利用自然和生活中的形、情、景，引导幼儿去体验、感受，会更有效地促进幼儿的发展。

（二）以表演展现情境，增加游戏趣味性

教学中根据实际，灵活地、有针对性地把一些教学内容（幼儿比较难以理解的、语言描绘不清楚的等）用表演的形式展现给幼儿。

如活动"在农场"以表演的形式开始，让幼儿一下子融入情境，扮演着各种动物形象，充分传达直观的信息和情感；以表演的形式结束，幼儿通过肢体可以更加自如、更加愉悦地表现自己的内心世界。又如游戏"六个好宝贝"中，幼儿模仿着"盲人""聋哑人"等表演游戏，真实有趣味地体验着耳朵、眼睛等宝贝对自己的作用。

表演是直观的、是视觉的，通过表演传达信息、反映情感，增强情绪体验，有利于幼儿在学习中的情感再现，并且也是幼儿乐于接受的。情境表演极大地调动了幼儿学习与探究的积极性与激情。

（三）以多媒体演示情境，增加游戏趣味性

在教学中运用多媒体，创设出与教学内容融为一体的生动、形象的情境，激发了幼儿学习的兴趣。

如"秋天的画报"中就用到了多媒体演示情境这一策略。教师用多媒体课件与幼儿一起创造秋天的画报，画面生动形象，一下子就把幼儿的注意力吸引住了。再如"给大象穿裤子"活动，教师将幼儿的创作用投影展示出来，不仅让大家欣赏到了别人的创意，也鼓励了更多的幼儿去参与活动。

多媒体情境以多变的屏幕显示和适当的声音效果、动画技术，促进幼儿脑、眼、耳、手、口等多种器官同时接受刺激，大大激发了幼儿的学习兴趣，使幼儿能积极主动地参与到游戏活动中。

（四）创设竞争情境，增加游戏趣味性

根据幼儿自尊心强、自我表现欲、荣誉感强、好胜不服输的心理年龄特点，教师为幼儿精心设计针对性强的游戏，创设一种适合幼儿的自主的竞争情境，充分调动了幼儿主动学习的积极性和趣味性。如体育游戏"夺珠奇兵""我是大赢家"等游戏都是通过竞争情境激发幼儿积极主动参与到游戏活动中的。又如生活游戏"夹弹珠""穿衣服"，益智游戏"找不同""玩拼图"等游戏可以双人、多人进行比赛，规定时间内看谁先完成。正是营造了这种竞争的情境，才大大增加了游戏的趣味性，更增加了幼儿参与游戏的意愿。

游戏的目的不仅仅在于让幼儿"玩"，而是在于引发、支持与促进幼儿的学习。一个好的游戏情境既可以吸引幼儿的注意力，又可以让幼儿产生浓厚兴趣，使被动学习转化为主动学习。

第二节　幼儿的互动发展

课程改革强调在人的交往中学习，强调在活动中真正地"动"起来，这个"动"不是教师或幼儿单方面的"动"，而是一种"互动"，是师幼之间、幼儿与幼儿之间、教师与教师之间的一种多维互动。"多维互动"促进了游戏的多向交流，通过师生多种感官的全方位参与，积极主动地进行自主设计、自主尝试、自主领悟、自主质疑、自主评价、自主总结等实践活动，达到了自主学习、全面和谐发展的目的。

一、师幼互动，教学相长

（一）宽松和谐的环境是良好师幼互动的基础

在游戏中，注重为幼儿创设温馨和谐、民主平等的良好氛围，保持愉快心情，鼓励幼儿做自己所想的事、说自己想说的话，增强幼儿的"主人翁"意识。例如，开设角色游戏区时，我们可以充分尊重幼儿游戏的意愿，让幼儿充分发表意见：你想开设什么游戏，这个游戏中需要哪些物品，你可以提供哪些物品充实游戏环境，游戏中需要哪些角色，需要几位角色比较合适……教师"蹲下来"以伙伴的身份和口吻与幼儿在同一平台上对话和交流，让幼儿在宽松的环境下主动求知，主动与人交流沟通。

（二）正确的角色定位是良好师幼互动的关键

在研究的过程中教师要明确自己的角色定位，教师不仅仅是教育者和管理者，更是幼儿发展的支持者、参与者与合作者。如在幼儿进行"医院"游戏没有病人时，教师可以充当"病人"帮助游戏继续进行；在"理发店"游戏时，教师可以扮演挑剔的"顾客"，提醒理发店可以开拓"美甲"业务；在"美食店"游戏中，教师不仅可以买美食，更是美食仰慕者，请大厨为我们介绍各种美食……在幼儿的游戏中，教师可以作为游戏中的一分子，及时地关注幼儿的情感与需要，关注幼儿的实际情况，做良好师幼互动环境的创设者、积极互动活动的组织者与引导者。

（三）恰当有效的策略是良好师幼互动的保证

在游戏中要实现师幼互动的有效性，很大程度上依赖于教师的教育策略。

策略一：积极地观察幼儿

游戏中积极地关注幼儿的实际需要，注意幼儿的兴趣出发点，观察幼儿在活动中的情感表现、动作反应和语言交流，把握好恰当的时机，采用适当的介入方式，形成有效的师幼互动。例如，区域活动时间到了，只见拼图区的幼儿很少，不时听到有幼儿说"拼图不好玩！"原来是一些幼儿尝试了几次失败了，就失去了耐心。"你可以先看看图纸，然后再想想我们用什么方法来拼？"教师把问题抛出去，从而引发了幼儿的思考。"老师你看这是大象和KT猫！"经过思考后的幼儿兴奋地指着图纸中央对老师说，边说还边动手拼了起来，没过多久一个大象和KT猫就拼好了。其他幼儿也纷纷加入新的拼图游戏之中。

观察是教师了解幼儿最重要、最基本的方法。在观察的过程中了解他们所需要的，然后及时采用相应策略帮助幼儿们更好地开展游戏。

策略二：积极地创造机会

游戏中教师不但要懂得聆听童声、透视童真，还应为幼儿提供各种不同的学习机会，让幼儿在学习中探索、在游戏中互动。例如，在美工区中提供了一些废纸让幼儿玩折纸，他们折出了小动物、飞机、花……一天心心小朋友盯着手里的三只分别用报纸、图画纸、挂历纸折成的小船发呆，教师轻轻走过去问，"你在想什么呢？""我想，如果这三只船放到水里，谁跑得远？""这是个好主意，那我们试试吧。"教师把水池蓄满了水，心心将三只小船同时放到水池里，小船在水里漂起来。观察了一会儿，心心喊起来："老师，你看，报纸小船怎么进水了？它沉了！图画纸小船也在慢慢沉下去，但是挂历纸小船还是好好的呢！"

游戏中教师积极地创造机会，尊重孩子的意愿，抓住兴趣点，允许他们按自己的设想活动，给予幼儿自由选择游戏活动的权利，引导幼儿自由地表现与表达，实现良好的师幼互动。

策略三：扩大师幼互动的范围

游戏中要善于对幼儿的想法和意见适时回应，顺水推舟，抛出新的问题情境，引发幼儿讨论，扩大师幼互动的范围，引出更宽广的话题，使互动活动内容向纵深延续，生成更多有价值的互动内容。如之前的纸船实验中望着幼儿们意犹未尽的样子，教师又问："那你们知道谁会跑得更远吗？"幼儿们一下子全盯着教师。"我们再来试试吧。"幼儿们飞快地又拿来三只不同纸质的小船，教师将水槽塞拿掉，三只船同时下水，顺着流动的水，小船也开动了，"哇，报纸小船走得最快，第一名啊，可惜沉了！""图画纸小船第二名，但是进水了。""挂历纸小船虽然是最后一名，可它还是好好的！那么，谁能装更重的东西跑得更远呢？"教师再问。幼儿们又兴致勃勃地开始忙碌起来……活动中教师又适时地介入，扩大师幼互动的范围，留有余地地提出问题，恰到好处地引导他们深入开展游戏，让他们自己发现，自己探索，使幼儿的思想火花碰撞并得到升华，获得了新的体验和发展，感受到了成功的喜悦。

良好的师幼互动是开展活动的基础和前提条件，它能使幼儿感受到安全和愉悦，体验到认同与接纳，感受到被理解与尊重，从而产生满足感和温暖感，有利于提高幼儿认知世界的主动性和积极性，促使幼儿得到主动和谐的发展。

二、幼幼互动，相互启迪

（一）互看

在自主游戏的过程中，一个教师要面对几十个幼儿，常常会因时间关系无法迅速了解、反馈每位幼儿的学习情况，那么我们就可以采取榜样的方法，让幼儿在互看中进行游戏学习。如在运用材料发现学习"数的组成与分合"或"小动物找家"过程中，如果有幼儿遇到反复尝试努力仍无法解决的困难时，这时我们就提示幼儿互相看看别人的表现或表演，看看别人的演示或演算，就可以使幼儿得到启示，达到相互反馈、自我矫正的目的。

（二）互说

游戏中，我们从"听"与"说"的要求入手，鼓励幼儿敢于站出来，面对全体伙伴，大胆讲述自己的操作、发现或不理解或有疑问的地方。例如，游戏结束评价时，我们引导幼儿说说游戏中的发现，可以是好方法、新玩法，也可以说说下次游戏时需要再添置哪些游戏材料，也可以说说发现同伴有哪些坏习惯……这样做可以让"说"的幼儿理清思路，经过思考，形成自己的观点。而"听"的幼儿则有意识地倾听，了解别人的发言、观点与自己有何不同，有何不足，而后进行比较、判断，萌发灵感，触类旁通。如此听者与说者充分互动，能促使双方共同提高。

（三）互辩

当幼儿意见不一致又相持不下时，组织他们共同讨论，让意见接近的幼儿自由组织起来，进一步明确大家的想法，找到更加充分的理由，并在不同意见之间开展互辩。例如大班科学实验"看谁运水快"游戏中，由于提供的吸水材料不同，幼儿们各自说自己选择的材料吸水快。于是让意见相同的幼儿组成"帮派"，出现了"海绵派、毛巾派、纸张派"，然后以组为单位进行表述、互辩，然后再重新选择小组进行实验……通过互辩使幼儿在知识方面互相补充，在认识上互相促进，在学习方法上互相借鉴。

（四）互评

教师要给予幼儿评价的机会和权利，帮助幼儿将评价的出发点立足于发现别人的长处、相互学习上，注重幼儿互帮互助、团结协作意识的培养。

例如，幼儿在制作"拖鞋"的活动结束时，一个个都在欣赏、评价，教师就可以抓住时机问："你喜欢哪双拖鞋？为什么？""有没有什么不同的理由？""你觉得哪组拖鞋做得最好？好在哪里？"……幼儿们从颜色、造型、花纹等方面各自发表着不同的评价。通过互评，一些学习有困难的幼儿得到了帮助提高，而一些发展较快的幼儿也看到了自己的不足，得到更全面的发展，从而使大家取长补短，相互促进，共同提高。

幼儿与幼儿之间蕴藏着巨大的学习资源，让幼儿在互动中去发现问题、解决问题，完成学习对象与自我的双向建构，其效果远远胜于教师的灌输。

三、师师互动，取长补短

（一）落实"师师互动备课"

师师互动的集体协作备课，相互启发，互补优势，共同进步。例如，在主题活动"有趣的动物世界"备课中，有的教师提出户外游戏中可以放兔子、袋鼠、青蛙一类的跳跃游戏，有的教师就提出加入跑、走、跨等技能，锻炼幼儿的反应能力和其他技能；在区域游戏中，有的教师提出益智区可以放动物平面拼图，有的教师就提出可以放新颖的魔方立体拼图，吸引幼儿参加的兴趣……教师在集体互动讨论的基础上制作教学具，并由教师根据自己班学情和教学风格做适当修改、完善，实施教学。

（二）实践"师师互动教研"

在解决问题、教学心得、观摩研讨等活动中都采取"师师互动"的实践方式。例如，在集体教研过程中，我们采用了类似于"头脑风暴"的方式来激活教师们参与教研的热情。首先，由设计游戏的教师以图文的形式诠释自己对游戏的设计、制作、分析，使观摩者一目了然，也使观摩者更有效捕捉有效信息。其次，请观摩者谈谈游戏内容、材料是否有需要改进的方面。最后，议议活动中出现的共性的问题，从设计者"游戏可以这么玩"到观摩者"还可以怎么玩"，在互动交流的过程中获得有益于自身成长的教学经验。

轻松自由的研讨活动氛围激起了教师们参与研讨的热情，每个人都抢着发表自己的见解，大家同时经历了一场"头脑风暴"，在思维碰撞的过程中获得了有益的经验。

"师师互动"可以启迪智慧，互惠思想和经验，激发教师群体的洞察能力，推动教师的学习速度，发挥更大的学习效果。教师在互动式学习中，舍弃了孤立的、被动接受式的学习、工作模式，扩展自己的能力空间，相互启发，相互补充，实现在思维和智慧上的碰撞，多了锐意思考的心态和探究事物的强烈动机，从而产生新的思想，营造了浓浓的、和谐的团队氛围。

第三节　儿童的兴趣层次说

　　"兴趣是最好的老师"，它是影响儿童学习的一个重要因素。如何判断儿童对活动是否感兴趣以及感兴趣的程度？设想有三名儿童，他们表面看来都对学习活动非常投入，甚至到了废寝忘食的地步。但是，我们能否据此得出"他们对学习活动都非常有兴趣"这一结论呢？答案并非如表面看起来那么简单。第一名儿童刻苦学习的根源是对良好学习成绩、考上名牌学校、家长的重金许诺、教师的表扬以及同伴认可与尊重的渴求；第二名儿童刻苦学习的根源是强烈的求知欲，对学习活动中通过努力不断战胜挑战、困难与自我体验的渴望；第三名儿童刻苦学习的根源两方面兼有。在这里，推动他们刻苦学习的动力不同，或者说他们的兴趣分别指向环绕在学习活动周围的"糖衣"、学习活动本身以及二者兼有。因此，在分析儿童兴趣时，仅仅停留在对儿童外部表现的观察远远不够，必须分析儿童兴趣的指向性与兴趣结构。

　　儿童从事的活动有不同层次，从外到内依次是：社会对从事这个活动的儿童的预期及伴随而来的各种评价；附加在活动上的儿童喜欢的东西（如小红花、教师的口头表扬、家长各种形式的嘉奖等）；活动的组织形式（如拟人化的口吻、各种教具、场景布置等）；活动内容本身……处于活动最内层的是活动内核，包裹在这个内核外面的可以看作不同层次的包装物，这些包装物和活动内核之间有着不同程度的互渗关系。依据儿童兴趣所指向的活动层次，可以将儿童的兴趣划分为感官兴趣、内在兴趣和中间兴趣三种。

一、感官兴趣

　　感官兴趣，指向的仅仅是活动外部的各种"包装物"，如社会的正面评价、教师的表扬、家长的奖励、同伴的认可等。具体地说，指活动本身无法使儿童得到满足，之所以从事这个活动，是因为这个活动可以为他带来各种外部的东西。

为了让儿童从事这样的活动，教师必须对活动进行各种各样的包装，以刺激与引起儿童的感官兴趣。但使对象和观念变得有趣的原理，同样意味着对象和自我的分离。当事物必须被赋予兴趣时，那是由于事物本身缺乏兴趣。儿童的注意永远不是指向基本的、重要的事实，而仅仅是指向环绕着事实的有吸引力的包装物。

通常情况下，引起感官兴趣的阈限会越来越高，这种反应模式会将教师与儿童之间的关系局限于无止境的提供与接受中。更为严重的是，这种情况会剥夺儿童自行生成有趣的、有意义的活动，让他们变成被动的接受者，需要别人来"侍候"他们，刺激他们。因此，这种感官兴趣在根本上是被动的、依赖性的，即儿童的感官兴趣越浓厚与强烈，对外界的依赖也越强烈，并将最终形成一种恶性循环。

感官兴趣的被动性和依赖性，同时决定了感官兴趣很难持久，容易出现"兴趣疲劳现象"。为了防止儿童出现兴趣疲劳现象，教师会绞尽脑汁设计一些更加新异的活动包装物；儿童对活动内容本身的兴趣也将逐渐被削弱。

活动中，当儿童的兴趣是感官兴趣时，虽然表面看来，儿童可能也会积极参与活动，但他是为了获得自己关注与感兴趣的环绕在活动周围的各种形式的包装物。在这里，活动仅仅是工具与手段，这些包装物才是儿童所追求与看重的结果和目的。

二、内在兴趣

与感官兴趣相对的内在兴趣，指向的仅仅是活动内容本身，即活动内核。具体地说，活动本身就可以让儿童获得足够满足，不再需要各种形式的包装物，这种内在兴趣符合杜威所说的"真正的兴趣原理"。真正的兴趣原理是所要学习的事实或所建议的行动和正在成长的自我之间公认的一致性的原理；兴趣存在于行动者自己生长的同一个方向，因而是生长所迫切需要的，如果行动者要自主行动的话。也就是说，真正的兴趣是自我通过行动与某一对象或观念融为一体的伴随物。

这种内在兴趣指向并依赖于活动内容本身，个体的满足感源于活动中自我的超越、活动中各种意外发现的惊喜体验，等等。因此，内在兴趣本质上是主动的，会随着儿童活动的拓展与深化而不断得到加强；反过来，它又会激发儿童进一步拓展与深化学习活动，最终形成一种良性循环。

也正是在这种意义上，蒙台梭利（Maria Montessori）主张"废除奖励和外在惩罚"，"因享有自由和守纪律的人，他所追求的不是使他受到轻蔑而感到沮丧的奖励，而是从他的内在生命中产生的人类的力量、自由的源泉和更大的积极性。"内在兴趣最终消解了儿童学习活动中各种形式的外部奖赏（如教师表扬等）存在的合理性与必要性的基础，也使得环绕在活动周围的各种形式的包装物变得越来越不重要，甚至变得多余。

此时，如果教师还坚持使用各种形式的外部奖赏，对活动进行各种形式的包装，那么就可能产生"画蛇添足效应"。假设我们奖赏儿童去做他们本来就感兴趣的事，儿童反而会慢慢失去兴趣。换言之，奖赏会降低儿童自发地从事某个活动的意愿。这就是"画蛇添足效应"。

"画蛇添足效应"的产生机制是怎样的呢？国外有研究者认为，物质奖赏的反效果是因为奖赏会引起暂时性的心理组织和功能的退化，奖赏将受试者的心理功能转移至一种较"原始"的状态，而且将挑战的层次由最高层次（内发动机）降低到较低的层次（即外诱动机）。因此，原来没有奖赏时，觉得有趣且富挑战性的事，在出现奖赏后，就变得困难且令人沮丧。这主要是因为，在有奖赏的预期心理下，受试者会选择较容易、不那么有挑战性的工作，以增加得到奖赏的机会，而那些原本有趣且富有挑战性的事却因有可能使儿童失败而变得令儿童沮丧。

"画蛇添足效应"形象地反映出儿童从事其感兴趣的活动时，已经从活动本身得到了应有的报偿；此时若再给予儿童不必要的奖赏，或者用各种新异的包装物包裹活动，反而会变得多余，甚至出现负面效果，即会逐渐侵蚀儿童原本对活动本身的兴趣，引导儿童的关注点从活动内容本身，逐渐转向各种形式的活动包装物，并有可能最终导致儿童丧失对原本感兴趣的活动的兴趣，由原来的内在兴趣最终转变为感官兴趣。活动中，当儿童的兴趣是内在兴趣时，活动既是目的也是手段，实现了手段与目的的内在统一。此时，各种形式的外部奖赏和包装物都失去了存在的必要性与合理性，是多余的了。

三、中间兴趣

介于感官兴趣和内在兴趣之间的中间兴趣，既部分指向活动的包装物又部分指向活动本身。具体地说，儿童能够从活动本身获得一定程度的满足，但还不足以激励儿童全身心投入活动，因此需要一定程度的"包装物"。儿童从活动本身获得满足的程度和对活动包装物的需要程度成反比或呈负相关。

中间兴趣包含感官兴趣和内在兴趣两种成分，可以粗略地划分为感官兴趣主导型中间兴趣、内在兴趣主导型中间兴趣、感官兴趣与内在兴趣势均力敌型中间兴趣。中间兴趣兼具感官兴趣的被动性和内在兴趣的主动性，主动性程度和内在兴趣所占比例成正比，与感官兴趣所占比例成反比。

在现实活动中，儿童的兴趣很少是极端的感官兴趣或内在兴趣，更多介于二者之间，是一种复合型中间兴趣，随着活动的变化，儿童的中间兴趣也会相应地发生变化。教师的一个重要职责就是尽可能帮助与推动儿童的中间兴趣逐渐向内在兴趣方向积极转化。

四、从感官兴趣到内在兴趣的层次结构

这里将兴趣看作一个层次结构，感官兴趣和内在兴趣分别居于兴趣层次结构的两端，介于两端之间的广泛地带就构成了复合型中间兴趣（见图6-1）：

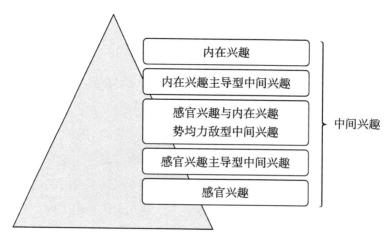

图6-1　兴趣层次结构

　　图6-1中不同层次的兴趣之间的区别源于兴趣指向性的差异。在现实中，随着活动的变化，特别是随着儿童从活动中获得满足程度的变化，以及儿童对活动包装物关注与依赖程度的变化，儿童兴趣的指向性也会随之发生相应的变化。因此，三者之间的区别是相对的，在一定条件下可以相互转化，既可能是自下而上的积极转化，也可能是自上而下的消极转化。

第四节　儿童兴趣层次的转化

从儿童兴趣层次的视角看，儿童兴趣层次的转化会在很大程度上引发与推动幼儿园游戏自主性的变化。在实现儿童兴趣层次积极转化的过程中，外部奖赏的合理运用和"留白"策略的巧妙运用至关重要。

一、合理外部奖赏：引发儿童兴趣层次积极转化

合理运用外部奖赏（不仅包括小红花、五角星之类物质层面的东西，还包括诸如教师的口头表扬、微笑、点头、同伴认可等精神层面的东西），可以引发儿童兴趣层次的积极转化，进而激发幼儿园游戏自主性的积极转化。

在活动对儿童价值最大的前提下，外部奖赏合理性的基础是感官兴趣，并且合理性的程度随感官兴趣和内在兴趣比重的变化而变化，这就要求教师在具体运用外部奖赏时，及时洞察儿童兴趣中感官兴趣和内在兴趣比重的微妙变化，据此调整外部奖赏的强度。具体地说，当儿童兴趣逐渐自下而上积极转化时，教师需相应逐渐降低外部奖赏的强度，这就是退出策略；反之，当儿童兴趣逐渐自上而下消极转化时，教师就要相应逐渐提高外部奖赏的强度，这就是介入策略。这两种策略背后的一个假设是，兴趣和学习之间是相辅相成的关系。虽然两种策略的方向相反，一个是退出，一个是介入，但其目的是一样的，即最终的退出。介入策略的使用，是由于儿童从活动本身获得的满足不足以促使他参与活动。通过外部奖赏的介入，可以诱导与推动儿童参与此活动。随着活动不断深入，儿童逐渐从活动中获得不同程度的满足，即所谓"知之愈深，爱之愈切"。当儿童从活动本身就可以获得足够满足时，外部奖赏就可以退出了。

因此，当某一活动对儿童非常有价值，并且儿童对此活动具有不同程度

的感官兴趣时，外部奖赏就具有一定的合理性，这可以用一个比喻说明：一个儿童生病了，为了治病，他必须吃一种很苦的药，但他偏偏因为药很苦而不肯吃。后来，医生在这个药中添加了他喜欢吃的糖，这个药越苦，需要添加的糖也就越多。就这样，儿童顺利地将药吃了下去，病也慢慢好了。在这个比喻中，药类似于儿童教育中很有价值的活动。当然，对于某些儿童而言，虽然这个药苦，但是可以下咽，甚至他们还很喜欢这种味道：这时就没有必要在"药"中添加诱人的"糖"了。

在此过程中，教师必须小心一个误区，即活动是否有价值。外部奖赏合理的前提是，这个活动必须有价值，并且在众多有价值的活动中，这个活动的价值相对最大。如果活动对儿童只有负面价值，即药不是"良药"，而是"毒药"，那么"毒药"外面包裹的"糖"越诱人，其危害性就越大。因此，教师判断在幼儿园游戏中是否采用外部奖赏手段时，首先要判断这个游戏的价值，其次要判断哪些儿童对这个活动具有感官兴趣，最后对这些儿童采取相应的外部奖赏。

此外，教师还必须注意避免另一个误区，即活动对谁有价值。很多情况下，教师认为有价值的活动，未必对儿童也有价值。比如，当前有些人打着弘扬国学的旗号，大力鼓吹儿童读经。读经对儿童是否有价值呢？即使有，价值又有多大呢？除了读经，是否还有其他更有价值的活动呢？儿童教育中还存在大量类似现象，包括名目繁多的所谓早期智力开发、兴趣班与特长班、各种形式的辅导班，等等。其中不乏有些确实有价值，但也有很多价值甚微，甚至个别还可能有负面价值。

避免这些误区的根本在于，克服成人中心，从儿童的角度考虑问题，判断活动是否有价值以及价值的大小。

二、巧妙"留白"助推儿童兴趣层次适时飞跃

在幼儿园游戏中，"外部奖赏"的合理运用可以引发儿童兴趣层次的积极转化，以达到内在兴趣。此时，儿童是主动参与游戏活动的。但如果儿童不能随意创新游戏的主题、规则、材料等，仅仅是在既定游戏规定的封闭系统内不断重复，那么就从根本上违背了游戏的本质，游戏具有一种自我生成与更新的特性。在游戏过程中，由于多种因素（如游戏材料的增减、游戏中其他儿童

的言行或其他一些刺激等）的影响，儿童有可能生成与更新游戏。因此，游戏是一个往返重复、自我更新的结构。游戏有一个开放的结构，它的运动无穷无尽。此时，就存在着一个矛盾，幼儿园游戏的固定性与封闭性限制了儿童内在兴趣的主动性，最终导致儿童的内在兴趣不断衰竭。当儿童的内在兴趣逐渐衰竭，进而向中间兴趣方向转化时，教师就需要使用一定的"外部奖赏"，以保证儿童能参与到幼儿园游戏中。此时外部奖赏的介入在保证儿童参与幼儿园游戏的同时，也能使儿童进一步从中获得游戏乐趣，进而又赋予儿童一种向内在兴趣方向转化的倾向与动力。

但由于此时的矛盾并没有得到彻底解决，特别是幼儿园游戏的固定性与封闭性并没有被打破，因此儿童的兴趣只能短暂地处于内在兴趣一端，紧接着又会重复前面的过程……只要幼儿园游戏的固定性与封闭性不能被有效冲破或打破，就一直会重复这个过程。

如何才能从根本上破解这一矛盾，进而助推儿童兴趣层次质的飞跃呢？巧妙"留白"是关键。"留白"是中国传统绘画中非常关键的一项技巧，以强调和追求意境为特色，我们在许多中国山水画中经常见到墨色与大面积空白并存，此处的"空白"就是运用"留白"技巧的体现。殊不知，正是"空白"的存在赋予了山水画以灵性与气韵。

借用中国传统绘画中的"留白"思想，幼儿园游戏中的"留白"策略的核心即是给儿童留出自由创造的"余地"。主要体现在游戏材料、玩法、时间和空间等方面。正是这种儿童自由创造的"余地"赋予了幼儿园游戏以灵活性与开放性，使教师介绍给儿童的游戏材料、玩法不再是对儿童的束缚，而是儿童得以自由创造的基础与资源。比如，有的幼儿园在开展了"手帕游戏"之后，在墙面上留了一个空白"手帕变变变"，让幼儿大胆发挥想象，把手帕变成各种各样的物体；在竹筒竹条系列民间游戏历史演变的过程中，某幼儿园开始时只是向幼儿介绍了几种基本的游戏材料和玩法，随着幼儿对材料与玩法的不断熟悉，教师鼓励幼儿大胆创新，发展至今，该幼儿园已经积累了20多种竹筒竹条系列游戏。

三、必要条件：适宜的教师指导

在众多影响因素中，适宜的教师指导是引发、推动和支持幼儿园游戏自主性积极变化的一个必要条件，具有动态性和生态性等核心特质。

（一）适宜的教师指导是必要条件

幼儿园游戏自主性是发展变化的，具有很强的可塑性。在此过程中，包括教师指导在内的自主性是一个重要因素，而适宜的教师指导是幼儿园游戏自主性积极变化的一个必要条件。

适宜的教师指导是必要的，但其目的是为了支持与推动幼儿园游戏自主性的积极变化。因此，当教师指导完成了这一"使命"后，就要果断地"退出"，切不可过分沉迷于"指导"。对有效的教师而言，介入和退出儿童游戏的过程，是一个要认真对待的过程，教师通过观察游戏进展来判断，这群儿童中是否存在能成功推动游戏发展的领头人，或者他们是否需要教师介入并短时间领导游戏，帮助他们提高游戏水平或是增加游戏难度。但教师很快又会退出游戏，让儿童重新主导。总之，教师指导的发起需要智慧，同样教师指导的退出也需要智慧。这些都是适宜教师指导的应有之义。

（二）适宜的教师指导的核心特质

唯有适宜的教师指导（而非所有教师指导），才能引发、推动与支持幼儿园游戏自主性的积极变化。适宜的教师指导具有多方面特点，而动态性与生态性是其核心特质。

1. 动态性

幼儿园游戏自主性的动态性决定了适宜的教师指导必然是动态变化的。教师指导的动态性具体体现在指导程度、指导内容、指导角色和指导方法等多方面。

（1）指导程度的动态性

支架式教学是建构主义者提出的一种教学模式，这种教学既强调学生的主动性，同时也强调教师的作用。但教师在教学中的作用随着儿童学习能力的提高而逐渐弱化，直至最终"退出"，以使儿童独自探索、学习。具体地说，在支架式教学中，教师作为文化的代表引导着教学，使学生掌握和内化那些能使其从事更高水平的认知活动的知识技能，这种掌握和内化是与儿童的年龄和认知水平相一致的。儿童一旦掌握并内化了这些知识和技能之后，教师便从中"退出"，让儿童独自探索、学习。简言之，教师通过支架（即各种形式的指导帮助）把管理调控学习的任务逐渐由教师转移给儿童，最后撤去支架。

支架式教学包括三个环节，即预热、探索和独立探索。其中在探索这一环节中，首先可以由教师为学生确立目标，用以引发和展开情境的各种可能性，让学生进行探索尝试。这时的目标可能是开放的，但教师可以对探索的方向产生影响。在此过程中，教师可以给予启发引导，但要逐渐增加学生的探索性成分，逐步让位于学生自己的探索。由此我们可以发现，支架式教学与有指导的发现法相似，都强调学生在教师指导下进行发现学习。但支架式教学则同时强调教师指导成分的逐渐减少，最终要使学生达到独立发现的地位，将监控学习和探索的责任由教师为主向学生为主转移。它强调教师与学生的地位在教学中的动态变化，而不是按某种比例做静态的组合。总之，支架式教学存在两种动态变化的过程：一方面，教师有意识地逐渐弱化自己的权威；另一方面，儿童在教师的帮助下逐步确立自己的权威。

具体到幼儿园游戏自主性发展中的教师指导问题，这种动态变化具体表现为两个方面：一方面，教师有意识地逐渐弱化自己指导的程度，直至最终退出；另一方面，儿童在教师的指导下其游戏自主性逐渐提升，直至最终自己接管与主导游戏，进而使其游戏自主性水平达到一个暂时的"高峰"。这样教师逐渐退出了游戏与儿童逐渐主导游戏的动态变化。在此过程中，教师指导的程度会随着幼儿园游戏自主性的变化而动态变化。

一般情况下，当游戏处于高结构游戏一端时，游戏自主性的量与质均较少，此时教师指导的程度相对最高，或者说教师介入的程度最深，对游戏的控制程度也最高；随着在连续体上自左向右不断转化，幼儿园游戏自主性的量与质也相应不断增多与提升，此时教师指导的程度也会逐渐降低，或者说教师就从之前的"介入"踏上了开始逐渐"退出"的征程；当处于连续体最右端（即低结构游戏）时，幼儿园游戏自主性的量与质均达到了一个暂时的"高峰"，此时教师指导就可以暂时"退出"，指导的程度也最低。但当低结构游戏又退化为简单重复的游戏时，幼儿园游戏自主性的量虽没有明显变化，但质在下降，此时就需要教师再次指导，指导程度也由刚才的最低开始回升。

当然，诚如在前面"追逐打闹游戏"中所呈现的那样，开始时游戏自主性的量与质均较高，此时教师指导的程度可能最低；但当"追逐打闹游戏"逐渐成为简单重复的游戏或者在游戏的过程中出现了冲撞、攻击等"不好"的行为时，此时游戏自主性的质开始下降，这就需要教师适时指导，此时指导的程度

开始上升。总之，教师指导的程度会随着幼儿园游戏自主性水平的变化而动态
变化。

（2）指导内容的动态性

教师指导的内容涉及游戏的各个方面，如游戏时间、游戏空间、游戏材
料、游戏经验、游戏规则、游戏角色，甚至还会涉及日常保育。但并非全部涉
及，而是在不同情况下会有所变化。在开展新的角色游戏时，教师指导内容主
要涉及游戏时间、游戏空间、游戏材料、游戏经验等四方面，或者说这四方面
是必需的。一般情况下，幼儿园游戏自主性越低，教师指导涉及的内容往往越
多；相反，幼儿园游戏自主性越高，教师指导涉及的内容也往往越少。如对于
低结构游戏而言，游戏自主性的量与质均较高，此时教师只要为幼儿提供与保
障相应的游戏时间与空间即可。

（3）指导角色的动态性

教师在幼儿游戏中扮演的角色不是一成不变的，而是动态变化的。因此，
教师指导角色也会随着幼儿园游戏自主性的变化而相应变化。

2. 生态性

从生态学的视角看，游戏活动是幼儿园课程实施途径的有机组成部分，
和教学活动、生活活动、家庭与社区等处于互补、互利与互生的有机关系中，
共同构成了一个有机体。因此，指导取向的生态性即要从改善游戏活动、教学
活动、家庭与社区等不同要素以及各要素之间的关系，进而改善与优化幼儿园
游戏系统的角度进行指导。如前文所述，在"娃娃家"游戏中，"妈妈"一直
抱着"宝宝"，哄"宝宝"睡觉，自始至终就是这样单一的游戏动作与情节。
面对此现象，教师如何指导呢？从生态学的视角出发，教师可以通过"家园合
作"，丰富幼儿相关感性经验，通过专门的集体教学或晨间谈话活动，帮助幼
儿整理、拓展与提升相关经验，在"娃娃家"中添加"灶台"、锅碗瓢盆等相
关材料，进而引发与支持幼儿丰富游戏情节，教师以游戏角色（如邻居等）的
身份进入游戏，进而引发与拓展游戏情节……通过这种生态学取向的指导，幼
儿在"娃娃家"中的游戏及其自主性必将得以改善与提升。

指导取向的生态性决定了教师指导幼儿游戏时不仅要着眼于游戏过程本
身，还要放眼游戏的各种外部影响因素，为此，这里将教师对幼儿园游戏活动
的指导视为一个指导系统。

　　教师指导系统可以粗略划分为彼此相互影响与内在联系的支持系统和保障系统两大类。其中，游戏的保障系统是基础，主要涉及相关规章制度的完善、教育观念的转变、良好氛围的构建等方面；游戏的支持系统是核心，可以进一步细分为彼此相对独立且内在有机联系的内部支持系统和外部支持系统。

　　具体地说，游戏的内部支持系统主要指教师在幼儿游戏进程中发出的所有指导行为。游戏的外部支持系统主要指教师在观察理解幼儿游戏表现的基础上，综合考虑课程目标等多种因素，在游戏进程之外发出的所有相关指导行为，主要涉及游戏时空的规划、游戏材料的投放、游戏与集体教学等其他课程实施途径的关系、游戏与家庭和社区的关系等如前述"娃娃家"游戏案例中，家园合作的开展、集体教学或晨间谈话的介入、游戏材料的丰富等均属于游戏的外部支持系统。

第七章

幼儿园教师对幼儿自主游戏的
观察与评价策略

第一节　幼儿游戏的观察

　　游戏作为幼儿园的基本活动之一，对幼儿游戏进行观察是我们了解幼儿游戏行为和发展水平的重要途径。观察能力是幼儿教师必须具备的基本能力之一。幼儿游戏观察的内容包括幼儿游戏环境的创设、游戏中幼儿的表现、游戏与教学的关系以及游戏中教师的表现。通过对幼儿游戏的观察，教师可以了解幼儿的兴趣、需要，获取其认知、情感、社会性等相关信息，掌握幼儿的游戏水平以及在游戏中存在的问题，以便给予其适当的指导和正确的评价。因此，在研究儿童游戏的过程中，我们要特别重视对幼儿游戏的观察。

一、幼儿游戏观察的含义和原则

（一）幼儿游戏观察的含义

1. 幼儿游戏观察的含义

　　观察并非单纯意义上的观看，它包括两层含义：一是"观"，即运用感官获取事实资料；二是"察"，即细致入微地去了解事实背后更为深刻的东西。因此，幼儿游戏观察并非简单地观看或者关注幼儿游戏，而是指观察者（主要是幼儿教师）运用感官（如视觉、听觉等）对自然游戏情境中的幼儿进行有目的、有计划的考察和探究，从而了解幼儿的兴趣和需要，获取幼儿认知、情感、社会性、游戏水平等方面信息，以便更好地指导幼儿开展游戏，促进幼儿身心全面发展的活动。

2. 幼儿游戏观察的重要性

　　在20世纪70年代初，英美研究人员就发现，游戏中幼儿教师的参与对幼儿发展的作用既有正面作用也有负面影响，关键在于游戏中师幼互动的方式，如图7-1所示。

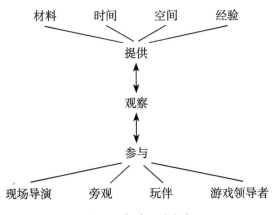

图7-1　师幼互动方式

　　幼儿教师在幼儿现有经验基础上，通过提供游戏材料、时间、空间等创设游戏环境，而游戏的过程中教师所扮演的角色、发挥的作用则建立在观察基础上，通过观察，幼儿教师可以确定游戏资源的提供是否能满足幼儿需要，游戏是否需要教师的介入，以及哪种介入方式更适合当前幼儿游戏的推进，从而幼儿教师以一种敏感的、回应的和支持的方式实现与幼儿的良性互动，达到促进幼儿发展之目的。可以说，观察是理解儿童游戏行为的关键，它能帮助幼儿，让教师更好地指导幼儿开展游戏，实现游戏在推动幼儿发展上的价值。具体来说，幼儿游戏观察的意义体现在以下几个方面：

　　第一，通过认真观察，可以更好地了解幼儿的兴趣和需要，掌握幼儿游戏水平，获取幼儿发展的真实信息，使游戏发挥其促进幼儿发展的积极作用。

　　第二，通过仔细观察，可以及时了解游戏材料的提供是否充足以及幼儿在游戏中所遇到的问题，以便更为有效地提出指导策略，并对幼儿游戏水平作出正确评价。

　　第三，通过细心观察，可以获取幼儿游戏的真实资料，为幼儿教师及时反思、不断完善，并且预设新的游戏内容提供重要依据。

　　总之，游戏是非常复杂的活动，为了更好地实现游戏的教育价值，幼儿教师必须对幼儿游戏进行系统观察，以反映幼儿游戏行为的本质。

（二）幼儿游戏观察的原则

　　幼儿游戏的观察不同于日常生活中的观察，为了更准确地获取有关幼儿游戏行为的相关信息，更好地指导和评价幼儿游戏，观察者不论观察何种游戏，采用何种方法，都应遵循以下观察原则：

1. 客观性原则

不同于日常生活中观察的主观性，幼儿游戏观察侧重于强调客观性，即观察者在进行观察、记录和分析时必须实事求是，尊重事实。

为了保证观察的客观性，一方面幼儿教师在对幼儿游戏进行观察时应确保幼儿处于自然情景中，使幼儿能够有机会真实地展示其游戏能力。因而，丰富且能激发其游戏行为材料的提供、充足游戏时间的满足是必需的，否则观察的结果将出现偏差。

另一方面，作为幼儿游戏主要观察者的幼儿教师应掌握相应的教育学、心理学理论知识，尽可能地抛弃主观偏见和个人好恶，运用科学的知识和方法对幼儿游戏行为进行观察，并用心思考行为背后的原因及意义。

2. 目的性原则

不同于日常观察的随意性，幼儿园游戏观察是有目的的观察活动。目的性原则即观察者在对幼儿游戏进行观察时应明确观察的目的和具体的观察目标，有计划、有选择、有针对性地进行观察，收集幼儿游戏的事实资料。一项研究表明，幼儿教师无目的观察会导致幼儿游戏水平发展缓慢。即兴的观察和干预可能导致幼儿游戏兴趣和游戏关注度被削弱，而过于关注游戏"成功"与否，缺乏观察的耐心和重点，且不重视幼儿在游戏中主动性的发挥，则会使幼儿在游戏中一味地被牵着鼻子走，其创造性受阻。

游戏作为幼儿园的基本活动之一，对幼儿的身心全面发展具有重要作用，对幼儿游戏进行观察应明确观察的目的和具体目标，并在此基础上制订严密的观察计划，确定观察的内容和重点，选择适当的观察方法和记录方法，以便获取真实有效的信息。

3. 全面性原则

全面性原则强调在对幼儿游戏进行观察时应从不同角度、不同层面进行多方面的观察。因此，既要观察游戏中人的因素（幼儿和教师），也要观察游戏中物的因素（游戏环境的创设）和中介因素（如课程）；既要观察游戏中幼儿的表现，也要考察游戏中教师的态度和行为；既要观察某一行为表现，也要善于思考这一行为内在的原因。

4. 持续性原则

持续性原则即要求观察者应保证观察在一定时间范围内的连续性，以便了解行为变化的趋势以及确保行为的典型性而非偶然性。此外，幼儿游戏的观察要选择适当的时机。小班幼儿入园初期和游戏开始初期不宜马上进行观察。应在幼儿彼此熟悉且熟悉游戏环境之后再进行观察，此时，幼儿将会展现真实的社会性和较高水准的操作能力与认知水平。

二、幼儿游戏观察的内容和重点

（一）幼儿游戏观察的内容

1. 游戏中幼儿的表现

游戏中幼儿的表现是幼儿游戏观察的重点，通过对幼儿行为以及游戏水平的观察，幼儿教师可以有效地调整游戏安排，指导幼儿进行游戏，真正实现寓教于乐。

（1）游戏中幼儿的行为表现

游戏中幼儿的行为表现是幼儿身心发展状况的外在反映，通过观察游戏中幼儿的相关行为可了解幼儿的认知、情感、社会性以及身体状况。

① 幼儿对某些游戏或游戏材料的偏好和投入，反映出幼儿的兴趣所在和发展需要。

② 幼儿是认真参与一项游戏，还是较为频繁地变换游戏，反映出幼儿的专注程度。

③ 幼儿在游戏中是否出现与平时不同的行为或其他状况，反映出幼儿的身心状况。

（2）幼儿的游戏水平

幼儿游戏水平主要是指幼儿内在游戏能力的发展程度。一般而言，体现在以下几个方面：

游戏主题。①游戏主题是教师安排还是幼儿自选；②幼儿是否能够理解主题，并围绕主题开展游戏。

游戏材料的使用。①幼儿是否知道游戏材料的操作方法；②幼儿能否熟练地操作游戏材料；③幼儿能否创造性地运用材料进行游戏。

常规和规则。①幼儿是否遵守规则，爱护并整理玩具；②幼儿能够自行讨论制定游戏规则，并监督执行。

游戏的参与性。①幼儿是游戏的参与者还是旁观者；②幼儿是否乐于参与游戏；③幼儿是否敢于主动参与游戏。

同伴交往。①幼儿在游戏中是否与同伴进行交往；②幼儿与同伴的交往行为是主动的还是被动的；③幼儿在与同伴交往中的角色是邀请者还是受邀者。

游戏的持续性。①幼儿对游戏的投入时间；②幼儿是否继续推进该游戏活动。

2. 游戏与教学

教学游戏化、游戏化教学这两个教学和游戏理念反映了游戏与教学的关系。游戏贯穿于教学活动中，既增加了教学活动的趣味性，同时也能更有效地实现教学目标。游戏化教学则侧重于考虑游戏活动是否具有教育性质，是否围绕一定的发展目标。因此，在幼儿游戏的观察活动中，有必要考察和思考游戏与教学之间的关系，包括游戏的主题是什么，游戏与教育目的和教学活动目标有何关系，游戏过程中能否衍生出新的教学内容等。

3. 游戏中教师的表现

幼儿游戏观察活动的观察者主要是教师，但由于教师在幼儿游戏中同时也扮演重要的角色，如同伴、旁观者、指导者等，对幼儿在游戏水平的发展具有重要影响，因而游戏中教师的表现也是观察内容之一。主要包括教师如何引导幼儿开展游戏、是否介入幼儿游戏、何时介入、以何种方式介入和进行游戏总结等。

（二）不同年龄班幼儿游戏观察的重点

幼儿期是幼儿身心发展非常迅速的时期，其认知水平、社会性互动水平随着年龄的增长而提升。美国著名认知心理学家皮亚杰认为，由于认知发展的需要，幼儿的游戏也随之发生变化。由于不同年龄阶段的幼儿在游戏的种类和游戏水平方面存在差异，因此，在对不同年龄班幼儿游戏进行观察时应有所区别和侧重。

1. 小班幼儿游戏观察的重点

小班幼儿一般是3岁左右，其社会性互动水平已进入到平行游戏阶段。处于这一游戏阶段的幼儿在游戏时往往只顾着摆弄自己的玩具或是游戏材料，间或看一下其他幼儿，但彼此间基本没有交流和联系。相对于较为复杂的游戏情节，小班幼儿更喜欢操纵和摆弄物品，且从众心理和独占欲较强。我们在几个三四岁的幼儿身上往往能看到这样的情形：一个幼儿在玩拼插，其他幼儿看到了也会坐下来各自取来一套拼插来玩；其中一个孩子拼插出一列火车，马上就会有其他的幼儿也跟着拼插火车。对小班幼儿来说，游戏时如果某个幼儿得到一件玩具或物品，而另一个幼儿没有，那么他就会大声哭喊表示不满，直到他也得到同类的玩具或者注意力被成功转移为止。

可以说小班幼儿游戏时对材料的依赖较大，且由于互动水平较低，彼此间基本没有交流，对物品的独占欲较强，其需求是"你有，我也有"，因此，小班幼儿对相同种类物品的数量要求较多，游戏中的矛盾集中在幼儿人数与游戏材料数量的冲突上。故而，小班幼儿游戏观察的重点在于小班游戏材料的投放数量是否充足。

2. 中班幼儿游戏观察的重点

中班幼儿随着认知能力的发展、兴趣的扩大以及生活经验的丰富，其游戏水平有了提高，已逐步由平行游戏阶段过渡到联合游戏阶段。处于这一游戏阶段的幼儿彼此间会互借游戏物品，并进行简短的交流，但尚无共同目标，关系并不十分密切。

中班幼儿在游戏中的人际交往需求增多，如希望扮演多个角色，迫切希望与他人进行交往，但这一年龄段的幼儿普遍缺乏人际交往的能力和技巧，因而游戏中的矛盾多发生在幼儿与幼儿之间的交往上，往往容易出现告状行为、攻击性行为等现象。如在一个中班的图书角，几个小朋友正在安静地看书，突然强强对军军书上的小动物感兴趣了，把自己的书推开，就要去抢军军的书，军军不答应，两个小朋友就在图书角拉扯起来了。因此，对中班幼儿游戏的观察应侧重于幼儿与幼儿之间的冲突上。包括游戏规则、交往技能以及游戏材料的使用等方面。

3. 大班幼儿游戏观察的重点

随着生活范围的进一步扩大，包括动作技能和人际交往能力在内的综合能力的增强，大班幼儿的游戏更为复杂，且不断产生新的游戏主题。相对于中班的幼儿，大班幼儿由于具备了较为流畅的语言表达能力和较为丰富的人际交往经验，他们能够互相讨论，或在教师的引导下，自己确定游戏的主题，选择相关的游戏材料，进行角色分配，甚至包括制定共同的游戏规则，并要求大家服从，其游戏水平进入到贴近成人社会的合作游戏阶段。

尽管如此，由于认知水平和生活经验有限，大班幼儿在游戏中仍会面临一些问题。如在一个"餐馆"游戏区，暂时还没有一个"顾客"，"老板""厨师"和"服务员"都不知道该做什么，无精打采地趴在桌子上。游戏主题与原有经验的不和谐导致游戏问题的出现，因此，运用已有经验并在现有的基础上进行创新，成为游戏观察的重点，同时，相互交往、合作、分享、解决矛盾也成为游戏观察的另一个重点。

作为幼儿教师，只有真正了解幼儿在游戏中的问题和需求，掌握不同年龄阶段幼儿游戏中的主要矛盾，通过自己的观察，适时地给予幼儿支持、帮助与引导，才能使幼儿的游戏水平得到提高，促进幼儿身心健康发展。

三、幼儿游戏的观察、记录与分析

（一）幼儿游戏观察计划的制订

幼儿游戏观察作为一种有目的、有计划的活动，观察者应对观察的目的、对象范围、内容、记录方法等作出预设和安排，以保证观察结果的客观性、真实性和有效性。因此，有必要在进行观察前制订严格却不失灵活性的幼儿游戏观察计划，其基本步骤和内容如下：

1. 明确幼儿游戏观察的目的

幼儿游戏观察的目的是解决为什么观察的问题。目的明确关系到观察对象、观察内容甚至观察记录方法的选择。一般而言，幼儿游戏观察存在两方面的目的：一是人的因素，二是物的因素。人的因素即通过观察了解游戏中幼儿的游戏水平、兴趣、需要以及幼儿在游戏中所遇到的困难和障碍；物的因素即通过观察了解游戏材料的使用情况。观察目的作为观察活动的方向性要素，对整个幼儿游戏观察活动具有重要的指向性作用。

2. 选择幼儿游戏观察的对象

围绕观察目的，幼儿游戏观察对象的选择即是解决观察谁的问题，主要是选定哪些幼儿作为感知的中心，从而获取其全面、清晰和深刻的印象和资料。人的观察能力和视线范围有限，在同一时间内所能观察的人数和空间范围受到限制。因此，在游戏过程中，同一时间观察的对象不宜超过2～3个幼儿。游戏观察对象的选择要结合观察的目的、游戏的类型以及本班幼儿的基本情况，重点选择具有代表性的典型个体进行观察，但同时也要兼顾每一位幼儿在游戏中的表现和发展。

3. 确定幼儿游戏观察的内容

确定幼儿游戏观察的内容主要是解决观察哪些行为或现象的问题。一般而言，游戏观察的内容主要由游戏主题和观察目的而定，是幼儿在游戏中的行为表现（包括语言、动作、表情、兴趣、需要、认知、情感以及幼儿之间的社会性互动等）以及游戏材料的操作和使用，即人的因素和物的因素。既可在观察前将所要观察的内容逐条列出，观察时有针对性地进行核对，也可确定大的观察方向，在观察时再确定具体行为是否纳入考察内容。

4. 选用和设计幼儿游戏观察的记录方法

俗话说"好记性不如烂笔头"。幼儿游戏观察的目的是为了了解幼儿游戏水平和发展需要，更好地指导幼儿游戏，促进幼儿身心全面发展。因此，必须保证资料的客观性、完整性和系统性。这就需要根据游戏的类型、观察的方法以及观察的内容等选择和设计合适的记录方法，并在此基础上对观察中出现的某些现象和问题进行分析，提出相应的解决策略。同时，幼儿游戏观察的记录与分析也是交流经验、开展研究的重要途径。

（二）幼儿游戏观察的方法

在幼儿游戏观察中，观察活动是丰富多样的。一般而言，根据观察者的位置是否改变以及被观察者的范围，幼儿游戏观察可分为扫描观察法、定点观察法和个案追踪观察法。

1. 扫描观察法

扫描观察又称为分时段定人观察，即观察者（主要是指幼儿教师）将注意力和观察时间平均分配给全班每一位幼儿，以相同的时间对每位幼儿轮流进行观察，如表7-1所示。

表7-1　扫描观察法

特点和适用情况	这一方法的观察对象为游戏群体中的所有幼儿，较为适用于幼儿集体游戏的观察，一般在游戏开始或者结束时采用
具体观察内容	被观察群体中幼儿的整体游戏情况，如幼儿扮演了哪些角色，使用了哪些材料，幼儿的游戏兴趣如何，游戏是否符合和满足幼儿发展的需要等

优点	教师可以了解全班幼儿游戏的参与情况和某一年龄段幼儿的游戏水平
局限性	由于对群体中的每个幼儿都进行观察，因而对个体的观察时间有限，不利于深入了解个别幼儿的游戏水平和发展需要

2. 定点观察法

定点观察法又称为定点不定人观察，即教师在某一固定游戏区域对进入该游戏区域的幼儿行为表现或该区域游戏材料使用情况进行观察的一种方法，如表7-2所示。

表7-2 定点观察法

特点和适用情况	这一方法要求观察者对游戏中的某一区域集中进行观察，对象即以进入该游戏区范围的幼儿为主。适用于区域游戏或部分主题游戏的观察
具体观察内容	幼儿在区域游戏中使用材料的情况（使用效率和效果）、幼儿的交往互动情况、幼儿自主游戏能力等
优点	运用这种方法，可以较为全面地了解某一区域或主题游戏的相关情况，了解幼儿已有的经验，以及在游戏中的种种表现，使指导能有的放矢
局限性	进入该游戏区域的观察对象的游戏水平等不可控，可能使观察的结果有所偏失

3. 个案追踪观察法

追踪观察即定人不定点观察，由教师事先确定1～2个幼儿作为观察对象，观察他们在游戏中的活动情况。被观察的幼儿走到哪里，观察者就追随到哪里，固定人而不固定地点。这种方法适合于观察了解个别幼儿在游戏全过程中的情况，了解其游戏发展的水平，获得更详细的信息。

（三）幼儿游戏观察的记录与分析

1. 幼儿游戏观察记录与分析

为了客观、完整地保存幼儿游戏观察的结果，做好观察记录是必要的手段。一般而言，边观察边记录是最好的一种记录方式。但对于不便于进行同步记录的观察活动，也可在观察后即刻进行追加记录。此外，记录的方式除了传统的笔录，也可以通过照相机、摄像机等设备以音像视频的方式进行记录。任何的观察记录都需注明观察对象、观察日期、观察地点和观察者，以便有据可循。总的来说，主要有以下几种常用的记录方法：

（1）描述记录法

描述记录法即以文字的形式将幼儿游戏中所观察到的行为、现象和问题呈现出来。主要包括日记记录法、逸事记录法和流程式记录法等。

① 日记记录法

日记记录法即观察者采用日记叙事的方式，将少数幼儿游戏持续观察的结果记录下来的方法。这种记录法比较适合于个案追踪观察法。

② 逸事记录法

逸事记录法即观察者对幼儿在游戏中所表现出的有趣、典型或有价值的事件进行收集和表述，记录的内容既可以是一句令人深思的话语，如一个4岁的小孩在角色游戏中突然指着扮演小猪的小朋友说"这头猪不听话，关禁闭"，也可以是值得关注的某个事件。其优点在于能帮助老师发现幼儿的有关信息，及时进行反思和调整。通常而言，逸事记录法对定点观察法和个案追踪观察法均适用。

③ 流程式记录法

流程式记录法即主要按照游戏观察中观察内容的时间先后顺序，简单地进行记录。这种记录法由于语言简短精悍，一般可以进行现场记录。但应在记录表旁保留一定的空间，以便事后进行追加记录或者进行评价、解释等。

（2）表格记录法

表格记录法即观察者运用编制的观察记录表对幼儿游戏场景中的相关内容进行反映、判断的一种方法。这种记录方法需要观察者在观察前确定观察内容和要点，绘制表格，然后在观察时运用简单的符号，如用√、○等记录游戏中幼儿相应的行为表现即可。具体而言，表格记录法主要包括行为核对表和等级评定表。

① 行为核对表。行为核对表即在观察时确定某一行为或现象是否出现或存在，以及出现时间的表格资料。它主要回答的问题是"是"或"否"。一般而言，可根据观察目的和内容自行编制，在对幼儿游戏的社会性行为等方面进行观察记录时，也可采用一些较为普遍的量表，如"帕顿/皮亚杰量表""豪威斯同伴关系量表"等。

② 等级评定表。等级评定表较行为核对表更为深刻一些。它是在某一行为或问题存在的基础上，深入地确定这一行为或问题的程度。通常会以"很好""较好""一般""较差""差"或"总是""偶尔""从未"这些表示程度的词作为观察结果的评定。

（3）仪器记录法

仪器记录法即观察者运用照相机、录音机、摄像机等仪器设备对幼儿游戏进行记录。其优点在于既简便，又可反复再现，便于追加记录、整理和分析。当然这一方面也存在不足，由于其多是属于"全景"式的记录，无法及时调整记录重点，可能会使部分重要信息被遗漏。总的来说，仪器记录法不失为一种还原现场的倒叙记录法。

（4）图示记录法

图示记录法主要是通过平面图示或图画符号的方式进行记录的一种方法。这一记录法可用于记录某一幼儿园的游戏场地分布或是不同区域游戏情况。其优点是简单、直观、快速，但也离不开记录者的解释，因此可配合扫描记录法使用。

以上的记录法各有其优点，为了完整、真实地获取幼儿游戏资料，应根据具体情况，有针对性地选取一种或者几种记录方法。

2. 观察记录的书写要求

第一，观察记录的框架要完整。一般而言，观察记录应包括游戏主题、观察目的、观察者、观察对象的自然情况（如姓名、性别、年龄、班级等）、观察日期和时间、观察主要内容和游戏观察的分析与反思等。

第二，所有内容必须符合观察事实，不可主观编造。尤其是涉及幼儿对话之类的内容记录，应尽可能保持句子的原貌。

第三，对于非现场同步的幼儿游戏记录，应尽早追加记录，以免出现遗漏或错记。

第四，用语规范，具有一定的逻辑性。对幼儿游戏观察内容的分析与反思应有理有据。

第二节　幼儿游戏的评价

一、幼儿游戏评价的原理

（一）幼儿游戏评价的含义

1. 评价的含义

评价是从特定的目的出发，根据一定的标准，通过特定的程序对已经完成或正在从事的工作（或学习）进行检测，找出反映工作（或学习）进程的质量或成果水平的资料或数据，从而对工作（或学习）的质量或成果水平作出合理的判断。

2. 教育评价的含义

教育评价是当代教育科学研究的三大领域之一。无论是国家对教育工作的管理和指导，还是各学校对教育工作的检查评定（主要包括对教师的教学质量和教材水平的评议，对学生学业成就、智能水平、品德行为的评定等），都要应用教育评价的理论和方法。那么什么是教育评价呢？

教育评价是根据一定的目的和标准，采取科学的态度和方法，对教育工作中的人员、活动、管理和条件的状态与绩效，进行质和量的价值判断。

3. 幼儿游戏评价的含义

幼儿游戏评价在整个教育评价领域中比较特殊，其主要对象是游戏，本质上属于以活动为对象的评价，但也涉及管理、人员等方面的内容。根据这一标准，我们给予幼儿游戏评价的定义是：以幼儿教育活动中的游戏为对象，按照一定的教育目标和游戏观，对游戏活动的效果以及游戏的质量和发展水平进行价值判断。

（1）从广义上理解

它包括两个方面：

一是指对幼儿游戏的教育实施的评价，如对教师指导游戏的行为评价，对环境及游戏材料的创设与提供的评价；

二是指对幼儿的游戏行为本身的评价，如评价幼儿在游戏中的情绪状况、兴趣爱好、认知和经验水平、使用操作材料的情况、语言水平、社会性的表现以及幼儿游戏的自主性、创造性等。

（2）从狭义上理解

幼儿游戏评价，只是指对幼儿游戏本身的评价。主要包括两个方面：①对游戏教育作用的评价；②对儿童现有游戏发展水平的评价。

（二）幼儿游戏评价的原则

在幼儿游戏评价过程中必须遵循下述几个原则：

1. 全面性原则

全面性原则要求教师在评价过程中不能仅凭一次观察或主观印象就对幼儿作出判断，而是需要在多次观察、全面了解、充分地收集信息的基础上进行分析和归纳，最后再作出恰当的评价。

2. 形成性评价与总结性评价相结合的原则

形成性评价是伴随着教育活动的过程而进行的评价；总结性评价是以形成性评价所获取的信息材料为基础，进行全面综合的评价。幼儿的年龄特点决定了幼儿的行为带有随意性和不稳定性，所以，对幼儿的评价应以多次的形成性评价为基础。形成性评价与总结性评价相结合，可以使评价的结果更正确、更具有价值。

3. 定性评价与定量评价相结合的原则

定性评价是指用客观、准确的语言描述幼儿游戏的状况、特点和水平；定量评价侧重于用数量显示游戏的性质和功能。对于幼儿来说，他们都是独立的个体，有着与众不同的个性特点，在体力、知识、能力、行为、性格等方面均有差异。评价时，不能片面地追求用定量的方式对幼儿进行评价，因为这往往会忽视那些较难定量的、缺乏客观表现的内容。

4. 客观性原则

追求评价的客观性是现代教育评价的基本特点。在开展幼儿游戏评价时，从态度到方法都要做到客观、公正、实事求是，评价结果要真实可靠。

（三）幼儿游戏评价的功能

游戏的评价的功能是了解教育的适宜性、有效性，调查和改进工作，促进每一个幼儿发展，提高教育质量的必要手段。评价的过程，是教师运用专业知识审视教育实践，发现、分析、研究、解决问题的过程，对幼儿的行为表现和发展变化具有重要的评价意义。由此可见，游戏评价也是一个发挥游戏教育作用、促进幼儿发展的重要环节，对增强幼儿教师指导游戏的针对性、有效性，保证游戏的正常进行，并使之不断更新、完善有着重要的作用。

1. 有利于增强教师组织和指导游戏的目的性

游戏活动是有明确教育目标的教育活动。游戏活动的目标对教师组织、指导游戏的思路、做法具有明显的指引、规范作用。例如：铜鼓游戏评价，教师能比较清晰、准确地把握游戏情境创设的要求、游戏中幼儿正常的行为方式和游戏后可预期的身心变化。概括地说，通过游戏评价，可以了解教师在游戏中与幼儿互动的情况，了解教师对幼儿游戏的指导技能以及环境创设的情况等。同时，还可以树立正确的儿童观和教育观，强化游戏作为幼儿园基本活动的认识，促进幼儿游戏的科学研究。

2. 有利于游戏活动的改进和完善

由于多方面因素的影响，幼儿游戏体现出强烈的变动性特征，其内容、规则、玩法等变化不定。无论是古老的游戏，还是新游戏，都可以通过创新使其趣味性和教育价值得到进一步提升。通过游戏评价，既能使教师和幼儿发现游戏的长处，使其得以保持、发扬，也能帮助师幼双方总结游戏中出现的问题，并通过对问题的分析、解决，使游戏逐渐地得到改进、完善和创新。

3. 有利于幼儿个别教育工作的开展

教育的根本目的在于使每一个个体都得到长足的发展。这就要求教师在做好集体教育工作的同时，有的放矢地做好个别教育工作。通过游戏评价，可提供每位幼儿发展状况的客观资料，作为教育教学计划并与家长沟通的依据；可了解每位幼儿与幼儿园课程目标有关的发展状况，以衡量和调整课程目标；可了解幼儿之间的个别差异性和某些幼儿的特殊性，作为因材施教和进行个别教育的依据。

（四）评价的对象

幼儿游戏评价的对象主要是教师（包括环境创设、游戏材料的提供、游戏计划、时间安排、游戏过程指导等）和幼儿（认知和社会性、自选情况、主题、材料的使用、常规、参与性、同伴交往、持续性等），同时，还涉及游戏的目标、作用和环境创设等。

1. 对教师指导行为的评价

对幼儿游戏的指导水平反映了教师对幼儿游戏和自己在幼儿游戏中的地位、角色的基本认识，以及对游戏的指导原则和指导内容的把握，同时也反映出教师的教育观念。

对教师指导行为的评价主要看是否引导幼儿游戏的进程，是否与幼儿相互作用，是否肯定指导对象的差异性，是否探索多样化的指导方法，是否帮助幼儿建立起游戏常规。

2. 对幼儿游戏发展水平的评价

（1）幼儿综合性游戏水平

包括幼儿游戏的目的性、主动积极性、社会交往、组织能力、专注程度、遵守常规、评价能力。

（2）幼儿个体游戏水平

包括幼儿游戏材料的运用、情节内容、角色意识、建构技巧、创造表现、语言动作、场景道具布置等。

3. 对幼儿游戏教育作用的评价

对幼儿游戏教育作用的评价主要看它是否使幼儿在游戏中感到轻松、愉快；是否使幼儿发挥了创造性；幼儿能否认真游戏，能否正确地、创造性地使用玩具，能否与同伴合作；游戏内容是否丰富、积极向上，有益于幼儿身心发展。

4. 对幼儿游戏环境创设的评价

对幼儿游戏环境创设的评价主要看时间安排是否合理恰当；户外场地特征是否符合幼儿游戏；室内空间结构对游戏的影响程度；游戏材料的提供是否方便合理。

二、评价的具体操作

（一）评价的方法

以往的游戏评价，常常是以老师为主体的游戏评价，是将幼儿强行拉入老师的思维中来，老师通过对游戏目标的把握、对游戏过程的指导去抓住符合教育目标的游戏内容或突发事件来展开的游戏评价。实际上，游戏的主体是幼儿，游戏评价的内容也可以交给幼儿来完成。但在以幼儿为主体的游戏评价中，一般总是围绕玩了什么，怎么玩的，有什么高兴或成功的事，解决了什么矛盾等问题来展开。评价的方法过于单调，导致游戏评价失去魅力以及真正的价值和意义。

1. 开门见山法：在游戏后的讲评中直接点题

当老师在游戏中发现了新的价值内容时，在游戏中应先与幼儿产生互动，以游戏者的身份丰富该游戏中幼儿的经验，这样，在游戏发生变化时，幼儿就不会感到突然和紧张，也会乐意去玩。然后，老师在点评时可开门见山，直接点题，如："今天呀，××和平时不一样了，你们看，××多了些什么呢？"从而引起幼儿的关注并急于聆听不一样的地方。

适用于：一些新的游戏环境的丰富和创设，或新的游戏玩法、游戏规则的纠正与建立。

2. 情感宣泄法：让孩子表达自己在游戏中的感受，引发经验交流

"今天你有什么事想告诉大家呀？"老师常常用这样的提问帮助幼儿进行游戏的回忆，不管是开心事还是不开心的事情，在聆听幼儿的介绍中，老师可以及时捕捉到"闪光点"，通过和孩子的互动，让幼儿发现问题，自主讨论，自主得出结果。

适用于：游戏处于平稳期，没有什么新鲜的内容，老师可以通过这样的评价发现孩子言行中有价值的东西，从而更好地推进游戏。

3. 经验回放法：让孩子回忆平时的生活经验，解决游戏中的问题

在讨论某一个游戏情节时，帮助幼儿对已有经验进行回顾，引起幼儿产生认知冲突，从而让幼儿自主意识到某一游戏该如何正确进行。例如针对"小吃店"服务员服务不周的情形，在点评时，老师会抛出一个问题："你们去饭店吃饭都是站着的么？"针对小吃店没有点菜单的情况，点评时又会说："你们平时去饭店吃饭，爸爸妈妈是怎样点菜的呢？"从而让幼儿乐于说，急于说，在诉说中进行自主创设。

适用于：游戏中幼儿的行为出现偏离。

4. 及时干预法：在游戏的过程中，直接用语言引导幼儿的游戏

当发现孩子游戏中的问题时，老师直接用语言进行针对性的指导。如看到超市的物品未放整齐时，老师会说："今天的超市怎么这样乱呀？"帮助幼儿回忆参观超市的情景，将已有的经验运用到游戏中。又如当"警察"在随意奔跑时，老师会问："警察叔叔，你在忙什么呀？"通过询问帮助孩子审视自己的行为，回归游戏的思维。

适用于：纠正孩子的错误行为或将已有经验运用到游戏情节中。

5. 情境再现法：对幼儿的游戏情境再现，共同总结经验

让孩子对游戏的情节进行再表演，可以通过录像的方式，让幼儿在具体形象的视觉感知中，自己去欣赏同伴的游戏过程，自己作出判断或模仿，通过相互的交流发现问题、解决问题，共同积累游戏的经验，从而增强对游戏的兴趣。

适用于：孩子角色意识的明确和角色行为的丰富。

（二）评价的标准

游戏的评价必须有利于幼儿的发展。正确掌握科学的游戏评价标准是开展幼儿游戏的指挥棒，是充分发挥幼儿在游戏中的主动性、积极性、创造性和促进幼儿在体、智、德、美诸方面健康发展的重要前提。"幼儿游戏评价的标准"体现在以下几个方面：

1. 游戏选择的合理性

选择适合对象的游戏是达成幼儿教学目标的第一步。同样，游戏选择是否合理，也关系到整个游戏活动开展的成败。所以，在游戏选择上我们应该遵循以下几个原则：

首先，解析幼儿本质的原则。游戏的选择必须要遵从幼儿的身心特点和年龄特征，在"幼儿是否需要"的问题上多作思考。如稍显复杂的创造性游戏、联合性游戏以及智力游戏等就更应该放在中、大班，而像"娃娃家""找朋友"等规则简单、易操作的游戏则更多地应用到了小班。

其次，从幼儿兴趣点出发的原则。选择幼儿感兴趣的或幼儿生活中较熟悉的内容。如"超市""医院"等游戏，在幼儿园中是经久不衰的。

最后，顾全所有的原则。内容的选择要兼顾最强幼儿所需以及最弱幼儿所需。即内容选择要面对整体，要适用于班上所有的孩子。在我国农村的许多幼儿园，由于经济条件落后，常出现"混合班"现象，这种情况下，教师便出现了"顾此失彼"以及"教学盲点"等教学误区。此时，我们为何不选择分组游戏、独立游戏或分区域游戏呢？

2. 游戏目标定位的科学性

在探索和实践中，我们逐渐认识到幼儿园的游戏目标应该是内在的、长时的、科学的。应该体现以下几个特征：

（1）"以人为本"的游戏目标

"以人为本"是对教育提出的根本要求，应把它贯穿于整个教育过程中。我们应该认识到，孩子不是单纯的知识仓库，更不是供驱使的动物，他们是"人"——有思想、有感情的社会人，他们具有自身存在的价值。幼儿园的游戏本身就是符合幼儿年龄特点的一种独特的体现"以人为本"的活动形式。

（2）体现综合性的游戏目标

游戏在幼儿的身体、智力、情感和社会性等各方面的发展中具有极为重要的作用，会影响幼儿的个性发展。研究发现，喜欢玩游戏、会玩游戏的幼儿往往情绪愉快，想象力丰富，交往主动积极，语言丰富多样。在幼教课程改革中，我们越来越注重活动内容的综合性，而游戏的内容可以说是包罗万象，涉及面很广，这就要求教师在制订每个游戏目标时，注重幼儿多方面能力的培养。游戏的目标应该符合五大领域中的目标要求，也就是德、智、体、美全面发展的素质教育的总要求，并能有机地结合，体现综合性，向多元化方向发展。

（3）注重过程性的游戏目标

重视创造性培养的教育所持的基本观点是："现成的结论并不是重要的，重要的是得出结论的方法；现成的真理并不是重要的，重要的是发现真理的方法；现成的认识成果并不是最重要的，重要的是人类认识的自然发展过程。"以往我们衡量游戏成功与否的标准是孩子在游戏中掌握了多少知识技能，游戏是否热闹、有序，却从未考虑幼儿是怎样玩的或如何掌握知识技能的等，"结果"显得相当重要。如今，我们应树立游戏的过程重于结果的观念，游戏的目标更要体现对幼儿游戏过程的重视。

3. 游戏准备的双重性

幼儿园游戏的顺利开展，离不开精心的游戏准备。教师除了要准备相应的玩具以外，还包括知识技能准备和稳定平和的心理准备，即物质与心理的双重准备。例如，晨间接待，宝宝来了就坐在墙角哭，说是想妈妈了，这时老师来了，邀请她去"娃娃家"。宝宝来到了"娃娃家"，正好看到其他小朋友正在扮演娃娃和妈妈，于是宝宝更加激动得大哭起来。由此可见，只有经过适当的心理准备的游戏才能实现其积极的育人功能。

4. 幼儿的"最近发展区"性

维果茨基说："游戏创造了幼儿的'最近发展区'，在游戏中，幼儿的表现总是超过他的实际年龄，高于他日常的行为表现。"游戏正如放大镜的焦点一样，凝聚和孕育着发展的所有趋向，包含了幼儿情感、知识和技能等的发展倾向。

5. 教师教育行为及指导策略的有效性

在幼儿园游戏指导中，教师往往由于认识上的不足，而导致其教育行为或指导策略发生偏离。

首先，表现在教师过多注重游戏目标与游戏形式，忽略了幼儿的需求与兴趣。幼儿的真实意愿或想法得不到尊重，就会出现教师精心设计游戏，要求幼儿带着目的去玩，而幼儿往往玩得不投入、不爽快的情况。

其次，教师高度控制了游戏，幼儿的游戏主体地位未实现。这种游戏多半是教师为达到某种教学目的而有意创设的。教师明确了游戏目标、玩法、走向，甚至预见了孩子在玩的过程中会出现哪些问题等，这就相当于幼儿是在教师设置的套子里进行游戏活动。

最后，有些游戏的设置本身就是低效率的。

第三节　幼儿游戏的反思

一、反思概述

（一）反思的概念

反思，就是思考过去的事情，从中总结经验教训。对于教师而言，反思是提高教师自身素质和提高教育教学水平的重要途径，是教师以自己的教育教学活动为思考对象，对自己所做出的工作行为、决策及由此产生的结果进行审视和分析的思维过程。教学上的反思可以是教学过程中边教边反思，也可以是在教学告一段落之后，把课堂上的反馈信息、自我感觉以及引发的诸多思考形成文字，促进教育者及时总结教学中的经验教训，逐步掌握教学规律，提高教学水平。对于幼儿游戏的创编和指导而言，就是教师每次在创编、指导或评价一个游戏以后，首先就要认真地思考自己对游戏的创编、指导、评价是否科学，自己的这些操作是否有利于幼儿的身心发展，然后将诸多思考形成文字，以便以后更好地进行游戏的创编、指导和评价，更好地促进幼儿身心健康发展。

（二）反思的重要性

反思是教师进步的阶梯，是教师成熟的重要途径，也是促进幼儿健康成长不可或缺的环节。对教师而言，通过反思，能够不断地提高教师自己教学监控能力，提升教师的专业素质，综合水平等。反思有助于教师逐步培养和发展自己对教学实践的判断、思考和分析能力，从而为进一步深化自己的实践性知识，直至为形成比较系统的教育教学理论提供有效的途径。换言之，进行反思有助于教师立足于教学实践，深入地钻研、体会教学理论，从而不断提高自身专业素质和能力。经验+反思=成长，只有经过反思，使原始的经验不断地处于被审视、被修正、被强化、被否定等思维加工中，去粗存精，去伪存真，这样经验才会得到提炼，得到升华，从而成为一种开放性的系统和理性的力量，唯其如此，经验才能成为促进老师专业成长的有力杠杆。所以教师们只有通过反思，教师的有效经验才能上升到一定的理论高度，才会对后续的教学行为产生积极的影响。

对幼儿而言，教师的反思，无疑有益于他们的健康成长。因为，每通过一次反思，教师的自身能力就得到了一次提高，教师的素质提高了，游戏课的质量也就会随之提高，幼儿自然也就随之受益。

（三）反思的原则

根据幼儿的特点以及游戏在幼儿成长中的巨大作用，反思必须坚持以下基本原则：

1. 面向全体幼儿的原则

（1）反思要面向全体幼儿

教师在进行反思时，必须依据幼儿的年龄特征，考虑全体幼儿的普遍特点。教师在对幼儿游戏进行创编、指导时，必须保证每个幼儿都有机会参与游戏，使每个幼儿在游戏时都有机会获得愉悦的体验，都有所收获。对幼儿的游戏进行评价时，尽可能地顾及每个幼儿，使每个幼儿能够认识自己的长处和不足，使幼儿感受到老师在关注自己，给幼儿增加做游戏的动力。

（2）反思要注意幼儿个体差异

除了遵循幼儿身心发展规律，依据幼儿的年龄特征确立幼儿游戏的目标、内容和形式之外，面向全体幼儿的另一层含义是，老师要为每个幼儿平等地提供参与游戏的机会。

由于气质及个性特征等方面的差异，有的幼儿活泼，爱说、爱唱、爱跳，参与意识强；有的幼儿则不大愿意开口说话，不愿意和其他小朋友玩耍，不太愿意或者不愿意参与游戏。通常，活泼好动，参与意识较强的幼儿比较容易被老师注意，也会经常被老师点名，因此，他们参与游戏的机会往往比较多；而不太活泼的幼儿或者参与意识不强的幼儿则比较容易被老师遗忘，甚至遭到老师的冷遇。对这些不太愿意参与游戏活动的幼儿，作为老师不能放任不管，一方面，要仔细观察幼儿的发展状况，了解这些幼儿为什么不愿参加游戏，为什么要逃避游戏，弄清楚他们是因为害羞还是因为不喜欢当前的游戏内容或方式，以便根据不同的原因采取针对性的措施，或鼓励，或私下里多与他们交流，以增加他们对游戏活动的兴趣，或根据他们的喜好来选择新的游戏活动；另一方面，不要在其他幼儿面前过多批评或明确提示这些幼儿，或者以命令的方式强迫这些幼儿参加某种游戏，以免伤害他们的自尊心。

总之，面向全体幼儿和注意幼儿个体差异，这两者是统一的。为贯彻面向全体幼儿的原则，教师要组织多种形式的游戏活动，既有集体活动，又要有小组活动和个别活动，以便教师根据不同幼儿的发展需要和特点进行有针对性的指导，促使每一位幼儿都有所进步。

2. 发挥幼儿游戏的主体性原则

对于幼儿来说，游戏是他们一日生活中的主要活动，也是他们心目中的头等大事。游戏必须使幼儿的主动性充分发挥出来，使幼儿成为游戏的主人，才有可能取得预期的成效。老师进行反思，就应该思考自己的游戏创编、指导和评价是否能发挥幼儿游戏的主体性，具体来说，可以从以下几个方面进行反思。

（1）反思自己是否为幼儿创设了良好宽松的游戏氛围

幼儿主体性的确立，离不开特定的环境。幼儿由于受自身年龄特征的制约，他们在游戏中的表现更易受环境的影响。从某种意义上说，老师为幼儿创设良好的游戏环境，对他们的主体性形成具有决定作用。因此，在幼儿的一日生活中，老师应注意为幼儿提供开展游戏的时间和空间，为幼儿创设最佳的游戏环境，利用玩具柜、桌子、椅子等，将活动室分成若干小区，如娃娃家、积木角、食品厂、美工角等，并在相应的小区墙壁上布置与其相吻合的墙饰内容。在这样的游戏环境里，幼儿的主体潜能才能自然而然地被激发出来。当然，老师除了为幼儿提供良好的物质条件外，还应该让幼儿的游戏处于一个良好的人际环境中。事实上，幼儿的主体潜能往往就是在特定的人际环境中发挥出来的，在这里，老师无疑是起主导作用的因素。老师是幼儿最崇拜的偶像，是对幼儿影响最大的"环境"因素。因此，老师要以自己充沛的精力、愉快的情绪来潜移默化地感染幼儿，将幼儿主体的内在潜能诱发出来，转化为动机乃至现实的主体性活动。融洽和谐的师生关系和丰富多彩的幼儿园生活，给了幼儿选择游戏的内容和伙伴的自由，激活了幼儿的创造性思维，为幼儿身心的和谐发展奠定了基础。

（2）反思自己是否帮助幼儿合理分配角色，组合游戏伙伴

孩子对扮演角色有着浓厚的兴趣，他们最关心的是自己当什么角色，却

不善于分配角色，这与他们的群体性与社会性发展水平有关。任何人尤其是幼儿，其主体性的形成离不开其群体性与社会性的发展，后者甚至可以说是前者的条件之一，否则，幼儿就只能处于无法挣脱的"自我中心状态"。"自我中心状态"对发展幼儿的主体性是不利的，要改变幼儿的这种"自我中心状态"，可采用相互协商的方法帮助幼儿协调个体与群体的关系，在一种"民主"的伙伴群体行为中培养其主体品格。例如，在每一次角色游戏中，很多小朋友都乐意当自己喜欢的角色，往往弄得有些角色没人当，这时，老师可让幼儿相互协商分配角色，协商后没有争议了，再开始游戏。当然，有时幼儿的意愿与角色之间因相距太远而无法协商，老师应酌情协调，启发幼儿制定轮换角色的规则，让每个幼儿均有机会担任主要角色和自己喜欢的角色，同时，对做出谦让行为的幼儿进行表扬。这样做有助于帮助幼儿逐步学会协商、合作，学会克制自己，去理解和满足同伴的需要，初步培养幼儿的社会交往能力。

（3）反思自己是否积极参与游戏，实行间接指导

老师以角色身份指导游戏，这是一种最有效、最自然的指导方法。在游戏中，老师可以利用游戏的内容和规则，利用自己所扮演的角色，机智地引导游戏的过程和调节游戏者之间的关系，以确保游戏顺利地开展。比如：在"娃娃家"游戏中，"妈妈"把"姐姐"做的小丸子端去煮，做"姐姐"的小朋友大哭大闹，这时，"奶奶"（老师扮）来了，请他们说说在家里小孩子应该听谁的话，她俩说："应该听大人的话。""那么，妈妈把小丸子端去煮，小孩子该不该大吵大闹？""奶奶"这么一说，做"姐姐"的小朋友马上止住了吵闹，并和做"妈妈"的小朋友重归于好。从这里我们可以看出，利用老师的积极参与和间接指导来解决幼儿间的矛盾，能保证游戏的正常开展。

（4）反思自己是否提供了必要替代物，鼓励幼儿创造性地开展游戏活动

创造性是主体性的一种极其重要的表现。创造性在不同年龄的个体身上有水平上的差异，在不同个体身上也有发展模式上的差异，就是说，即使在较低阶段的个体身上，也可能有发达的创造样式。幼儿奇特的幻想力就是这样一种样式，幼儿的这种幻想力如果得不到培育的话，随着年龄的增长，它会逐渐消失。因此，应十分重视开发幼儿的这种幻想力。在游戏中，我们除了要为幼儿提供部分主要玩具外，还应提供大量可"以物代物"的材料，因为这些材料比现成的玩具更能激发幼儿对现实生活的想象，有助于发挥幼儿的主动性、积

极性和创造性。如根据小班幼儿知识经验和游戏的需要，为他们提供一些半成品，诸如冰棒棍、洗衣粉桶、饮料瓶（罐）、白纸、碎皱纸、包装盒等，孩子们利用这些半成品可以创造性地玩他自己喜欢的游戏，这样既发挥了幼儿的主体性，也培养了孩子的动手操作能力和想象力。

3. 用发展的眼光对待幼儿的原则

针对幼儿发展的年龄特征以及幼儿学习循序渐进的特点，教师在反思幼儿游戏时，应以发展的眼光来进行创编、指导和评价。教师需要仔细观察和评估幼儿现有的游戏水平，并以此为依据，为幼儿创编一些难度系数大一点的游戏。同时，我们在指导幼儿进行游戏时，也可以适当对游戏做进一步指导，提高对幼儿的要求，增加游戏的难度；另外，教师对游戏进行评价时，也应该将这一原则考虑进去。以发展的眼光对待幼儿的另一层含义是要正确对待那些出格幼儿。教师带领学生做一个游戏，可能会有幼儿在做游戏时不能按规则进行，不能顺利完成游戏，似乎比别的幼儿要"笨"一些。其实，这些小孩并不一定"笨"，只是暂时比不上其他幼儿，经过一定的训练后，他们完全可以改变自己的"笨"。教师在反思自己的游戏指导时，要看自己是否以发展的眼光来指导他们，不要因为幼儿一时的"笨"就不去指导他们，甚至动辄就指责或嘲笑幼儿。在对游戏进行评价时，教师应该反思：自己对游戏的评价是否顾及了那些"笨"小孩，自己是否有伤害"笨"小孩自尊心的言语。

4. 超越性原则

反思是一种手段，其目的是促使教师寻找问题，思考问题，并在其中得到提升与发展。反思的真谛应该是教师敢于怀疑自己，敢于和善于挑自己的刺，正视自己在教学中存在的问题，通过反思突破自身封闭与局限，在反思中不断超越自我，不断地向高层次、高境界迈进。教师的教学水平在反思中得到了提高，小孩也会因此受益匪浅。

二、幼儿游戏反思的内容方法

教师准备的每一个游戏，究其来源，有的是自己创编的，有的是有关资料上现成的，有的是教师结合有关资料和幼儿园的特点加以改编的。在游戏过程中，教师一般都要加以组织和指导，游戏结束以后，教师会对游戏的开展情况加以评价。课后，有一部分教师还会对当天的游戏进行反思，反思什么，怎样反思，这可以从游戏创编、游戏组织与指导、对游戏的评价、游戏效果、游戏特色等方面进行。

（一）对游戏创编进行反思

教师创编一个游戏，就要思考自己创编这个游戏的主题是什么，游戏的目标是什么，要怎样设计游戏的步骤，要使用哪些器材，要设计怎样的游戏环境。在游戏过程中或者游戏过后，教师可以从这些方面进行反思：

1. 对游戏活动主题的反思

一般来说，教师带领学生做的每一个游戏，总是有一个明确的主题，游戏的各个环节都必须围绕主题而进行。老师进行游戏创编的时候，应该对游戏的主题进行思考，游戏有什么样的教育价值？有助于达到哪些教育目标？幼儿可获得哪些经验？可行性如何？是否容易转化成让幼儿直接参与的具体内容？是不是适合集体教学？幼儿会喜欢吗？感兴趣吗？等等。

2. 对游戏活动目标的反思

一个经过认真思考而制订出来的目标，必然涉及两个方面的内容：一个是游戏活动的价值，即这个游戏活动所涉及的主要领域的关键概念到底是什么，这个定下来了，活动的主线就出来了；另一个是幼儿的经验水平，即在这个关键概念上，幼儿原有的经验水平是什么，以及通过该活动预期达到什么水平，这一步要明确的是游戏活动的起点和努力的方向。以目标为引领，可以帮助我们确定反思的空间。在游戏实施前，目标是老师预设的，是期望能达到的；实施之后，实际的结果有些会与预期的相吻合，也有些会与预期不相符，现实与预期之间或多或少存在的差距就构成了我们反思的空间。如果是相吻合的，在这个空间里要反思："为什么目标能得到很好的实现？在这个过程中有哪些是需要挖掘、值得积累的好经验？支撑这些好的经验和做法的是什么样的观念和认识？以这样的观念和认识来分析，自己还有哪些行为需要进一步调整？"如果是有差距的，在这个空间里则要反思："差距是怎么产生的？出现问题的原因是什么？怎样做才能有效地实现目标？"因此，游戏活动后对目标的反思，就是在反思教师对关键概念的把握和对本班幼儿的经验水平的了解是否适宜、准确。通过对目标的不断反思，教师可以有效地提高研究学科、研究幼儿的能力。作为教师，可以从以下角度对游戏活动目标进行反思：

第一，科学性，即是否符合幼儿的年龄特征，是否充分挖掘了活动主题的教育价值；

第二，整合性，即一次活动中是否有机渗透多个领域的目标；

第三，差异性，即是否能根据本班实际，提出高、中、低三级分层目标；

第四，准确性，是否重点突出，难点定位准确；

第五，明确性，即活动目的是否具体、明确。

3. 反思幼儿游戏步骤是否有利于游戏的开展

教师带领学生开展一个游戏，最终的结果与教师预想的结果存在一定的差距，原因固然有很多，但其中一个很重要的原因可能就是游戏步骤设计得不科学。一般来说，教师创编一个游戏，在游戏的步骤上总会有一个整体考虑，如首先做什么，其次做什么，再次做什么，最后做什么。一旦游戏的结果与预想不一致，教师就应该认真思考是否是设计的游戏步骤不合理而影响了游戏效果，如果是，就应该考虑改进和调整游戏步骤。

4. 反思环境的创设是否有利于激发幼儿参与游戏的兴趣

这种环境包括两个方面的含义：一是开放性的物理环境，即游戏空间、时间及玩具材料对幼儿来说是开放的；二是开放的心理环境，即游戏中的同伴关系、师生关系是平等的、互动的、和谐的，人际关系是开放的。为此，教师在创编幼儿游戏时就应该思考：在开放的物质环境方面，自己是否为幼儿提供了足够的游戏材料，提供的游戏材料是否不断变化，以便构建的游戏环境具有可变性、新颖性，不断地吸引幼儿，引起幼儿游戏的兴趣；在开放的心理环境方面，自己与幼儿是否建立了亲切、平等、和谐的师生关系，小朋友之间是否建立起了互助、友爱的伙伴关系，自己与其他教师是否为幼儿树立起了真诚相待、友好合作的榜样。

（二）对游戏组织与指导进行反思

在一个游戏的具体开展过程中，总会遇到些不尽如人意甚至是完全不满意的情况。之所以出现这种情况，其主要原因就是游戏的组织与指导出现了问题。游戏过后，老师要静下心来反思：对体能类游戏的组织与指导能否真的达到锻炼幼儿体能的目的；对情感类游戏的组织与指导能否真的培养幼儿的健康情感；对益智类游戏的组织与指导能否真的益智；对社会类游戏的组织与指导能否真的培养幼儿的社会性。从具体的组织与指导来看，可以反思游戏材料的提供方式、组织和指导学生的方式方法，但重点应该考虑某个环节应该怎样处理才更有效,一步步明确问题,寻找对策,使自我反思达到一定的深度。

(三)对游戏的评价进行反思

游戏活动结束后,教师要对幼儿做的游戏做一番评价,评价的内容主要是围绕幼儿在游戏中的表现进行,这似乎已成为目前组织幼儿游戏活动一个不可或缺的环节。当然,对游戏的评价有其重大作用,这一点毋庸置疑,然而,教师应该采用怎样的方式来评价幼儿的游戏,教师的评价是否中肯,是否达到了预期的效果,这应该是教师进一步反思的问题。

首先,应明确游戏评价的目的。游戏评价是游戏管理的主要手段,它作为游戏活动的重要环节可以使幼儿在评价的过程中获得大量的反馈信息。游戏评价应注重发挥评价的激励作用,即通过评价旨在创设一个轻松、愉快的环境,为幼儿提供交流经验、展示作品的机会,让幼儿体验游戏的成功和快乐;通过评价,鼓励和支持每一个孩子在游戏活动中的创造,激发幼儿进一步游戏的兴趣和热情。例如:在区角游戏活动中,教师可以通过激励性评价,引导幼儿关注自己参与区域以外的游戏活动;可以通过有经验的幼儿向大家展示探索的成果来引发其他幼儿游戏创造的兴趣。所以,教师对幼儿游戏进行评价以后,就应该反思自己的评价是否达到了上述目的。

其次,要重视游戏评价过程中幼儿的自主性。游戏对于幼儿的魅力,就在于幼儿的自主性可以在游戏中得到充分体现和发挥,同样,游戏评价也应从幼儿的体验出发,让幼儿成为评价的主体。为此,教师应引导幼儿就游戏情况展开讨论,让幼儿体验和回味游戏过程,帮助幼儿整理和提升游戏中零散的经验,修正错误经验并找出存在的问题,从中促进幼儿综合能力的发展。鼓励幼儿把自己在游戏中的所见所闻、情绪体验与同伴相互交流共享,这不仅能增添幼儿游戏的兴趣,而且也为幼儿间双向交流、平行学习提供了更多的机会和条件。同时,也有利于教师及时了解幼儿在游戏中的真实想法和活动情况,提高教师对幼儿游戏活动指导的针对性和有效性。因此,教师对幼儿游戏进行评价以后,也应该反思自己的评价是否有益于幼儿的自主性的发挥。

最后,正确处理好幼儿游戏中自由与规则的关系。在评价幼儿游戏时,教师时常会在崇尚自由与强调规则之间动摇。其实规则和自由并不矛盾,如果规则符合幼儿内部游戏的心理需要,有利于游戏的开展,那么幼儿不仅能够较好地理解和遵守规则,而且也有利于幼儿在游戏规则的指引下更好地在游戏中发

挥自己的主观能动性，灵活自主地参与游戏，并从中逐步将规则内化为自己行为的一部分，在游戏和活动中建立良好的行为习惯。因此，教师对幼儿游戏进行评价以后，也应该反思自己的评价是否有益于正确处理好幼儿游戏中自由与规则的关系。

（四）对游戏效果的反思

游戏结束以后，游戏产生了什么效果，这也是教师应该反思的地方。如果活动是成功的，在反思时把活动中促使预期目标达成的策略、做法，包括闪烁着智慧光芒的随机教育等详略得当地记录下来，供以后教学时参考使用，并可在此基础上不断地改进、完善、推陈出新。如果游戏活动尚有不足，则要回到前面所提及的对目标和策略的反思上，在反思中找到需要完善和提高的地方，并在不断的反思性实践中提高自身研究学科、研究幼儿和研究教育的能力。

（五）对游戏特色的反思

一次游戏，是否有特色、有闪光点或有值得借鉴的好做法，这也是值得反思的地方。如一所幼儿园有一位男老师，他上游戏课用的道具材料特别简单，常常用简单的材料创设富有情趣的游戏和学习情境。如用一根长绳围成圆圈变成"池塘"，让幼儿在池塘里学做小蝌蚪变青蛙的过程，再把长绳变成"河"，让青蛙选择宽窄不等的距离"跳过河"等。此外，有的教师特别注意活动中动态资源的生成和利用；也有的教师对合作学习或小组活动有独到的做法。在教学反思中就可以把这些闪光点认真记上，写下该活动的特点，以便于日后有重点、有选择地采用相应的教法，从而形成教师个性化的教学特色。

参 考 文 献

［1］蔡亚华.幼儿园军事类体育游戏案例［M］.福州：福建人民出版社，2020.

［2］姜娟芳.幼儿园游戏［M］.南京：南京大学出版社，2020.

［3］孙璐，魏芳.幼儿园游戏资源［M］.北京：人民教育出版社，2020.

［4］解婷.幼儿园游戏化音乐活动案例［M］.北京：北京出版社，2020.

［5］蔡亚华.幼儿园"一物多玩"游戏活动［M］.福州：福建人民出版社，
2020.

［6］张海燕.幼儿园科学游戏教师指导策略［M］.北京：中国农业出版社，
2020.

［7］郭冰清.幼儿园足球游戏的设计与组织［M］.福州：福建教育出版社，
2020.

［8］李丽华.幼儿园传统体育游戏课程开发［M］.北京：首都师范大学出版社，
2020.

［9］闫坤.幼儿园课程游戏化的理论与实践探究［M］.长春：吉林大学出版
社，2020.

［10］张岚.地域文化下的幼儿园主题式活动区游戏［M］.福州：福建人民出
版社，2020.

［11］刘慧玉，邵日芳.幼儿科学游戏活动指导［M］.大连：辽宁师范大学出
版社，2020.

［12］韩雪梅.幼儿园游戏［M］.哈尔滨：哈尔滨工业大学出版社，2019.

［13］董丽.幼儿园音乐游戏设计与指导［M］.上海：复旦大学出版社，2019.

［14］孟瑾．"生活化、游戏化"幼儿园课程［M］.南京：南京师范大学出版社，2019.

［15］么娜.幼儿园建构活动课程游戏化模式研究［M］.北京：中国原子能出版社，2019.

［16］郑智梅，潘晓云.民间游戏走进幼儿园课程的实践探索［M］.福州：福建人民出版社，2019.

［17］肖洁.新时代背景下幼儿园中华优秀传统文化教育民间游戏［M］.北京：长江少年儿童出版社，2019.

［18］龙景云.幼儿园游戏组织与指导［M］.南昌：江西高校出版社，2019.

［19］刘焱.幼儿园游戏教学新论［M］.北京：长江少年儿童出版社，2019.

［20］杜媛媛，吴小贻.幼儿园游戏活动指导［M］.合肥：安徽大学出版社，2019.

［21］丁海东.幼儿园游戏组织与指导（第三版）［M］.长沙：湖南大学出版社，2019.

［22］张家琼，赖天利.区域性幼儿园游戏化课程设计研究［M］.北京：科学出版社，2019.

［23］廖贵英，张子建.全国学前高等职业教育规划教材幼儿园游戏活动实训手册［M］.上海：复旦大学出版社，2019.

［24］曹中平，韦丹，蔡铭烨.幼儿园游戏指导［M］.北京：北京理工大学出版社，2018.

［25］彭茜.幼儿园游戏化课程的理论与实践［M］.广州：广东高等教育出版社，2018.

［26］郭余云.幼儿园阳光体育游戏活动120例［M］.福州：福建教育出版社，2018.

［27］沈艳凤.幼儿园民间游戏课程开发与实施［M］.福州：福建教育出版社，2018.

［28］张惜萍，梅花.幼儿园游戏教程［M］.北京：中国传媒大学出版社，2018.

［29］孙民从.幼儿园游戏化学习方案［M］.北京：长江少年儿童出版社，2018.

［30］金小梅.幼儿园游戏化整合阅读课程［M］.北京：华夏出版社，2018.

［31］邢保华，刘芳，李燚.民族文化融入幼儿园游戏活动实探［M］.昆明：
云南人民出版社，2018.

［32］马新智.幼儿园新型音乐游戏活动指导［M］.北京：北京师范大学出版
社，2018.

［33］胡彩云，孙淑静，潘元良瑞.幼儿园绘本游戏设计与指导［M］.北京：
光明日报出版社，2018.

［34］刘焱.幼儿园益智区游戏指导方案［M］.北京：长江少年儿童出版社，2018.

［35］张壮志、王玉凤，刘霞.幼儿园沙盘游戏课程操作与实例［M］.西安：
西安电子科技大学出版社，2018.